KB187606

샴페인에서 바게트,
빅토르 위고에서 사르트르…

어원으로 풀어본 프랑스 문화

From Baguette to champagne, from Sartre to Victor Hugo...
French culture in terms of etymology

De la baguette au champagne, de Sartre au Victor Hugo...
La culture française en termes d' étymologie

Written by Yeongoo Choi.
Published by Sallim Publishing.

어원으로 풀어본 프랑스 문화

샴페인에서 바게트, 빅토르위고에서 사르트르..

최연구 지음

살림

일러두기

1. 이 책은 『파리에서 온 낱말』(2012, 리더스북)을 개정 · 증보하여 새롭게 펴낸 책이다.
2. 이 책은 순서에 관계없이 읽을 수 있도록 구성했다. 따라서 반복되어 설명하는 부분
   이 더러 있다.
3. 이 책에서 사용된 프랑스어의 한국어 표기는 국립국어원의 외래어표기법에 따랐으
   나, 표기법이 확정되지 않은 경우에는 통계적으로 언중이 많이 쓰고 있는 표기법에
   따랐다. 단, 관용적으로 굳어진 낱말과 영화 · 제품명 등의 번역어는 일반인에게 알려
   져 있는 표기법에 따랐다.
4. 이 책 191~195쪽에 인용문 출처는 다음 두 권의 책이다. 자크 아탈리 지음, 김용채
   옮김, 『자크 아탈리의 미테랑 평전』, 뷰스, 2006. 최연구 지음, 『빠리이야기 - 나폴
   레옹의 후예들』, 새물결, 1997.

머리말

프랑스어, 아는 만큼 보인다

2019년 4월 15일, 파리 구도심 센강 시테섬에 있는 노트르담 대성당에서 불길이 솟아올랐다. 순식간에 번진 화재로 노트르담 대성당의 푸른 지붕과 첨탑은 속절없이 무너져내렸다. 불타는 성당을 바라보며 망연자실한 파리 시민들은 발을 동동 굴렀고, 주저앉아 눈물을 흘리는 사람도 많았다. 이에 대해 이웃 나라 독일 앙겔라 메르켈 총리는 "파리에서 일어난 일에 큰 슬픔을 느낀다"고 말했고, 도널드 트럼프 미국 대통령도 "파리 노트르담 대성당의 화재를 지켜보려니 끔찍하다"며 안타까운 심경을 트위터에 올렸다. 노트르담 대성당 화재로 세계인의 이목이 다시 한번 파리로 집중됐다. 역사적으로 프랑스는 세계 문화의 중심이었고 그 중심에는 파리가 있었다. 프랑스는 늘 동경의 나라였고 파리는 로망의 도시였다.

그렇다면, 프랑스는 우리에게 어떤 나라인가. 프랑스 문화는 알게 모르게 우리 사회 곳곳에 스며들어 있지만 우리는 프랑스를 잘 모른다. 프랑스어도 여전히 생소한 언어다. 그러다보니 다른 사람과 대화를 할 때 프랑스어를 쓰면 왠지 유식해 보인다. 메세나가 어떻고, 노블레스 오블리주가 어떻고, 마리아주가 어떻고 하면서 프랑스어를 섞어 말하면 지적으로 보인다. 우리 사회에서는 영어 잘하는 사람은 많지만 프랑스어를 잘 아는 사람은 흔치 않기 때문일 것이다.

그런데 신기한 것은 프랑스어를 따로 배우지 않았어도 누구나 프랑스어 단어 한두 개쯤은 알고 있다는 것이다. 어떤 이는 그게 프랑스어인지조차 모르고 사용하기도 한다.

가령 '나의 친애하는 아저씨'란 뜻의 몽쉘통통(Mon cher tonton)은 과자 이름이고, '내 친구'를 의미하는 모나미(Mon ami)는 문구 브랜드다. 신문을 펼쳐보면 노블레스 오블리주(Nobless oblige)나 메세나(Mécénat) 같은 단어가 눈에 들어온다. 연극과 영화에서 연출가가 무대나 장면을 연출하는 것을 뜻하는 미장센(Mise-en scène)은 샴푸 이름으로 사용되고 있다. 한국 사회는 여전히 톨레랑스(Tolérance)가 부족하다는 이야기도 많이 한다.

이렇듯 방송이나 언론에서도 심심찮게 프랑스어를 접할 수 있고, 길거리의 레스토랑이나 고급 부티크의 간판에서 프랑스어를 찾는 것도 그리 어렵지 않다. 프랑스어는 이처럼 우리 삶 속에 깊숙이 들어와 있다.

프랑스라는 나라는 우리에게 멀고도 가까운 나라다. 지리적으로는 아주 멀고, 정치·경제적으로도 그리 가깝지 않다. 하지만 우리는 역사적으로 프랑스 혁명 과정에서 탄생한 자유·평등·박애라는 인류의 보편적 이념을 공유하고 있고, 르누아르·마네·마티스·고갱·쇼팽·데카르트·파스칼·사르트르 등 프랑스 예술가나 철학자 이름과도 충분히 친숙하다. 대입 수능 '바칼로레아(Baccalauréat)', 세계에서 가장 오래된 대학 중 하나인 '소르본 대학(Université Paris-Sorbonne)', 세계적인 명문 엘리트 교육기관 '그랑제콜(Grandes-Écoles)'도 낯설지 않다.

2017년 5월 프랑스 대통령 선거에서 만 39세의 에마뉘엘 마크롱이 최연소 대통령으로 당선된 것, 마크롱이 창설한 신생 정당 '레퓌블리크 앙 마르슈'가 과반 의석을 차지하며 정치 돌풍을 일으켰던 것은 우리 사회에서도 큰 이슈였고 이후의 정치개혁에 대해서도 관심이 집중됐다. 2018년 말 노란 조끼 시위대, 일명 '질레 존'이 폭력시위를 하며 마크롱의 퇴진을 주창하고 정치투쟁에 나선 것 또한 주목을 끌었다. 이제까지는 주로 프랑스가 우리의 관심 대상이었다.

하지만 최근에는 프랑스 역시 한국이라는 나라에 대해 지대한 관심을 가지기 시작했다. 2011년 6월 10, 11일 파리에서 열린 K-Pop 공연은 프랑스 청소년들을 열광시키기에 충분했고, 2018년 10월 14일 문재인 대통령 내외 국빈방문 중 열렸던 '한불 우정콘서트'의 방탄소년단 공연도 현지에서 화제가 됐다.

지난 2016년은 한국-프랑스 수교 130주년이었다. 당시 이를 기념하여 파리 시내 노른자위 땅에 위치한 국제대학촌(시테)에 한국관 건립을 추진하기 시작했다. 한국관은 1969년 이래 국제대학촌 내 새로 건립되는 첫 신축관이었다는 점에서 의의가 크다. 두 나라가 공식적으로 수교를 한 것은 1886년이다. 서양국가 중 가장 먼저 외교관계를 맺은 영국에 비하면 3년이 늦다.

그러나 알고 보면 유럽 국가 중 한국과 가장 먼저 관계를 갖기 시작한 나라는 프랑스였다. 우리나라에 가장 먼저 들어온 천주교 선교사는 프랑스 신부들이었다. 1835년 모방(Maubant)이 압록강을 건너 조선으로 들어왔고, 1836년 앙베르(Embert)와 샤스탕(Chastan)이 조선 주교로 임명되었다. 우리나라 최초의 신부 김대건은 이들에게서 직접 세례를 받았다. 조선이 근대 최초로 외세와 벌인 싸움은 1866년의 병인양요다. 이는 쇄국정책을 고집한 흥선대원군이 천주교 금압령(禁壓令)을 내리고 프랑스 선교사들을 학살하자 자국민 보호를 명분으로 조선의 개방을 요구하며 공격해온 프랑스군과 무력 충돌한 사건이었다.

1905년 을사조약으로 단절되었던 프랑스와의 외교관계는 대한민국 정부 수립 이후 복원되었고 두 나라는 우호관계를 유지해왔다. 하지만 미국이나 일본에 비해 그리 활발한 교류가 이루어지지는 못했다. 교역과 경제협력이 활발해진 것은 비교적 최근의 일이다. 프랑스와 교역 중인 수출입 규모는 유럽 국가 중 독일에 이어 두 번째다. 한국에 들어와 살고 있는 서양인 가운데는 미국인이 가장 많고 그다음으로 많은 인구가 프랑스인이라고 한다. 그러면서 우리 일상 속에서도 '프랑스'가 퍼지기 시작했다. 서울 강남의 반포에는 '서래마을'이라는 프랑스 마을이 있고, 국제적인 명성을 자랑하는 요리 아카데미 '르 꼬르동 블루(Le Cordon Bleu)'도 한국에 들어왔다. 백화점의 명품 코너는 샤넬(Chanel), 루이 뷔통(Louis Vuitton) 등 프랑스 브랜드가 석권하고 있다. 그래서인지 프랑스어와 맞닥뜨릴 일도 잦아진 것 같다.

문학·역사·철학 등 인문학에 대한 대중의 관심이 높아지면서 '지대넓얕'이라는 팟캐스트 방송이 인기를 끌었다. 지대넓얕은 '지적 대화를 위한 넓고 얕은 지식'의 준말이다. 프랑스어 낱말도 지적인 대화를 위해서 유용한 지식이다. 넓은 지식은 좋은데, 이왕이면 얕은 지식보다는 깊은 지식이면 더 좋겠고, 무엇보다 정확한 지식이어야 한다. 프랑스어 낱말의 경우에는 의미가 잘못 사용되거나 부정확하게 알고 있는 것들이 의외로 많다. 한 나라의 언어에는 그 언어를 사용하는 민족의 역사적 숨결과 오랜 세월을 두고 그들이 만들어온 문화의 자취가 담겨 있다.

프랑스어 낱말들도 마찬가지다. 우리가 사용하는 프랑스어 낱말들을 정확하고 깊게 안다면 프랑스 문화는 우리에게 색다르게 다가올 것이다. 아는 만큼 보이기 때문이다. 한국과 프랑스의 관계는 앞으로 더 돈독해질 것이다. 우리를 그들에게 잘 알리는 것도 중요하지만 이에 앞서 우리도 그들을 잘 알아야 한다.

이 책은 우리가 많이 쓰는 프랑스어 키워드를 중심으로 프랑스 문화와 역사를 이야기로 풀어가는 방식으로 쓴 책이다. 우선은 여러 매체에 기고한 글과 새로 쓴 글을 모아 재구성했고, 여기에 더해 프랑스를 이해하기 위해 꼭 필요한 키워드들을 추가했다. 물론 고작 111개 키워드로 한 나라의 문화와 역사를 논하는 건 무리겠지만 그래도 어느 정도 그들을 이해하는 첫걸음은 될 것이다. 이 낱말들 중에는 제법 익숙한 낱말도 있지만 비주, 앙가주망처럼 생소한 낱말도 있을 것이다. 또한 프랑스를 이해하는 데는 꼭 필요하다고 생각하는 미테랑, 드골, 나폴레옹 등의 인물은 단어가 아니지만 표제어에 포함시켰다.

이 책은 단순히 프랑스어 단어의 뜻을 풀이하는 데서 그치지 않고, 가급적이면 그 안에 담긴 에피소드(Épisode)나 에스프리(Esprit)를 살펴보려고 애썼으며, 아울러 우리 문화와 비교해보려고 노력했다.

언어란 모름지기 그 나라의 문화를 접할 수 있는 창(窓)의 역할을 한다. 언어는 역사 속에서 생성되고 발전하고 소멸되므로 역사성을 띤다. 언어라는 창을 통해 들여다보면 그 사회의 문화와 역사를 엿볼 수 있다. 우리말에는 우리 민족 고유의 정서와 문화, 역사가 담겨 있고 프랑스어에는 프랑스만의 문화적 의미와 그들의 역사적 숨결이 담겨 있다. 때문에 우리가 잘 모르고 사용하는 프랑스어의 정확한 뜻과 그 문화적 의미를 되새겨보면 프랑스라는 나라를 좀 더 잘 이해할 수 있다. 더군다나 프랑스는 오랫동안 유럽의 강국이자 문화적 중심이었고 세계 지성사를 주도해온 나라다. 고급스러운 프랑스 문화의 향기에 취해보면 단순히 외국어 몇 마디 배우는 것 이상의 지적인 수확에 흐뭇함을 느껴볼 수 있을 것이다. 반드시 프랑스에 살아봐야 프랑스를 알 수 있는 것은 아니다. 인간은 사유와 상상력이라는 강력한 무기가 있고 간접경험을 통해서도 어느 정도 실체를 알 수 있다.

아무쪼록 이 책을 통해 지금 우리 곁에 숨어 있는 색다른 프랑스의 모습을 발견할 수 있기를 바란다.

시간 부족을 핑계로 더 많은 프랑스어 낱말을 다루지 못하고 더 재미있게 쓰지 못한 점은 여전히 아쉬움으로 남는다. 이 책을 읽고 독자들은 술자리 안주 삼아 프랑스어 이야기를 들려줘도 좋고, 주변 친구들에게 잘난 척, 유식한 척해도 좋다. 잘난 척하다 보면 언젠가 잘난 사람이 될지도 모를 일이다. 어쨌거나 이 책을 읽을 독자들을 상상하는 것은 즐거운 일이었다. 그것이 바쁜 시간을 쪼개 이 책 집필을 마칠 수 있게 한 힘이 됐다.

이 책은 나름대로 사연이 있다. 원래 2012년 『파리에서 온 낱말』이라는 제목으로 출간됐으나 출판사 사정으로 절판되었고, 안타까운 마음에 살림출판사와 협의해 새로운 용어를 대폭 추가하고 전체적으로 새로 쓰다시피 해서 다시 빛을 볼 수 있게 되었다. 출판을 흔쾌히 수락해준 살림출판사와 늘 생산적인 조언을 아끼지 않았던 편집부에 감사드린다.

2019년 12월

저자 최 연 구

목차

첫 번째 키워드, 문화편

목차

두 번째 키워드, 역사편

첫 번째 키워드
·······························

문화편
·······························

1. 파리(Paris)

프랑스는 문화강대국이고, 그 중심에는 수도 파리가 있다. 역사적으로 새로운 문화가 끊임없이 만들어지고 창의적인 사람들이 모여들어 교류하는 곳이 파리다. 파리에 사는 남성을 '파리지앵 (Parisien)'이라 하고, 여성은 '파리지엔(Parisienne)'이라고 부른다. 파리는 누구나 가고 싶고 살고 싶은 꿈의 도시다. 파리는 만인의 연인이다.

　　미국 세인트루이스 출신으로 파리로 건너와 샹송 가수로 이름을 떨친 흑인 가수 조세핀 베이커의 히트곡 가운데 「나의 두 사랑」이란 노래가 있다. 가사 중에 이런 대목이 나온다.

　　"J'ai deux amours. Mon pays et Paris. (나에게는 두 명의 연인이 있어요. 한 명은 내 조국이고 한 명은 파리죠.)"

에펠탑
프랑스 파리 센강변에 있는 철탑. 1889년 만국박람회 때 에펠의 설계로 건축되었다.
파리를 상징하는 대표적인 건축물 가운데 하나로 꼽힌다.

　자신의 조국만큼 사랑할 수 있는 매력적이고 아름다운 도시가
바로 파리다. 파리는 문화와 예술의 도시다. '오트 쿠튀르'라 불
리는 국제적인 패션쇼·요리경연 대회·파리 도서전 '살롱 뒤 리
브르 드 파리(Salon du livre de Paris)'가 매년 열리고, 연중 콘서트
나 뮤지컬이 끊이지 않는다. 에펠탑·루브르 박물관·오르세 미술
관·개선문·몽마르트르 언덕·물랭 루주·센강의 유람선 등등 보
고 즐길 거리가 차고 넘쳐나는 곳이다.
　파리는 요리로도 유명하다. 『미슐랭(Michelin) 가이드』의 별
을 받은 오트 퀴진(Haute Cuisine)을 제대로 맛볼 수 있는 미식의

에투알 개선문
프랑스 파리의 드골 광장에 있는 거대한 개선문. 나폴레옹 1세의 전승(戰勝)을 기념하기 위해
고대 로마의 개선문을 본떠서 1836년에 세웠다.

도시다. 파리의 요리 중에는 주변 위성 도시나 파리 곳곳의 거
리 이름을 따온 음식명이 많다. 예를 들면 파리 남쪽에 베르시
(Bercy)라는 곳이 있는데 이곳은 옛날부터 포도주의 전국 집결
지였고 지금도 포도주 도매 가게가 많다. 포도주가 주(主)가 되
는 '베르시 소스'는 이 지역명에서 유래됐다. 파리 남쪽 말라코프
(Malakoff) 지역의 이름을 딴 말라코프 케이크, 교외도시 아르장퇴
유(Argenteuil)의 아스파라거스 요리도 유명하다. 영화 〈퐁네프의
연인들(Les Amants du Pont-Neuf)〉으로 유명한, 파리에서 가장 오
래된 다리 '퐁 뇌프(Pont neuf)'의 이름을 딴 퐁 뇌프식 감자, 아름

다운 미라보 다리의 이름을 딴 미라보 스테이크(Boeuf Mirabeau), 나폴레옹의 전투와 관련 있는 마랭고 송아지찜(Veau Marengo), 샹티이 성에서 처음 만들었다는 샹티이 크림(Crème Chantilly) 그리고 파리 브레스트(Paris Brest), 생토노레(Saint-honorés) 등의 케이크는 모두 파리와 근교 일 드 프랑스(Ils-de-France) 지역의 음식이다.

파리의 중심에는 센강이 흐른다. 파리는 강을 기준으로 우안과 좌안으로 나뉜다. 파리의 택시 운전사 홍세화는 1999년 『쎄느(센)강은 좌우를 나누고 한강은 남북을 가른다』는 제목의 책을 출간했다. 센강 가운데에는 '시테'라는 이름의 섬이 있는데, 이곳에서 파리의 역사가 시작되었다. 987년 파리 백작 위그 카페(Hugues Capet)가 왕권을 잡은 후 파리는 프랑스의 수도가 되었다. 그러니까 파리는 천 년 이상 프랑스의 수도였다.

천년고도 파리는 전통과 현대가 공존하는 곳이기도 하다. 루브르 박물관 입구에 만들어진 유리 피라미드나 파리 외곽의 계획도시 라 데팡스 등은 현대성을 보여주는 건축물들이다. 여름에 파리에 가면 센강변에서는 기이한 광경이 펼쳐진다. 강변에 7월 말부터 8월 말까지 약 한 달 동안 인공 해변이 마련된다. 모래사장과 파라솔, 야자수가 설치되고 시민과 관광객을 위한 다양한 문화행사가 열린다. 파리시청이 센강변에 만든 이 인공해변을 '파리 플라주(Paris Plages)'라고 부른다. 플라주는 '해변'을 뜻하는 프랑스어.

대부분의 프랑스인은 여름 한철 바캉스를 떠나지만, 열악한 경

센강
프랑스 북서부를 흐르며, 파리는 센강을 기준으로 좌우가 나뉜다.

제 사정, 바쁜 도시 생활 등 이런저런 이유로 휴가를 떠나지 못하는 파리지앵들도 있다. 휴가를 떠나지 못한 파리지앵을 위로하고 대부분의 상점과 공공시설이 문을 닫는 휴가철에 파리를 찾은 관광객들에게 색다른 즐거움을 주기 위해 마련된 야심찬 프로젝트가 파리 플라주다.

파리 플라주는 베르트랑 들라노에 시장에 의해 2002년에 처음 시작됐다. 첫해 실시한 파리 플라주가 시민과 관광객들의 큰 호응을 얻자 매년 그 규모를 확대했고, 이제는 여름 파리의 명물로 자리 잡았다. 파리시청 근처 센강변에는 약 3.5킬로미터에 걸쳐 파라솔과 모래사장이 펼쳐지는 파리 플라주가 마련된다. 파라솔

출처: Efired / Shutterstock.com

파리 플라주
바캉스를 떠나지 못한 파리지앵과 관광객을 위해 센강변에서는 인공해변인
파리 플라주가 펼쳐진다. 지금은 여름 파리의 명물로 자리 잡았다.

아래에서 센강을 바라보며 여유 있게 시간을 보내는 피서객, 모
래사장에서 모래성을 만들며 즐거워하는 아이들, 나란히 누워 선
탠을 즐기는 연인들로 붐비는 파리 플라주는 21세기 파리시의 진
풍경이다.

  또한 에펠탑이 올려다보이는 샹 드 마르스 공원이나 건너편
트로카데로 공원에 가면 파리지앵들이 벤치에 걸터앉아 노트북
으로 무선 인터넷 서핑을 즐기는 모습을 볼 수 있다. '파리 와이
파이(Wi-Fi) 서비스' 덕분이다. 파리시는 공원·박물관·도서관 등
에 무료 무선랜망을 설치해 시민들이 공원의 자연을 즐기며 인터

넷을 이용할 수 있도록 서비스하고 있다. 공중 무선랜망이 설치된 곳에는 '파리 와이파이'라는 안내표시판이 붙어 있고, 이곳에서 시민들은 무료로 인터넷을 이용할 수 있다. 과학기술 시대, 첨단도시 파리의 새로운 풍경이다.

2. 페트(Fête)

축제를 의미하는 '페트(Fête)'는 프랑스인이 가장 좋아하는 단어 중 하나다. 프랑스에서 축제가 가장 많은 계절은 단연 여름이다. 프랑스의 여름은 매일매일 축제 기간이라 해도 지나치지 않다. 여름 축제 분위기는 6월에 있는 음악 축제 때부터 본격적으로 가열되기 시작한다. '라 페트 드 라 뮈지크(La fête de la Musique)'라 불리는 이 축제는 미테랑 대통령 시절에 문화부 장관이던 자크 랑(Jack Lang)이 1980년대 초반에 처음 만든 행사다. 미테랑 대통령의 측근이었던 자크 랑은 파리 10대학 법학과 교수 출신으로, 중부 지방에 있는 블루아(Blois)시의 시장을 오랫동안 했던 사람이다.

원래 이 음악 축제는 콘서트 기회를 갖기 힘든 무명 그룹이나 음악인이 거리에서 자신들의 음악을 선보이게 하고, 이날 하루만큼은 시민들에게 무료로 음악을 즐길 수 있는 기회를 주고자 마련되었다. 이 계획은 대성공을 거둬 오늘날 프랑스를 대표하는 축제로 자리 잡았다. 음악을 사랑하는 젊은이들은 해마다 이맘때를 손꼽아 기다릴 정도다.

음악 축제가 끝나면 영화 축제가 기다리고 있다. 영화 축제는 6월 말경 사흘간 프랑스 전역에서 열린다. 음악 축제 때 거리거리를 뜨겁게 달구었던 인파는 이번에는 영화관으로 향한다. 축제 기간에는 누구나 그간 보고 싶었던 영화를 특별히 싼값에 즐길 수 있다.

전국적으로 동시에 진행되는 음악 축제, 영화 축제와는 별개로 각 지방 단위의 색다른 페스티벌들도 많이 열린다. 남부 프랑스 지방의 관광 도시 '오랑주'라는 오래된 마을에서는 아직도 고스란히 형체를 보존하고 있는 로마 시대 원형 극장에서 오페라 축제가 펼쳐진다. 클래식을 사랑하는 애호가들에게 오랑주의 음악 페스티벌은 플라시도 도밍고 같은 세계적 테너가 출연하는 격조 높은 오페라를 관람할 수 있는 절호의 기회다.

투르나 오를레앙 근교, 중부 지방의 고성(古城, Château)들에서는 색다른 축제가 벌어진다. 중세 야회복 차림으로 봉건 시대 분위기를 연출하는 고성 축제는 여름에만 볼 수 있는 볼거리고, 7월에서 9월 사이 주말에 베르사유 궁전 정원의 분수에서 펼쳐지는 물 축제도 놓치기 아까운 구경거리다. 또한 각 도시마다 마을 축제가 열리는데, 마을 특색을 잘 살려 이색적인 프로그램을 선보인다. 특히 조그마한 시골 마을의 축제는 모든 주민이 참여하는 만남의 장이 되곤 한다.

니스의 카니발 축제, 망통의 레몬 축제, 안시(Annecy)의 애니메이션 축제, 앙굴렘의 만화축제, 엑상 프로방스의 서정음악축제 등, 해마다 프랑스 전역을 뜨겁게 달구는 크고작은 페스티벌은 80여 개나 된다. 축제일은 여름 바캉스 기간에 집중적으로 몰려 있다.

프랑스 최대의 국경일은 뭐니뭐니 해도 역시 프랑스 혁명 기념일이다. 7월 14일이 혁명 기념일인데, 축제는 7월 13일부터 시작된다. 프랑스 혁명을 기념하는 축제는 13, 14일 이틀에 걸쳐 프랑스 전국에서 도시 단위로 성대하게 치러진다.

1789년 7월 13일 밤부터 성난 군중이 바스티유(Bastille) 감옥을 부수고 정치범들을 석방시켰던 역사적 사건을 기념하는 날인데, 지금은 인류가 공유하는 보편적인 이념이 된 자유·평등·박애 정신을 기리는 경건한 날이다. 1889년에는 프랑스 혁명 100주년을 기념하여 열린 파리 만국박람회장에 거대한 에펠탑을 세웠고, 1989년에는 사회당 정부가 혁명 200주년을 기념해 국립 바스티유 오페라 극장을 개관했다. 혁명 기념일 전야, 프랑스 전역의 모든 거리는 축제장으로 변한다. 곳곳에 대형 콘서트와 구경거리가 준비돼 있어 프로그램 안내서를 보고 있으면 무엇을 선택해야 할지 모를 정도로 다채롭다. 거리에서 한판의 음악 축제가 벌어지는 것을 시발점으로, 밤늦게까지 거리 곳곳에서 사람들은 춤추고 노래하고 술을 마신다.

가장 뜨거운 열기를 느낄 수 있는 곳은 혁명의 역사적 현장인

바스티유 광장이다. 논쟁하기 좋아하는 프랑스 사람들에게 적어도 이날만큼은 좌도 우도 없다. 아무나 보면 끌어안고 뺨을 맞대며 비주(Bizou)를 한다. 화려한 축제의 절정은 역시 파리에서 볼수 있다. 축제에 모인 사람들이 파리시내 곳곳을 누비면서 귀가하지 않는 것은 밤늦게 시작되는 화려한 불꽃놀이를 보기 위해서다. 에펠탑 맞은편 트로카데로에서 쏘는 화려한 불꽃을 구경하려고 에펠탑 앞 광장이나 근처 샹 드 마르스에 운집하는 군중은 수만 명을 훌쩍 넘는다. 각 지방은 지방 나름대로 스펙터클과 불꽃놀이를 준비하는데, 어느 도시에 가든 프랑스의 불꽃놀이는 화려함이 보장된 장관 중의 장관이다.

14일 당일의 공식 행사로는 세계 각국 국가 원수들을 초청한 가운데 샹젤리제 대로(Les Champs-Élysées)에서 펼쳐지는 초대형 군사 퍼레이드와 무명용사를 추모하는 헌화식 등이 있다. 외국 주재 프랑스 대사관이나 영사관에서도 이날만큼은 예산을 아끼지 않고 화려한 리셉션을 연다. 또한 어떤 도시에서는 시청에서 포도주나 고급 샴페인을 무료로 나눠주기도 한다. 7월 14일은 정치적으로도 중요한 의미를 지닌다. 매년 의례적으로 상반기 정치 평가와 향후 국정 기조를 담은 대통령 특별담화가 이날 발표되기 때문이다.

3. 공쿠르상(Le Prix Goncourt)

매년 가을 10월쯤이면 노벨문학상 수상자가 발표된다. 2016년에는 밥 딜런이 수상자로 발표돼 큰 화제를 불러일으켰고, 2017년에는 일본인 작가 가즈오 이시구로에게 영광이 돌아갔다.

한편 2018년에는 스웨덴 한림원의 내부 스캔들로 노벨문학상 수상을 취소하고 대신 2019년에 두 명을 선정하기로 결정해 파문이 있었다. 11월이 되면 이번에는 세계의 이목이 프랑스 최고의 문학상 '공쿠르상(Le Prix Goncourt)'에 집중된다. 공쿠르상은 노벨문학상, 영국의 맨부커상과 함께 세계 3대 문학상으로 손꼽힌다. 2016년 공쿠르상은 35세의 신예 작가 레일라 슬리마니(Leïla Slimani)의 두 번째 소설 『부드러운 샹송(Chanson Douce)』에 돌아갔다. 2017년에는 리옹 출신 작가 에리크 뷔야르(Éric Vuillard)의 역사소설 『그날의 비밀(L'Ordre du jour)』, 2018년에는 니콜라 마티외(Nicholas Mathieu)의 『그들 이후 그들의 아이들(Leurs enfants après eux)』이 공쿠르상 수상의 영광을 차지했다.

한편, 작가 한강은 한 여자가 폭력을 거부하려 육식을 멀리하고 죽음에 다가서는 과정을 그린 연작 소설 『채식주의자』로 2016년 맨부커상을 받아 한국인으로는 처음으로 세계 3대 문학상 수상자 명단에 이름을 올렸다.

공쿠르 문학상은 작가 공쿠르에서 따온 이름이다. 공쿠르와 콩쿠르를 혼동하는 경우가 많은데, 공쿠르(Goncourt)는 사람 이름이고, 콩쿠르(Concours)는 음악·미술 등을 장려할 목적으로 열리는 경연 대회를 뜻하는 보통명사다. 피아노 콩쿠르, 음악 콩쿠르 등으로 사용된다. 문학의 나라 프랑스에는 공쿠르상, 르노도상(Prix Renaudot), 메디시스상, 페미나상 등 4대 문학상이 있다. 그중 가장 유명하고 권위 있는 상은 공쿠르상인데, 세계적으로도 노벨문학상을 제외하면 최고로 친다.

역사적으로 보면 공쿠르상은 프랑스 형제 작가, 공쿠르 형제 중 형인 에드몽 드 공쿠르(Edmond de Goncourt)의 유언에 따라 1903년에 제정된 문학상이다. 노벨상이 제정된 것이 1901년이니 공쿠르상도 노벨상만큼의 역사와 전통을 가진 상이라 할 수 있겠다. 원래 공쿠르 형제는 공동 창작으로 작품 활동을 했는데, 동생 쥘 드 공쿠르(Jules de Goncourt)는 문체를, 형 에드몽 드 공쿠르는 창작을 담당했다고 한다. 상류사회의 위선을 그린 『르네 모프랭(Renée Mauperin)』, 타락해가는 하녀의 모습을 그린 『제르미니 라세르퇴(Germini Lacerteux)』 등 자연주의 문학의 걸작을 남겼다. 프랑스 초대 문화부 장관 앙드레 말로(André Malraux)는 1933년 『인간의 조건(La Condition Humaine)』으로 공쿠르상을 받았고, 프랑스가 자랑하는 마르셀 프루스트, 마르그리트 뒤라스, 에밀 아자르 등 기라성 같은 작가도 모두 공쿠르상을 받았다.

공쿠르상은 일생에 한 번밖에 받을 수 없지만 공쿠르상을 두 번 받은 유일한 작가가 있다. 바로 로맹 가리(Romain Gary)다. 그는 1914년 모스크바에서 태어나 프랑스에 정착한 러시아 이민자였지만 프랑스어를 모국어보다 더 아름답게 구사했던 천재 작가다. 그는 1956년 42세의 나이로 『하늘의 뿌리(*Les Racine du ciel*)』라는 소설로 공쿠르상을 받아 프랑스 문단의 떠오르는 스타가 된다.

처음에는 작가 로맹 가리로 활동했다. 그러나 이후 자신의 작품에 대해 세간의 관심이 떨어지자 에밀 아자르(Émile Ajar)라는 필명으로 작품을 내놓았다. 아자르는 곧 신예 천재 작가라는 호평을 받는다. 그는 1975년 에밀 아자르라는 이름으로 소년 모모가 들려주는 삶과 사랑 이야기를 담은 명작 『자기 앞의 생(*La Vie devant soi*)』으로 등단한다. 그리하여 그는 두 번째 공쿠르상을 받는다. 하지만 아자르는 내내 자신의 정체를 숨겼다. 1980년 "에밀 아자르와 로맹 가리는 같은 사람이며 나는 마침내 나 자신을 완전히 표현했다"는 내용의 「유서」를 남긴 채 그는 권총으로 자살했다.

공쿠르 수상자를 선정하는 공쿠르 아카데미 회원에 뽑히는 것만으로도 문인으로서는 최고의 영예다. 가장 재미있는 것은 공쿠르상의 상금이다. 상금은 10유로짜리 수표 한 장, 우리 돈으로는 약 1만 3,452원 남짓(2019년 8월 27일 환율 기준)이다. 시상식은 파리 2구의 고급 레스토랑 드루앙(Drouant)에서 열린다. 그럼에도 공쿠르상이 최고 영예로 받아들여지는 것은 100년이 넘는 상의 권위 때문이다.

또한 공쿠르상은 덤으로 작가에게 돈방석을 안겨주기도 한다. 수상자는 전 세계 언론의 주목을 받게 되고, 수상작은 프랑스 국내에서 베스트셀러가 되는 것은 물론이고 외국 주요 국가에서도 곧바로 번역·출간된다. 공쿠르상을 받은 작품의 평균 판매 부수는 30만 부가 넘는데, 1984년 수상작인 마르그리트 뒤라스의 소설 『연인(L'Amant)』은 100만 부를 훌쩍 넘겼다.

한편 르노도상은 1926년부터 공쿠르상과 함께 같은 장소에서 시상된다. 이는 만약에 있을지도 모르는 공쿠르상의 불공정성에 대한 배려로 준비된 상으로 공쿠르상의 보완장치 같은 기능을 하고 있다.

4. 벨리브(Velib)

자전거를 이용하는 파리지앵이 점점 늘고 있다. 사회당 출신의 파리시장 베르트랑 들라노에(Bertrand Delanoë)와 부시장 안 이달고(Anne Hidalgo)가 시작했던 공공자전거 대여제도 '벨리브(Velib)'가 성공한 덕분이다. 벨리브는 자전거라는 뜻의 '벨로(Velo)'와 자유를 뜻하는 '리베르테(Liberté)'를 합쳐 만든 말이다. '자유로운 자전거' 또는 '자전거로 자유를 꿈꾸다'라는 뜻을 함축하고 있는데, 삶과 문화를 즐기는 파리시민에게 딱 어울린다.

벨리브는 2007년 7월 15일 750개 대여소에서 7,500대의 자전거를 빌려주는 서비스로 시작돼 지금은 1,450개의 대여소와 2만 대의 자전거로 늘어났다. 회원 가입 시 보증금 150유로와 연회비

29유로를 내고, 대여 시 최초 30분은 무료이며 이후 30분 단위로 요금이 누진된다. 1시간 1유로, 1시간 반은 3유로, 2시간은 7유로다. 지하철 티켓 1회 요금이 1.9유로(2019년 현재)인 것에 비하면 어쨌거나 저렴한 편이다. 파리시민 중 자전거 이용 정규회원만 10만 명에 이르고 하루 사용인구도 12만 명에 이른다고 한다. 이산화탄소도 줄이고 건강도 챙기고, 게다가 자전거를 타면서 아름다운 파리시를 한눈에 담을 수도 있으니 일석삼조의 효과를 거둘 수 있다.

서울시도 2015년 공공자전거 제도를 도입했다. 서울시 공공자전거의 이름은 '따릉이'다. 2015년 10월에 서비스를 시작했는데,

출처: Paul Gueu / Shutterstock.com

벨리브
서울의 따릉이와 비슷한 파리의 벨리브는 2007년부터 파리를 중심으로 실시되고 있다.

2017년 기준으로 이용자 수 10만 명을 돌파했고, 1,500개의 대여소에서 2만여 대를 운영하고 있다. 따릉이 대여소는 주로 지하철 출입구·버스정류장·학교·은행·관공서 등 주변 생활시설 중심으로 설치되어 있고, 무인대여 시스템으로 운영되고 있어 대여와 반납이 편리하다. 1시간제 기준으로 1일권은 1,000원, 1주일권은 3,000원, 1년 정기권은 3만 원으로 가격도 저렴하다. 시민 입장에서는 값싼 비용으로 도심에서 자전거를 빌려 탈 수 있어 편리하다. 하지만 서울의 도로 여건은 파리와는 좀 다르다. 자전거 도로가 많지 않고 쾌적하게 탈 수 있는 환경이 아직은 다소 미비하다.

5. 노엘(Noël)

프랑스는 전형적인 가톨릭 국가다. 통계청 통계수치에 따르면 프랑스 인구는 2019년 현재 약 6,548만 명이고, 이 가운데 약 70퍼센트가 가톨릭 신자다. 프랑스의 공휴일을 보면 새해 첫날, 노동절, 프랑스 혁명 기념일, 제1차 세계대전 승전 기념일, 제2차 세계대전 승전 기념일 등의 국경일을 뺀 나머지는 예수 승천일(Jeudi de l'Ascension), 부활절(Pâques), 만성절(Toussaint), 성탄절 등 종교와 관련된 휴일이다. 프랑스 최대의 명절은 역시 성탄절인데, 프랑스어로는 노엘(Noël)이라고 한다. 노엘이라는 단어는 라틴어에서 유래된 말로 '태어나다'라는 뜻을 갖고 있다. 중세에는 기쁜 일이 있으면 '노엘'이라고 외쳤다고 하는데 가톨릭 국가 프랑스에서 예수가 태어난 날에 노엘이라는 명칭이 붙은 것은 당연하다고 할 수 있다.

　노엘이 가까워지면 거리에는 보통 전나무를 사용하는 성탄절 트리 '사팽 드 노엘(Sapin de Noël)'이 등장하고, 거리 곳곳에서 캐롤 송이 울려 퍼진다. 특히 샹젤리제 거리 양쪽 가로수는 화려한 형형색색의 전구 불빛과 눈을 뿌려놓은 듯한 장식이 그야말로 압권이다. 성탄절 시즌의 샹젤리제를 볼 수 있다면 그것은 일생일대의 행운일 것이다.

　12월이 되면 프랑스인은 굴(Huître)을 많이 먹는다. 우리나라에서는 보통 깐 굴을 봉지에 담아 판매하지만 프랑스에서는 깐 굴이 아니라 석화(石花) 그대로 판다. 집집마다 석화 한 상자씩 사서 가족들이 옹기종기 모여 앉아 굴을 까는 재미가 꽤나 쏠쏠하다. 굴 까는 칼은 동네 슈퍼에서도 판매한다. 성탄절 전후로는 축제가 많이 열리고 푸아 그라 같은 고급 음식도 먹고 샹파뉴(Champagne) 같은 고급 와인도 많이 마신다. 또한 노엘 때 빠지지 않는 것이 '뷔시 드 노엘(Bûche de Noël)'이다. 장작처럼 생긴 큰 케이크인데, 옛날 크리스마스 이브에 큰 장작을 때던 관습에서 유래된 것이라고 한다.

　집에 크레슈(Crèche)를 설치해놓는 집도 많다. 크레슈는 '구유(여물통)'란 뜻인데, 예수가 탄생한 외양간의 구유를 가리킨다. 예수 탄생과 관련 있는 인물들을 작은 인형으로 만들어 그 장면을

뷔시 드 노엘
장작처럼 생긴 뷔시 드 노엘 케이크는 주로 성탄절에 먹는 빵이다.
크리스마스 이브에 큰 장작을 때던 관습에서 유래된 것이다.

재현해놓은 장식을 크레슈라고 한다. 크레슈의 전통은 프랑스뿐만 아니라 전 유럽에서 찾아볼 수 있다. 프랑스에서는 산타클로스를 '르 페르 노엘(Le Père Noël: 성탄절의 아빠)'이라 부른다. 자선심이 많았던 대주교 성 니콜라우스(Saint Nicholaus)가 12월 6일 즈음 아이들에게 사탕과 장난감을 나누어 준 데서 유래한다. 유럽의 성인 '성 니콜라우스'가 미국으로 건너가면서 오늘날 아이들이 가장 좋아하는 산타클로스가 된다. 그래서 12월 6일은 산타 할아버지, 즉 성 니콜라우스의 날이다. 또한 다음 해 1월 6일은 동방박사가 도착한 날, 에피파니(Épiphanie: 주현절)다. 예전에는 노엘보다 더 중요한 날로 여겼다고 한다.

6. 가스트로노미(Gastronomie)

미식(美食)은 '좋은 음식이나 맛있는 음식을 찾아다니며 즐기는 것'을 일컫는 말이다. 미식의 나라라고 하면 우리는 프랑스를 먼저 떠올린다. 미식을 뜻하는 가스트로노미(Gastronomie)라는 단어도 프랑스에서 처음 사용됐다. 태양왕이란 별명을 가진 국왕 루이 14세(Louis XIV)는 사실 당대 최고의 미식가였다. 오늘날 프랑스가 미식의 나라가 될 수 있었던 데는 루이 14세의 역할이 컸다. 프랑스의 고급스런 미식요리들은 대부분 궁정요리였는데, 루이 14세의 혀끝에서 시작됐다 해도 과언이 아니다. 루이 14세 때부터 이어져온 식사문화는 왕궁을 넘어 일반 귀족에게 전해지면서 고급스런 식사문화로 정착된다. 역사적으로 '가스트로노미'라는 단어가 생긴 것은 루이 15세에 이르러서라고 한다. 이후 가스트로노미는 프랑스의 고급문화로 자리 잡는다. 프랑스에서는 고급요리를 '오트 퀴진'이라고 한다. 오트는 '고급의, 높은'이란 뜻이며 영어의 high에 해당한다. 미식가를 '고메'라고 하는 사람들이 많은데, 이는 프랑스어 구르메(Gourmet)의 일본식 표기다. 구르메는 미식가, 식도락가를 뜻한다.

아페리티프(Apéritif)에서 시작해 커피(Café)나 차(Thé)에 이르기까지 긴 코스로 나오는 프랑스 요리는 그야말로 미식의 상징이다. 정찬의 경우는 대부분 코스 요리인데 나름대로 순서가 정해져 있다. 식전에 음료로 가볍게 마시는 것은 아페리티프, 입맛을 돋우기 위해 먹는 한입 크기의 요리는 아뮈즈 부슈(Amuse bouche: 입을 즐겁게 함)다. 그다음은 수프(Soupe)나 오르되브르(Hors d′œuvre), 전채 요리 앙트레(Entrée), 생선이나 고기 등 메인 요리(Plat principal), 프로마주(Fromage), 디저트(Dessert), 커피 또는 차 등의 순서로 진행된다.

요리도 요리지만 프랑스식 코스 요리에서는 즐거운 대화와 자유분방한 수다가 필수다. 정성스럽게 나오는 요리를 즐기면서 이야기를 나누다보면 두세 시간을 훌쩍 넘긴다. 정상회담 같은 정치인의 만찬에서도 처음에는 난민문제·인권문제·세계경제 전망 등 정치경제 이슈로 시작되지만, 결국 마무리는 프랑스 요리나 와인 이야기로 끝나곤 한다.

보통 세계 3대 미식요리로는 푸아 그라(Foie gras: 거위간), 캐비어(Caviar: 철갑상어 알), 트뤼프(Truffe: 송로버섯) 등을 꼽는다. 이 셋은 프랑스 미식요리에서 빠지지 않는 재료들이다. 푸아 그라는 거위를 좁은 나무상자에 가둬 사육하면서 깔때기를 이용해 강제로 사료를 먹여 비대하게 키운 간이다. 입안에서 살살 녹는 부드러움과 감칠맛이 그야말로 일품이다. 비정상적인 거위사육 때문에 동물애호단체들로부터 늘 동물학대라는 비난을 받고 있다. 하지만 푸아 그라를 쉽게 포기하지 못하고 있는 걸 보면 이들의 미

푸아 그라
입안에서 살살 녹는 부드러움과 감칠맛이 일품인 푸아 그라.

캐비어
'요리의 보석'이라고 불리는 캐비어. 호텔이나 고급 식당에서 맛볼 수 있다.

트뤼프
버섯의 여왕이라 불릴 정도로 부드럽고 독특한 맛과 향기가 인상적이다.

식사랑이 어느 정도인지 짐작할 만하다.

캐비어는 호텔이나 고급식당 메뉴에 등장하는 요리로, 흑해산·이란산, 특히 카스피해의 벨루가 철갑상어 알이 유명하다. 미식가들 사이에서는 '자연이 인간에게 내려준 가장 고귀한 음식, 요리의 보석'이라고 불린다.

자연산 송로버섯 트뤼프는 버섯의 여왕으로 군림하고 있는데, 부드럽고 독특한 맛과 향기가 인상적이다. 화이트는 피아몬테산, 블랙은 페리고르산이 유명하며 인공 재배가 불가능해서 냄새를 잘 맡는 돼지나 훈련된 개를 이용해 찾는다. 100그램에 20만 원이 넘어 아마 세상에서 가장 비싼 식재료 중 하나일 것이다.

언젠가 이탈리아에서 1킬로그램짜리 송로버섯이 1억 원에 거래됐다는 뉴스를 본 적이 있는데, 이쯤 되면 식재료라기보다는 '땅속의 보물'이라고 하는 게 맞겠다.

7. 푸아 그라(Foie gras)

앞서도 언급했지만 푸아 그라는 거위나 오리에게 억지로 먹이를 많이 먹여 비대하게 키운 간을 말한다. 달팽이, 개구리, 병아리 또는 푸아 그라 등을 즐기는 프랑스인의 요리에 대해 혐오 요리라는 이미지를 갖는 사람들도 있다. 영국인은 프랑스인을 '개구리 먹는 사람들'이라고 놀리기도 하는데, 이런 편견은 요리를 먹는 순간 단숨에 사라진다.

푸아 그라가 많이 나는 지역은 페리고르(Périgord) 지방이다. 우리에게는 크로마뇽인의 라스코 동굴벽화가 있는 곳으로 잘 알려져 있다. 내륙 깊숙이 자리 잡고 있어 중세시대에는 아주 번화했던 지역이며, 산등성이에 아름다운 중세 성들이 여기저기 눈에 띈다. 이 지역은 푸아 그라 말고도 트뤼프의 본고장이기도 하다. 푸아 그라와 트뤼프는 프랑스 요리가 세계적인 요리로 발전하는 데 지대한 공헌을 한 비싼 식재료다. 일명 '검은 다이아몬드(Diamant noir)'라고 불리는 가장 고급 식재료 트뤼프는 식용으로 쓸 수 있는 것이 유럽에만 해도 약 30여 종이 있는데, 그중 페리고르 지역 트뤼프를 최고로 친다. 페리고르 지역의 토질은 석회질이 많고 건조하기 때문에 트뤼프가 잘 자랄 수 있는데, 특히 참나무 부근의 땅속에서 잘 자란다. 따라서 페리고르는 트뤼프가 자라기에 가장 적합한 지역이다.

푸아 그라는 15세기부터 이 지역에서 사랑받던 지역요리다. 페리고르 지역에서 유명한 음식으로는 오리나 거위의 콩피(Confit)가 있다. 콩피는 냉장고가 출현하기 전까지 육류를 저장하던 보편적인 방법으로, 쉽게 말하면 음식을 익혀 지방 속에 저장하는 것을 말한다. 거의 모든 프랑스의 거위와 오리, 돼지고기의 콩피는 이 지역에서 생산된다.

이 밖에 또 빼놓을 수 없는 것으로는 말린 자두 프뤼노(Pruneaux)가 있다. 이 지역의 도시 아장(Agen)이 특산지다. 프랑스에서는 예로부터 프뤼노를 하루에 세 개씩 먹으면 장수한다는 말이 전해온다. 이 때문인지 프랑스인은 프뤼노를 간식 삼아 즐겨 먹는다.

프랑스 요리의 특징은 우선 식재료가 다양하다는 데 있다. 프랑스는 전통적 농업 국가이고 유럽에서 가장 비옥한 땅이기에 프랑스에서 나지 않는 농산물은 거의 없다. 서쪽은 대서양, 남쪽은 지중해로 국토가 바다로 둘러싸여 있어서 다양한 종류의 생선과 해물을 구할 수 있다. 알프스·피레네 등 산악지대에는 양질의 육류와 유제품이 생산되고, 내륙에는 강이 많은 관계로 담수어가 풍부하다. 풍부한 식재료에 지방마다의 독특한 지방색이 더해져 프랑스 요리는 빛을 발하게 된다.

또한 잦은 전쟁과 함께 식민지와 문화를 교류하고 새로운 식재료를 반입하여 프랑스 식문화는 날이 갈수록 발전했다. 독일에 접해 있는 지역에서는 독일풍이 가미된 음식을 접할 수 있고, 남프랑스 지방에서는 지중해풍 음식을, 북서쪽에서는 영국풍 음식을 접할 수 있다. 프랑스의 지방음식은 저마다 지방색이 강하다. 가령 니스와 마르세유 등 남프랑스에는 버터보다는 올리브유를 많이 사용하고, 토마토나 피망·마늘·신선한 허브 등 향과 색이 좋은 야채를 많이 이용한다. 해물 요리가 다양하고 그 향 또한 진하다. 페리고르와 보르도(Bordeaux)의 요리는 포도주를 이용한 요리와 오래 끓여 만드는 요리가 많다.

프랑스 요리의 또 다른 특징은 소스가 다양하다는 데 있다. 하나의 음식에 하나의 소스를 가지고 있다고 할 만큼 종류가 다양하다. 소스를 만드는 직업은 중세 시대부터 전문 직업으로 인식돼왔다. 처음 소스의 출발은 신선하지 못한 재료를 감추기 위한 수단으로 사용되었지만 세월이 흐르면서 음식의 맛을 돋우는 역할을 하고 있다. 자기 이름을 건 소스를 개발해내는 것은 프랑스 요리사들의 바람이기도 하다. 소스는 진한 육수를 만들어 그것을 베이스로 이용하는 소스, 포도주를 이용하는 소스, 밀가루와 버터· 우유 등을 이용해 만드는 소스, 계란 등을 이용한 유화소스 등 그 종류가 우리의 김치만큼이나 많다.

8. 코코뱅(Coq au vin)

프랑스 요리에는 포도주를 사용하는 경우가 많다. 대표적인 것이 '코코뱅(Coq au vin)'이다. 여기에서 '코크(Coq)'는 프랑스어로 '수탉'을 의미하고, '뱅(Vin)'은 '포도주'를 뜻한다. 따라서 '코코뱅'은 '포도주에 잠긴 수탉'이라는 뜻이다. 닭고기와 야채에 포도주를 부어 푸욱 조려낸 프랑스 전통 요리다. 식재료가 풍부한 미식의 본고장 부르고뉴(Bourgogne) 지방에서 발전해온 요리다. 나이가 들어 살이 질겨진 장닭을 버리지 않고 먹기 위해 버섯·허브·향신료와 함께 적포도주를 넣고 끓여 만든 요리가 바로 코코뱅이다.

원래 코코뱅에는 늙은 수탉인 장닭을 사용했다. 뼈가 단단한 데다 살이 질긴지라 약한 불에서 장시간 끓이면 그 맛이 깊게 우러나기에 장닭이 스튜 요리에 적합했기 때문이다. 하지만 지금은 대부분의 요리에 부드러운 암탉을 사용하고 있으며, 코코뱅에도 암탉을 사용한다. 암탉은 코크가 아니라 '풀(Poule)'이다. 암탉을 넣은 요리라면 코코뱅이 아니라 '풀오뱅(Poule au vin)'이라 해야 하지 않을까.

한편, 수탉 코크는 프랑스인에게는 아주 각별한 동물이다. 옛날 골(Gaule) 지방에 서식하는 황금수탉(Coq gaulois doré)은 야생 수탉이었는데, 수탉은 고대부터 프랑스를 상징하는 동물이었다. 수탉은 야생, 용맹의 상징이다. 1998년 프랑스 월드컵 때 사용됐던 마스코트 '푸틱스(Footix)'는 수탉을 의인화한 것이었다. 프랑

코코뱅
전통적으로는 장닭에 와인과 야채를 넣고 끓인 요리이지만, 최근에는 암탉을 쓰고 있다.

스를 상징하는 깃발에는 수탉이 곳곳에 등장한다.

19세기 말에 지어진 대통령궁 엘리제궁 정원의 담 창살도 수탉으로 장식되어 있다. 또한 프랑스의 스포츠용품 브랜드 중에는 '르 코크 스포르티프(Le Coq Sportif)'란 브랜드가 있다. 르 코크 스포르티프는 '운동을 좋아하는 수탉'이란 뜻으로, 1882년에 설립된 아주 오래된 스포츠용품 전문기업이다.

9. 샹파뉴(Champagne)

프랑스산 포도주 중 가장 대표적인 것은 보르도, 부르고뉴 그리고 샹파뉴다. 이 세 포도주는 모두 지명이다. 프랑스산 포도주는 생산지가 곧 포도주 이름이다. 가령 '위스키'는 지명이 아니라 제조법에 따른 종류이고, 맥주의 경우는 '하이네켄' '버드와이저'처럼 회사 이름으로 불리지만, 포도주는 모두 생산지 이름으로 불리고 있다.

네고시앙(Négociant)이라 불리는 와인 중개상인이나 생산한 샤토 이름을 같이 표기하고 있지만, 기본적으로 종류를 말할 때는 산지의 지역명을 쓰는 것이 원칙이다. 샹파뉴는 샹파뉴 지방의 포도주고, 메독은 메독 지방의 포도주다. 코냑이나 부르고뉴, 보졸레(Beaujolais) 등도 모두 생산지역 이름이다.

우리나라에서는 샹파뉴를 삼페인이라 부르고, 부르고뉴는 영어식으로 버건디라고 부르기도 한다. 어떤 신문기사를 보니 "샴페인은 샹파뉴 지방에서 나는 발포성 백포도주를 가리킨다"고 정의되어 있었는데, 결론부터 말하면 샴페인과 샹파뉴는 같은 것이다. 삼페인이든 샹파뉴든 모두 샹파뉴에서 생산되는 포도주를 말한다. 삼페인은 샹파뉴의 영어식 발음일 뿐이다.

샹파뉴는 포도주 중에서 가장 비싼 술이다. 프랑스에서도 보통의 서민들은 샹파뉴를 자주 접할 수 없다. 결혼식이나 특별한 축제 때나 맛볼 수 있는 고급 와인이 바로 샹파뉴다. 샹파뉴 지방은 원래 양질의 포도주 산지였는데, 기원 후 92년 로마 황제가 이탈리아산 포도주의 경쟁 상대가 될 것을 우려하여 포도밭을 파괴해버렸다고 한다. 그러나 약 200년이 지난 후인 3세기경에 다시 부

샹파뉴
축하연에 주로 마시는 샹파뉴는 고급 와인의 한 종류다.

활했으며 그리스도교 사제가 재배법을 개량한 결과 석회질 지질
에서 생산되는 좋은 향기의 술로 다시금 유명세를 회복했다.

샹파뉴는 마개가 빠질 때 나는 '펑' 소리와 함께 내뿜는 거품
이 특징이다. 그래서 축하연이나 스포츠 경기 우승 축하 때 빠지
지 않는다. 알코올 도수는 13.4도다.

포도주는 프랑스인에게는 단순한 술이 아니라 이들이 숭고하
게 생각하는 미식문화의 한 부분이다. 프랑스에서 포도주가 다양
하게 발달할 수 있었던 것은 프랑스 요리가 지역마다 특색이 있
고 다양하기 때문이기도 하다. 이들은 보통 연어요리를 먹을 때
는 샹파뉴를, 고기요리를 먹을 때는 보르도나 부르고뉴산의 적포
도주를, 생선요리와 먹을 때는 상세르나 소뮈르 같은 백포도주를

곁들여 마신다. 요리와 와인의 조합을 프랑스인들은 '마리아주(Mariage)'라고 부른다. 마리아주는 원래 '결혼'이란 뜻이다. 물론 스테이크를 먹을 때 샹파뉴를 마셔도 상관없지만, 이것은 이들이 정해놓은 보이지 않는 약속 같은 것이다. 어떤 음식에 어떤 포도주가 어울릴지 이런 애매한 것을 프랑스인들이 정해놓았으니 이대로 따라주는 것도 괜찮지 않을까?

세계로 수출돼 프랑스 산업의 효자 노릇을 하는 포도주의 70퍼센트는 보르도, 샹파뉴, 부르고뉴산 포도주다. 그중에서도 샹파뉴 포도주의 특징은 샹파뉴 지역만의 제조방식을 지키고 있다는 것이다. 샹파뉴는 다른 발포성 포도주와 달리 병입 상태에서 자연발효 방식으로 만들어진다. 이런 자연발효 방식으로 제조된 샹파뉴 지방의 포도주만을 샹파뉴라는 명칭으로 부를 수 있는 것이다.

예를 들어 자연발효로 만들어졌지만 다른 지역에서 제조된 포도주는 크레망(Crémant)이라 부른다. 그리고 자연발효 방식이 아니라 인공적으로 탄산을 주입한 발포성 포도주는 '뱅 무쇠(Vin mousseux; 영어 Sparkling wine)'라고 부른다. 우리나라의 베이커리에서 판매하는 염가의 생일 파티용 발포성 포도주는 샴페인이 아니라 저가의 '뱅 무쇠'다.

샹파뉴가 무언가를 축하하기 위해 마시는 파티용 포도주라면, 두고서 조금씩 마시는 포도주로는 코냑(Cognac)과 아르마냑(Armagnac)이 으뜸이다. 코냑과 아르마냑도 지명이다. 코냑은 보르도시 북쪽에 있는 도시이고, 아르마냑은 프랑스 남부 스페인 접경 지역 피레네산맥 근처에 있는 도시다. 코냑이나 아르마냑 같은 독주는 포도주를 증류해서 만든다. 이러한 고급 독주는 옛날에는 주로 수도원의 수도승이나 사제들이 많이 만들었다. 하루종일 기도와 사색을 하며 지내다보니 속세와 동떨어진 생활을 했고 그래서 독주나 봉봉(Bonbon: 사탕)을 생산하는 경우가 많았던 것이다. 그래서 이런 독주를 '뱅 드 메디타시옹(Vin de méditation)'이라 부르기도 한다. 이름하여 '명상주' 되겠다.

10. 시드르(Cidre)

프랑스는 와인의 나라지만, 프랑스인이라고 해서 포도주만 마시는 것은 아니다. 그들은 맥주도 즐겨 마신다. 1664년 알사스 지역에서 설립된 맥주회사의 제품 'Kronenbourg(크로넨부르) 1664' 브랜드를 가장 애호한다.

한편 프랑스 서북쪽에는 제2차 세계대전 때 연합군이 기습적으로 노르망디 상륙작전을 감행했던 노르망디 지방이 있다. 노르망디(Normandie)라는 이름은 '노르만의 땅'이라는 뜻이다. 바이킹의 후예들인 노르만족이 10세기에 노르망디 공국을 세웠던 곳이다. 노르망디 지방은 사과가 많이 나는 산지라, 이 지역민들은 사과로 빚은 술을 많이 마신다. 사과즙을 원료로 만든 노르망디 지

시드르
사과 맛 알코올 음료인 시드르는 영어로 읽으면 사이다가 된다.

출처: monticello / Shutterstock.com

크로넨부르 1664
알사스 지역에서 설립된 맥주 회사의 제품으로, 프랑스인이 가장 애호하는 브랜드다.

방의 발효주를 '시드르(Cidre)'라고 한다. 영어식으로는 '사이다(Cider)'가 된다.

시드르는 무색의 탄산음료로 알코올 성분이 1~6퍼센트 정도다. 영어에서도 사이다는 사과주나 사과주스를 뜻하는데, 우리나라에서는 설탕물에 탄산과 향료를 섞어 만든 청량음료라는 의미로 사용되고 있다. 요즘에는 '사이다 발언'이라는 말을 많이 쓰는데, 사이다를 마신 것처럼 톡 쏘는 듯한 시원한 발언이라는 의미다.

사과주를 베이스로 증류한 독주로는 칼바도스 지방에서 나는 '칼바도스(Calvados)'라는 술이 유명하다. 알코올 농도가 54도나 돼 독하며, 가격이 비싼 고급술이다. 에리히 마리아 레마르크의 작품『개선문』에서 주인공이 애음한 술로 나온다.

11. 프로마주(Fromage)

'치즈가 없는 식사는 한 눈이 없는 미인과 같다'는 프랑스의 어느 미식가의 말처럼 프랑스 식탁에서 치즈는 빠질 수 없는 음식이다. 프랑스의 치즈 소비량은 엄청나다. 1년에 한 사람이 먹는 치즈 소비량이 평균 15킬로그램을 넘는다고 한다. 프랑스에는 치즈가 크게 분류해도 300종이 넘는다. 프랑스어로 치즈는 '프로마주'다. 프랑스에서 프로마주로 유명한 지역은 알프스산악 지역 사부아(Savoie) 지방이다. 이곳은 지리적으로 스위스와 인접해 있

에멘탈
구멍이 뚫려 있는 노란색의 경질 치즈

그뤼예르
유럽에서 가장 오래된 치즈 중 하나로 알려진 가열 압착 치즈

퐁뒤
치즈를 녹인 소스에 찍어 먹는 치즈 요리

다. 산악 지대고 목장이 많아 버터, 생크림, 우유, 치즈가 많이 생산된다. 사시사철 눈이 덮여 있고 겨울이 길기 때문에 치즈는 연성(軟性)으로 빨리 발효시키는 것보다는 몇 개월에서 길게는 1년 이상 발효시키는 경성(硬性) 치즈가 많은 편이다.

이 지역의 대표적인 치즈로는 에멘탈(Emmental)과 그뤼예르 (Gruyère) 등이 있다. 경성 치즈는 후식으로 이용하기보다는 전식이나 본식 등 메인 요리에 자주 이용된다.

치즈 요리 중 유명한 것으로는 퐁뒤(Fondu)가 있다. 우리에게도 제법 친숙한 요리인데 녹인 치즈에 빵을 적셔 먹는 요리다. 퐁뒤는 '녹이다'라는 뜻의 '퐁드르(Fondre)'에서 온 말이다. 프랑스

겨울 스포츠의 메카인 샤모니(Chamonix)는 가장 프랑스적인 퐁 뒤를 먹을 수 있는 곳이다. 추운 겨울 알프스에서 스키를 즐긴 후 바로 먹는 퐁뒤는 언 몸을 녹이는 데에 좋고, 운동으로 지친 몸을 위한 고열량 음식으로 인기 있다.

이 밖에 치즈 요리로는 감자, 소시지, 빵과 같이 먹는 라클레트 (Raclette)가 있다. '긁어내다'라는 의미의 '라클레(Racler)'에서 온 말인데, 이 음식은 옛날에 산장의 벽난로에 큰 치즈를 얹어서 녹은 부분을 긁어서 빵 위에 얹어 먹던 데서 유래했다. 지금은 쉽게 만들어 먹을 수 있도록 개발된 기구를 이용해 가정에서 즐겨 먹는 음식이 되었다.

12. 누벨 퀴진(Nouvelle Cuisine)

1970년대에 프랑스 요리계에서는 고전 요리에 반발하면서 무겁고 기름진 전통 요리 대신 가볍고 신선한 요리를 시도하는 새로운 트렌드가 형성됐다. 이를 '누벨 퀴진(Nouvelle cuisine)'이라 부른다. '누벨'은 '새로운'이라는 뜻이고 '퀴진'은 '요리'를 뜻하므로 '새로운 요리'란 의미다. 누벨 퀴진 요리는 향신료와 허브를 사용하되 재료 본래의 맛을 최대한 살린다. 고기 사용은 줄이고 채소를 많이 이용하면서 저칼로리의 건강요리를 추구한다.

또한 생크림이나 버터를 사용해 무거운 소스를 만드는 대신 소스가 수분 증발에 의해 농축되는 성질을 이용해 가볍게 만드는 것도 특징 중 하나다. 특히 전통적인 프랑스 요리의 특징인 화려하고 농후하며 무거운 것과 달리 식품의 자연스러운 풍미·질감·색조 등을 강조한다.

누벨 퀴진이라는 용어는 음식비평가 앙리 고(Henri Gault)와 크리스티앙 미요(Christian Millau)가 만든 단어다. 고와 미요, 이 두 사람이 합작해 만든 미식 가이드가 바로 『고&미요(Gault&Millau)』다.

하지만 누벨 퀴진 흐름과는 정반대로 정통 음식을 고수하는 흐름도 있다. 가령 리옹의 구도심에 모여 있는 식당들은 특유의 푸짐함과 친근감으로 명성이 높다. 리옹은 미식 도시다. 현대 프랑스 요리계의 대부라고 할 수 있는 폴 보퀴즈(Paul Bocuse)가 이 지역 출신 셰프다. 그는 리옹 근처 작은 도시에서 식당을 운영하며 리옹 요리의 전통을 이어가고 있다.

리옹 요리에는 특히 양파가 많이 들어간다. 거의 모든 요리에 양파가 들어간다 해도 과언이 아닐 정도다. 파리의 명물로 알려진 양파 수프도 원래는 리옹 요리다. 리옹 음식은 육류 조리법이 다양하며, 다른 지역에서는 잘 먹지 않는 육류의 부산품을 이용하는 것도 특징이다.

리옹에서 벗어나면 발레 뒤 론(Valais du Rhône)이라는 지역이 있는데, 이곳은 부르앙브레스(Bourg-en-bresse)의 닭 요리가 유명하다. 부드럽고 통통한 이 지역의 닭을 최고 품질의 닭으로 친다.

또한 몽텔리마르(Montélimar)는 누가(Nougat)가 유명하고, 보졸레
(Beaujolais)는 포도주로 유명하다. 프랑스는 어느 지역을 가더라도
지역마다 특색 있는 요리가 있다.

13. 레스토랑(Restaurant)

레스토랑은 일상적으로 가장 많이 사용하는 프랑스어다. 레스토
랑이라는 말이 프랑스에서 생긴 만큼 프랑스는 레스토랑 발전
뿐만 아니라 세계 식문화 발달의 역사에서 중심적인 역할을 해
왔다. 최초의 레스토랑 경영자는 1765년 파리에서 수프 판매점
을 했던 불랑제(Boulanger)로 알려져 있다. 불랑제는 고기를 넣
고 푹 끓인 신비한 스태미나 수프 등을 판매하면서 '레스토랑'
이라는 간판을 달았는데, 그 간판 이름에서 '레스토랑'이란 단어
가 유래되었다고 한다. 레스토랑은 프랑스어의 동사 '레스토레
(Restaurer)'에서 나온 말이다. '원기를 회복하다' '복구시키다'라는
뜻이다. 그러니까 '강장식품처럼 영양이 풍부한 음식과 휴식을
통해 체력과 건강을 회복하는 곳'이란 의미로 '레스토랑'이란 말
을 처음 사용했던 것이다.

오늘날의 레스토랑은 그 나라 식문화를 엿볼 수 있는 상징적
인 공간이다. 우리말로는 식당일 텐데, 식당이란 용어는 조선시대
성균관 내에 있던 유생들을 위한 단체 급식처를 식당이라 부른

데서 비롯된 것이라고 한다. 흔히 식당이라고 하면 대중음식점을 생각하고 레스토랑이라고 하면 고급 서양음식점을 떠올리는데, 그것은 레스토랑이라는 단어가 갖는 뉘앙스 때문일 것이다.

레스토랑 뒤에 나라 이름 형용사를 붙이면 그 나라 음식을 파는 레스토랑이 된다. '레스토랑 이탈리앵(Restaurant Italien)' 하면 이탈리아 식당이고, 한국 식당은 '레스토랑 코레앵(Restaurant Coréen)'이다. 미식 안내서『미슐랭 가이드』의 별이나『고&미요 가이드』의 토크(Toque: 조리사 모자)가 붙은 고급 레스토랑은 '레스토랑 가스트로노미크(Restaurant gastronopmique)'라고 부른다. 수프를 전문으로 파는 레스토랑은 '수프리(Souperie)', 비칠 정도로 얇게 밀가루를 부치고 그 속에 다양한 재료를 얹어 싸먹는 크레이프를 파는 곳은 '크레프리(Crêperie)', 간단한 음식을 파는 카페 같은 곳은 '비스트로(Bistrot)'라고 부른다. 주로 알사스 음식이나 맥주를 파는 '브라스리(Brasserie)'도 레스토랑의 한 종류라고 할 수 있겠다.

14. 불랑제리(Boulangerie)

'불랑제리(Boulangerie)' 또는 '블랑제리'는 제빵 또는 빵집을 뜻한다. 영어의 베이커리(Bakery)에 해당한다. 바게트나 크루아상, 가토 등을 파는 곳이다. 프랑스에서는 빵이 주식인지라 불랑제리는 우리로 치면 쌀집 같은 곳이라고 할 수 있다. 대도시건 시골이건 어디를 가도 불랑제리들이 많다. 프랑스인들은 아침 일찍 바게트를 사기 위해 그 동네에서 가장 맛있는 불랑제리에서 줄을 서곤 한다.

빵은 프랑스어로 팽(Pain)이고, 빵 굽는 사람은 불랑제(Boulanger)라고 부른다. 요리사와 마찬가지로 불랑제라는 직업도 프랑스에서 존중받는 직업 중 하나다. 프랑스 불랑제리 중에는 가업으로 이어오는 동네빵집들이 많지만 브랜드를 가진 전국적인 체인점도 있다. '폴(Paul) 빵집'이 대표적이다. 폴 빵집은 맛있는 바게트로 유명하다. 1889년 프랑스 릴(Lille) 지역에서 처음 시작한 폴 빵집은 프랑스에만 350개, 해외에 127개 매장을 갖고 있는 대형 베이커리 브랜드다. 공원, 기차역 등 곳곳에서 매장을 볼 수 있을 정도다. 우리나라에도 들어와 있는데 여의도 메리어트 호텔에 입점해 있다.

브리오슈도레(Brioche Dorée)라는 프랑스의 대형 베이커리 체인도 한국에 들어왔다. 1976년에 탄생한 베이커리로 빵·비에누아즈리·샌드위치·패스트리 등을 판매하고 있는데, 전 세계에서 약 500여 개의 매장을 운영 중이다. 원 재료를 100퍼센트 프랑스에서 직수 입해 운영 중이기에 빵 애호가들로부터 호평을 받고 있다. '브리오슈(Brioche)'는 둥글게 부푼 모양에 둥근 꼭지가 달린 프랑스 빵이고 '도레(Dorée)'는 여성형 형용사로 '금빛의'라는 뜻이다.

15. 바게트(Baguette)

독일 빵 하면 '브레첼(Bretzel)', 영국 빵 하면 '스콘(Scone)', 이탈리아 빵 하면 '포카치아(Focaccia)'를 떠올린다. 프랑스 빵 하면 가장 먼저 떠올리는 것은 뭘까. 아마 '바게트(Baguette)'일 것이다. 바게트라는 이름은 모양 때문이다. 바게트는 프랑스어로 '막대기'란 뜻이다. 막대기 모양처럼 길다고 해서 바게트란 이름이 붙여진 것이다.

바게트에는 여러 종류가 있다. 통밀을 이용하면 바게트 콩블레(Baguette comblé)라 부르고, 귀리가 들어가면 바게트 그뤼오(Baguette gruau)라 부른다. 보통 프랑스인이 말하는 좋은 바게트는 껍질은 단단하고 속은 아주 부드러우면서 크림색을 띠고 기공이 불규칙하며, 돌 오븐 냄새가 나는 바게트다. 프랑스에서는 빵이 주식이므로 취향에 따라 바게트·크루아상·브리오슈 등을 거의 끼니마다 먹는다. 보통의 파리지앵은 아침으로 바게트와 함께 카페 오레(Café au lait: 우유를 넣은 커피) 한 잔을 마신다. 맛있는 빵집, 즉 불랑제리에 아침 일찍부터 바게트를 사기 위해 줄을 서 있는 풍경은 파리에서 흔히 볼 수 있는 모습이다.

프랑스인의 바게트 사랑은 유별나다. 바게트는 밀가루·소금·물·이스트로만 만들어야 하고, 냉동 과정을 거쳐서도 안 된다는 프랑스 식품법의 규제를 받는다. 이는 빵을 문화로 인식하고 보존하려는 그들의 노력 때문이다. 바게트에 대한 이런 규제는 프랑스 혁명 과정에서 생긴 '평등의 빵'이라는 법에서 유래한다. 누구나 똑같은 빵을 먹을 수 있도록 길이 80센티미터, 무게 300그램으로 제한한 것도 재미있다.

프랑스에서는 바게트를 종이봉투에 담아 다니는 모습을 자주 볼 수 있다. 대부분의 프랑스 빵집에서는 통풍이 안 되는 비닐봉지는 사용하지 않는다. 빵이 눅눅해져 식감을 떨어뜨리기 때문이다. 건포도를 넣은 빵을 '팽 오 레쟁(Pain aux rasin)'이라 하고, 해바라기씨·깨·아마 등의 잡곡을 넣은 빵은 '팽 오 세레알(Pain aux cérérales)'이라고 부른다.

16. 비스트로(Bistrot)

평범한 파리지앵인 직장인 프랑수아는 점심시간에 동료들과 함께 회사 근처의 비스트로에서 식사를 하기로 했다. 메뉴는 고향 음식인 '카술레(Cassoulet)'다. 카술레는 프랑스 남부 툴루즈(Toulouse) 지방의 요리로 콩과 소시지 등을 넣고 스튜처럼 푸욱 끓인 음식이다. 작은 비스트로이지만 제대로 된 맛을 느낄 수 있어 점심은 주로 카술레를 먹는다.

프랑수아의 아내 마리안도 직장인인데, 오늘은 간단하게 먹기로 했다. 회사 근처 델리샵에 가서 포장된 샐러드를 구입했다. 다이어트에 신경을 쓰지 않을 수 없기에 탄수화물 빵이 들어가는 샌드위치는 가급적이면 피하고 있다. 드레싱도 저칼로리로 골랐다. 하지만 그래도 아내가 피해 갈 수 없는 음식이 있으니 바로 쇼콜라(Chocolat: 초콜릿)다. 쇼콜라 동호회 회원이기도 한 그녀는 새로운 쇼콜라를 하나 사서 천천히 음미하면서 달콤한 행복감을 느낀다. 보통의 파리지앵인 프랑수아 부부의 점심 풍경이다.

프랑스인 중에는 카페를 '비스트로'라고 부르는 사람이 많은데, 비스트로의 어원이 참 재미있다. 비스트로란 러시아말로 '빨리빨리'라는 뜻이다. 1814년 나폴레옹을 몰락시키고 파리에 입성한 동맹군 중 성격이 급한 러시아 군인들이 카페에 몰려와서 빨리빨리 먹을 것을 달라고 하면서 "비스트로, 비스트로!"라고 외

카술레
콩, 소시지, 고기 등을 푹 끓여서 만든 요리로, 맛도 영양도 만점이다.

비스트로

러시아 말로 '빨리빨리'라는 뜻의 비스트로가 오늘날 저렴하고 가볍게 먹고 마실 수 있는 곳인 '비스트로'의 어원이 되었다.

친 것이 카페를 뜻하는 '비스트로'의 어원이라고 한다. 오늘날 비스트로는 가볍고 저렴하게 그리고 신속하게 먹고 마실 수 있는 곳으로 통한다. 코스 요리 중심의 격식 있는 정찬을 제공하는 레스토랑과는 달리, 비스트로는 오너 셰프가 자신의 출신 국가나 지방색을 표현한 요리나 개성 있는 메뉴를 먹을 수 있다. 카페에서도 간단한 요리는 먹을 수 있지만 비스트로와 카페의 뉘앙스는 좀 다르다. 비스트로가 가볍고 특색 있는 요리를 즐길 수 있는 식당이라면, 카페는 커피·음료나 간단한 식사를 하면서 대화와 여유를 즐기는 문화공간으로 이해하면 될 것이다.

어쨌거나 카페나 비스트로, 살롱 드 테(Salon de thé: 찻집) 같은 곳은 프랑스인의 일상생활에서 빼놓을 수 없는 장소다. 아침에는 바게트·크루아상에 카페 오레로 식사를 하고, 저녁에는 간단한 식사도 할 수 있는 만남과 사교의 공간이기 때문이다. 거기다 빼놓을 수 없는 것이 문학·예술·철학의 공간이라는 것이다. 한국으로 치면 커피숍이나 다방, 아니면 경양식당 정도 될 텐데 무슨 철학·예술이냐고 의아해할지도 모르겠다. 주말마다 카페에 모여 철학자와 함께 토론을 하는 철학 카페(카페 필로)도 곳곳에 있다. 프랑스에서 카페나 비스트로는 매우 특별한 곳이다. 오죽했으면 프랑스 문화부가 지정한 프랑스 문화의 3대 상징에 루브르 박물관, 프랑스 요리와 함께 비스트로가 포함되었겠는가 말이다.

브라스리(Brasserie)라는 곳도 있다. 『프랑스어 사전』에 찾아보면 브라스리는 '맥주 양조장이나 맥주 홀'이라고 나온다. 브라스리는 원래 맥주를 만드는 곳이었는데 지금은 간단한 음식도 팔고 있다. 카페나 비스트로, 브라스리 모두 프랑스 서민음식문화를 잘 보여주는 장소가 되었다.

17. 미슐랭(Michelin)

『미슐랭 가이드』는 미식의 나라 프랑스의 레스토랑 평가 안내서다. 아마 세계에서 가장 정평 있는 미식 가이드일 것이다. 우리나라에서는『2017년 미슐랭 가이드 서울편』이 처음 발간되었다. 발간국가 기준으로는 28번째, 아시아 국가 중에서는 일본·싱가포르·중국에 이어 네 번째라고 한다. 첫 번째 평가라 언론의 큰 관심을 끌었는데 24곳의 레스토랑이 미슐랭 스타를 받았다. 미슐랭 별을 받지 않고 등재만 돼도 대단한 식당이라 할 수 있다.

먹방 TV에 나오는 그 많은 스타 셰프의 레스토랑 중 대부분은 미슐랭 별은커녕 등재조차 되지 못했다.『미슐랭 가이드』서울 홈페이지(guide.michelin.com/kr/ko)에 가면 스타 레스토랑과 등재된 레스토랑을 지역별로 검색할 수 있다. 아직은 초반이라 서울 레스토랑에 대한 미슐랭 평가의 신뢰도에 문제가 제기되고는 있지만, 해가 거듭될수록 자리를 잡아갈 것으로 보인다.

미슐랭은 굴지의 세계적인 타이어 제작사 미쉐린과 관련이 있다. 미식 가이드 '미슐랭'과 프랑스의 타이어 브랜드 '미쉐린'은 같은 단어다. 미쉐린은 영어식 발음이고, 프랑스어로는 미슐랭으로 발음한다.『미슐랭 가이드』홈페이지에는 '미쉐린 가이드'로 표기되어 있다. 미쉐린 코리아 홈페이지에 따르면, 미쉐린은 1889년 프랑스 클레르몽 페랑에서 설립됐고 현재 전 세계 5대륙에서 사업을 운영하고 있다. 2015년 12월 기준으로 170개 국가에서 지사를 운영하고 있고 타이어 생산량은 1억 8,000만 개에 달한다. 프랑스인들은 미슐랭에 대해 남다른 애정을 갖고 있다. 무엇보다 타이어 제작사인 미슐랭에서 미식가의 성전이라 불리는 레스토랑 안내서『미슐랭 가이드』를 발간하기 때문이다.

요리나 식문화는 프랑스인이 가장 자부심을 갖는 자국 문화의 정수라고 할 수 있다. 미식의 나라 프랑스에서는 식당 가이드나 요리 비평이 발달돼 있다.

우선 '미쉐린 타이어'로 유명한 미슐랭은 타이어 제작, 지도 발간, 가이드 책자 출판으로 유명한 세계적인 기업이다. 『미슐랭 가이드』는 매년 봄에 출간되는 레스토랑 가이드다. 무려 1,700~1,800쪽에 이르는 방대한 분량인데도 매년 50만 부 이상 팔리는 초대형 베스트셀러다. 책머리에 간단하게 실려 있는 여행 정보와 레스토랑 선택에 대한 몇 가지 조언을 빼면, 방대한 분량은 전부 레스토랑과 호텔 정보에 할애되어 있다.

출처: EQRoy / Shutterstock.com

『미슐랭 가이드』
세계 최고 권위의 여행정보 안내서로 1900년부터 발간되기 시작해 100년 이상의 역사를 자랑한다.

『미슐랭 가이드』는 해마다 프랑스 전국과 해외 주요 도시의 레스토랑을 요리·분위기·서비스를 기준으로 심사해 우수한 식당에 별을 부여하는데, 별 하나만 얻어도 그 식당은 금방 유명 레스토랑의 명성을 얻게 된다. 만약 별 셋까지 단다면 명실상부한 최고 레스토랑으로 떠오르게 된다. 별 셋은 최고의 요리를 상징하기도 하지만 사업적 성공도 보장해준다. 이런 공인된 최고 레스토랑에서 혀끝의 즐거움을 맛보려면 보통은 몇 개월 전부터 예약을 해야 할 정도다. 누구의 식당 어디는 별이 몇 개고 어디는 몇 개라는 등의 이야기는 프랑스의 보통사람들에게도 큰 관심거리다. 시골의 한적한 곳에 위치한 레스토랑일지라도 먼 길을 마다않고 전국의 미식가들이 모여든다. 물론 별 셋을 받고 욕심을 부려 지나친 투자를 함으로써 경영적자를 면치 못하는 경우도 왕왕 생기기는 하지만 말이다.

『미슐랭 가이드』의 명성과 권위는 오랜 역사와 심사의 엄격함에서 나온다. 무려 한 세기 이상의 역사를 자랑하는『미슐랭 가이드』는 원래 1900년 앙드레 미슐랭(André Michelin)이 처음으로 만든 책이다. 세계 최초로 분리·조립되는 타이어를 발명해 미쉐린 타이어 회사를 만든 사람은 에두아르 미슐랭인데, 앙드레 미슐랭은 그의 친형이다. 당시 내무부 산하 지도국에 근무하던 앙드레 미슐랭은 프랑스를 여행하는 운전자들에게 유익한 정보를 주자는 취지로 무료로 배포되는 여행 및 식당 정보 안내서를 펴냈는데, 이것이『미슐랭 가이드』의 효시다. 매년 정보를 업데이트하면

출처: ricochet64 / Shutterstock.com

「고&미요」
2017년도 레스토랑 가이드 북이다. 프랑스의 권위적인 미식 가이드 북 중 하나다.

서 발전해온 『미슐랭 가이드』는 1926년부터는 미식을 상징하는 별을 부여하기 시작했다.

마치 미식 암행어사처럼 심사관은 일반 손님으로 가장하고 식당에 온다. 그러고는 요리의 맛과 레스토랑의 분위기·위생 상태·서비스 수준 등을 평가하고 이를 근거로 별을 부여한다. 오랜 세월 동안 『미슐랭 가이드』는 심사의 엄격성·공정성 그리고 정보의 신뢰도로 명성을 쌓아왔고, 오늘날 '미식가의 성경'과 같은 권위를 얻었다. 『미슐랭 가이드』가 공개한 내용에 따르면 프랑스의 경우는 약 4,000개 이상의 식당을 18개월마다 한 번씩 방문해 조사하고, 별 한 개 이상을 받은 식당은 연간 몇 차례 재방문해 조사한다고 한다.

한편,『미슐랭 가이드』에 필적하는 또 다른 가이드가 있으니 바로『고&미요』다.『고&미요』는 매년 파리판·지역판 등 지역별로 따로 발간되는데, 지역의 레스토랑을 '고급식당' '우아하고 고전적이고 편안하며 분위기 있는 식당' '간이식당(브라스리)' 등 세 범주로 분류한 뒤 서로 다른 세 가지 모양의 조리사 모자로 등급을 표시한다.『고&미요 가이드』는『미슐랭 가이드』의 별 대신에 조리사 모자, 즉 토크를 달아주는데, 모자 하나에서 최고 모자 넷까지로 분류된다. 엄격한 심사를 통해 식당의 질을 평가하고 여기에 점수까지 부여하는데, '20점 만점에 몇 점', 이런 식으로 점수를 매기고 있다. 조리사 모자 등급에다 20점 만점의 점수까지 등급이 세분화되어 있어 식당과 식당 간의 점수 차이는『미슐랭 가이드』보다 훨씬 크다. 요컨대 '『미슐랭 가이드』의 별 셋'과 '『고&미요 가이드』의 20점'은 프랑스 미식문화의 자부심과 권위를 상징한다.

2003년 2월 프랑스 최고의 요리사로 손꼽히는 베르나르 루아조(Bernard Loiseau)가 엽총으로 자살한 충격적 사건이 있었다.『미슐랭 가이드』평가 발표에서 전년도 별 셋에서 별 두 개로 강등된 것 때문이었다. 미식의 나라 프랑스의 언론은 당대 최고 요리사의 죽음을 앞다투어 대서특필했다. 52세를 일기로 세상을 떠난 루아조의 장례식에는 프랑스 일급 요리사들을 비롯해 2,000명 이상의 조문객이 운집했다. 프랑스 사회에서 요리와 미식 문화가 얼마나 중요한지를 보여주는 단면이다.

18. 파티시에(Pâtissier)

드라마 〈내 이름은 김삼순〉의 주인공 삼순이의 직업은 파티시에 (Pâtissier)다. 하지만 정확하게 말하자면 파티시에가 아니다. 파티시에는 '케이크를 전문으로 굽는 제과사'를 뜻한다. 그런데 프랑스어에서는 모든 명사가 남성형과 여성형으로 구별되는데 파티시에는 남성형이다. 삼순이는 여자이므로 파티시에(Pâtissier)가 될 수 없다. 그녀는 파티시에가 아니라 여성제과사 '파티시에르 (Pâtissière)'다.

파티시에나 파티시에르는 프랑스어로 가토(Gâteau)라고 부르는 과자나 케이크를 만드는 사람이다. 프랑스는 요리가 발달한 나라이니만큼 요리의 분야별로 분화와 전문화가 잘 이뤄져 있다. 일단 요리와 빵·케이크·디저트 등은 분야가 다르다. 유명 레스토랑에는 요리사도 있지만 보통 디저트를 담당하는 제과사도 같이 일하고 있다.

요리사는 '퀴지니에(Cuisinier)'라 하고, 긴 원통형 모자를 쓴 요리사 중 수장을 '셰프(Chef)'라고 부른다. 또 한 가지 중요한 것은 제과사, 즉 파티시에는 제빵사와 다르다는 것이다. 빵을 만드는 제빵사는 '불랑제(Boulanger)'라고 부른다. 그러면 불랑제와 파티

시에는 뭐가 다를까. 우리나라에서는 케이크도 빵 종류라고 생각
한다. 하지만 프랑스에서는 제빵은 밀가루·물·소금·효모만으로
빵을 만드는 것이고, 나머지 케이크나 과자를 만드는 것은 제과
영역이다. 그러니까 바게트는 제빵 영역이고 삼순이가 제일 좋아
하는 마들렌(Madelaine)이나 치즈 케이크는 제과 영역인 것이다.

제빵과 제과의 가장 큰 차이는 발효에 있다. 발효를 시킨 것
은 빵이고, 그렇지 않은 것은 케이크다. 보기에는 다 빵이지만 제
과와 제빵은 완전히 영역이 다르다. 르 코르동 블뢰를 나온 '파티
시에'라고 해도 모든 빵을 다 만들 수는 없다. 요컨대 파티시에르
삼순이는 과자나 케이크를 만드는 제과사이므로 그녀에게 바게
트를 부탁할 수는 없는 것이다.

19. 셰프(Chef)

셰프는 레스토랑의 주방장을 말한다. 보통 요리사는 퀴지니에
(Cuisinier)라 부르고, 토크를 쓴 요리사 중 수장을 셰프(Chef)라고
부른다. 셰프는 주방의 권력자로 음식 주문, 메뉴 개발, 주방 운영
등 요리에 관한 모든 책임을 맡고 있다. 서열이 두 번째인 주방장은
수셰프(Sous-chef)라 부른다. 프랑스어 수(Sous)는 전치사로 '~아
래'라는 뜻인데, 접두어로 쓰이면 '부(副, vice)'의 의미를 갖는다.

요즘 종편방송을 중심으로 먹방 프로그램이 부쩍 많아졌고

TV 예능 프로그램에 셰프들도 많이 나온다. 가히 먹방시대, 셰프 전성시대라 부를 만하다. 프랑스에서는 셰프가 이미 오래전부터 사회적으로 가장 존경받는 직업 중 하나였다. 유명한 셰프의 인기는 웬만한 연예인 못지않다. 그만큼 프랑스인의 요리 사랑이 유별나기 때문이다. 프랑스인은 요리를 시각·후각을 자극하면서 인간의 섬세한 미각을 만족시켜야 하는 창의적인 종합예술이라고 생각한다.

『미슐랭 가이드』로부터 총 별 24개를 딴 스타 셰프 조엘 로뷔숑(Joël Robuchon), 자신의 이름을 딴 레스토랑을 운영하는 알랭 뒤카스(Alain Ducasse), 미슐랭 별 셋에서 별 둘로 강등된 데 충격을 받고 자살한 베르나르 루아조, 리옹 지방의 요리사 폴 보퀴즈(Paul Bocuse), 우리나라 롯데호텔에도 들어온 『미슐랭 가이드』 별 셋의 피에르 가니에르(Pierre Gagnaire) 등이 현대 프랑스 요리를 대표하는 스타 셰프들이다.

20. 소믈리에(Sommelier)

고급 레스토랑에 가면 고객들에게 요리에 맞는 와인을 추천해주고 서빙해주는 사람이 있다. 와인을 관리하고 추천해주는 와인 전문가를 '소믈리에(Sommelier)'라 부른다. 『국어사전』에도 등재돼 있는데 '서양 음식점에서 손님이 주문한 요리와 어울리는 와인을 손님에게 추천하는 일을 전문으로 하는 사람'이라 돼 있다. 『프랑스어 사전』에는 '옛날 왕실에서 식탁을 차리고 와인을 준비하는 사람'이라고 돼 있는데, 지금은 와인에 관한 부분만 전담하는 사람이라는 의미로 사용되고 있다. 즉 소믈리에는 와인 맛을 감별하고 감정하는 직업이 아니라 와인을 추천하고 서빙하는 서비스 직종인 것이다. 카페나 레스토랑, 호텔의 와인 담당 직원이라고 보는 것이 맞다. 요리에 맞는 와인을 추천하는 일이 주 업무이기에 소믈리에는 요리와 와인의 궁합, 즉 마리아주(Marriage)에 대해 정통해야 한다.

와인 문화가 확산되면서 우리나라에서도 와인 아카데미, 와인 스쿨 등이 생겨나고 와인 동호회나 와인 교육과정도 우후죽순처럼 나타나고 있다. 직업으로서의 호텔 소믈리에가 되고 싶어하는 젊은이들도 점점 늘어나고 있는 추세다. 소믈리에 경연대회도 매년 열리고 있다.

프랑스에도 전문적인 소믈리에 교육과정이 있다. 프랑스의 양대 포도주 산지인 보르도와 부르고뉴에는 각각 와인학교 교육과정이 있고, 론 지역에 가면 와인 전문 교육기관인 '포도주 대학'도 있다.

소믈리에라는 직업이 알려지면서 책을 추천하는 사람은 북소믈리에라 부르고, 차(thé) 전문 교육기관으로 티소믈리에 연구원도 생기는 등, 특정 분야에 '소믈리에'를 붙이는 것도 하나의 유행이 되고 있다.

21. 모엣&샹동(Moët&Chandon)

샹파뉴는 프랑스에서도 아무 때나 마실 수 있는 술이 아니다. 축제 때나 등장하는 최고급 와인이다. 샹파뉴 중에서는 모엣&샹동(Moët&Chandon), 뵈브 클리코 퐁사르댕(Veuve Clicquot Ponsardin), 돔 페리뇽(Dom Pérignon)이 유명하다. 그중 가장 잘 알려진 브랜드는 모엣&샹동이며, 우리나라 와인 애호가들이 가장 좋아하는

출처 joreks / Shutterstock.com

모엣&샹동
우리나라에서 와인 애호가들이 가장 좋아하는 와인 중 하나다.

와인 중 하나다. 우리나라에서는 모에샹동, 모엣샹동이라 부르지만 정확하게 읽자면 '모엣 에 샹동'이다.

처음 1743년 와인 판매상 클로드 모엣이 처음 만든 브랜드로 1748년에는 프랑스 왕실에 샹파뉴를 공급하기 시작했다. 특히 클로드 모엣이 생산한, 거품이 이는 흰 샹파뉴 와인은 미식가였던 루이 15세와 그의 연인 마담 퐁파두르(Marquise de Pompadour)가 즐겨 마셨다. 그러면서 궁정연회에 자주 사용되어 귀족사회에서 인지도를 얻기 시작했다. 이후 영국·독일·러시아·미국 등으로 수출되면서 세계적인 브랜드로 발돋움하게 된다.

1833년 그의 손자 장 레미 모엣(Jean-Rémy Moët)과 장 레미 모엣의 사위 피에르 가브리엘 샹동(Pierre-Gabriel Chandon)이 회사를 공동으로 운영하면서 이때부터 모엣&샹동이 되었다. 샹파뉴 명가 모엣&샹동은 20세기 들면서 글로벌 기업으로 거듭난다. 1971년에는 크리스티앙 디오르 향수를 인수하고 '코냑 에느시'를 인수해 '모엣&에느시'가 되었다. 1987년에는 명품가방 루이 뷔통과 합병하면서 세계적인 그룹 LVMH(Louis Vuitton Moët Hennessy)가 탄생한다.

한편 샹파뉴 뵈브 클리코는 '미망인 클리코'라는 뜻이고, 돔 페리뇽은 샹파뉴의 제조법을 만들어낸 수도승의 이름이다. 모엣&샹동, 뵈브 클리코는 샹파뉴를 대표하는 브랜드고, 돔 페리뇽은 샹파뉴 중에서도 아주 고급 브랜드에 속한다.

22. 보졸레 누보(Beaujolais Nouveau)

2월 14일은 여자가 좋아하는 남자에게 초콜릿을 주는 '발렌타인데이', 3월 14일은 남자가 여자에게 사탕을 주며 사랑을 고백하는 '화이트데이'다. 이 두 날은 어느덧 연인들 간에 반드시 챙겨야 하는 기념일이 돼버렸다. 외국 풍습에서 유래한 기념일을 챙기는 것이 요즘 젊은이의 새로운 풍속도가 되고 있는 가운데, 한국산 토종 기념일로는 3월 3일 삼겹살데이, 11월 11일 빼빼로데이 등이 있다. 발렌타인데이, 화이트데이 때문인지 매월 14일은 무슨무슨 데이로 정해 기념하고 있다.

1월 14일은 다이어리를 주며 사랑 계획을 하는 다이어리데이, 4월 14일은 솔로들끼리 짜장면을 먹는 블랙데이(또는 짜장면데이)다. 5월 14일은 연인에게 장미를 선물하는 로즈데이, 6월 14일은 연인끼리 가볍게 키스하는 키스데이, 7월 14일은 은반지를 주며 미래를 약속하는 실버데이, 8월 14일은 나이트클럽에서 춤추는 뮤직데이, 9월 14일은 기념사진을 찍는 포토데이, 10월 14일은 분위기 좋은 곳에서 가볍게 포도주를 마시는 포도주데이, 11월 14일은 조금은 야한 영화를 손만 꼭 잡고 같이 보는 무비데이, 12월 14일은 남자가 여자를 위해 돈을 팍팍 쓰는 머니데이라고 한다.

14일이 다 이런 유의 기념일만 있는 것은 아니다. 프랑스 최대 국경일인 프랑스 혁명 기념일은 7월 14일이고, 프랑스의 수학자이자 선교사인 자르투(P. Jartoux)가 원둘레와 지름 간의 길이의 비율인 원주율 값 3.14를 고안해낸 것을 기념하는 '파이데이'는 화이트데이와 같은 날인 3월 14일이다. 원주율은 3.1415926535898…… 등으로 무한히 이어지는데 미국 샌프란시스코에서는 매년 3월 14일 1시 59분에 원주율 탄생을 축하하는 행사를 한다. 우리나라에서는 2000년을 전후해 포항공과대학교(포스텍)의 수학연구 동아리를 비롯해 수학 관련 단체나 교사들 중심으로 π 외우기, π 찾아내기 등 다양한 이벤트를 진행하고 있다. 사실 파이데이는 수학자들에게는 매우 의미 있는 날이다.

3월 14일을 비롯해 연인들을 위한 기념일을 우리는 이벤트처럼 즐긴다. 하지만 정작 즐거운 사람은 초콜릿, 사탕, 빼빼로 생산업체와 가게 주인일 것이다. 특별할 것이 없는 날인데도 많이 팔려고 나름대로 의미를 부여한 고도의 상술이라는 비판도 있지만, 연인들 당사자는 마냥 즐겁기만 하다. 발렌타인데이, 화이트데이 같은 날들은 사실 만국공통의 기념일은 아니다. 발렌타인데이도 일본이나 우리나라에서만 요란스럽게 행해지고 있을 뿐이라고 한다.

그런데 먹고 마시는 음식을 갖고 만국공통으로 치러지는 날도 있으니 그중 하나가 바로 '보졸레 누보 출시일'이다. 해마다 11월 셋째 주 목요일 자정을 기해 전 세계적으로 프랑스산 포도주 '보졸레 누보(Beaujolais Nouveau)'가 출시된다. 언제부터인지 이날은 전 세계 포도주 애호가들이 손꼽아 기다리는 날이 돼버렸다. 본고장 프랑스에서도 보졸레 누보 출시를 기다리는 사람들의 마음은 간절하기만 하다. 11월 셋째 주 목요일이 되면 프랑스 전국의 가게나 슈퍼마켓에서는 '보졸레 누보 에 타리베(Beaujolais Nouveau est arrivé: 보졸레 누보가 도착했다)'라는 안내판을 걸어놓고 일제히 판매를 시작한다.

"포도주와 친구는 오래될수록 좋다"는 말이 있다. 오래된 포도주에는 깊은 맛이 있다. 숙성이 잘 된 포도주는 몇백만 원을 호가하는 고급술이 되지만, 보졸레 누보는 그렇지 않다. 보졸레 지방에서 그해 수확된 포도로 빚어진 보졸레 누보는 그해 첫 출시되는 햇포도주다. 그래서인지 요란스럽게 의미를 부여하고 특정한 날을 정해 전 세계에서 같은 날 동시에 출시하고 있다.

보졸레는 부르고뉴 아래쪽에 있는 론 알프(Rhône-Alpes) 지방의 도시 이름이다. 누보(Nouveau)는 New에 해당하는 프랑스어다. 그러니까 보졸레 누보는 '햇보졸레'란 뜻이다.

'보졸레 누보'의 유래는 제2차 세계대전 직후 포도주에 굶주린 보졸레 지방 사람들이 그해 수확된 포도로 즉석에서 만들어 마신데서 시작되었다고 한다. 보통의 포도주는 4~10개월 이상 숙성시킨 후 코르크로 막은 병에 담아 팔지만 보졸레 누보는 탄소를 넣고 2~3개월만 숙성시키기 때문에 깊은 맛은 없다. 하지만 꽃 향기나 과일 향기가 풋풋하게 나고 신선한 맛이 두드러진다. 그러니 보졸레 누보는 구입한 후 오래 둬서는 안 된다. 신선할 때 마셔야 제맛이다. 보졸레 누보는 마콩 남부 지역의 보졸레와 보졸레 빌라주(Beaujolais village)에서 수확된 포도로만 만드는데, 품종은 '가메(Gamay)'다. 3분의 2는 보졸레 지역에서, 3분의 1은 보졸레 빌라주에서 생산된다.

23. 사바랭(Savarin)

'바바 오럼(Baba au rhum)'이란 가토가 있다. 쿠겔호프(Kougelhopf) 같은 케이크에 럼주나 버찌 술을 적셔 만든 과자인데, 보통은 '사바랭(Savarin)'이라고 부른다. 18세기 초 무렵 처음 만들어졌는데, 루이 15세의 장인인 스타니슬라스 레친스키가 쿠겔호프 케이크가 너무 텁텁해서 헝가리의 귀부 와인 토카이를 적셔 먹은 데서 유래했다고 한다. 귀부 와인이란 곰팡이 발효에 의해 당이 농축돼 달콤한 맛을 내는 고급 와인을 말하며, 프랑스의 소테른, 헝가리의 토카이, 독일의 아우스레제 등이 유명하다. 그런데 바바 오럼에 왜 사바랭이란 이름을 붙였는지는 정확하게 알려져 있지 않다. 어쨌거나 여기에서 사바랭은 미식가 브리야-사바랭(Brillat-Savarin)을 가리킨다.

　프랑스의 법관이자 미식평론가로 유명한 브리야-사바랭은 1825년 『맛의 생리학(*Physiologie du goût*)』이라는 책을 출간했는데, 이 책은 오늘날 미식의 고전으로 읽히고 있다. 사바랭은 이 책에서 "당신이 뭘 먹는지를 말해주면 당신이 누군지 말해주겠다

사바랭
바바 오럼이라고도 불린다. 케이크에 럼주나 버찌 술, 또는 귀부 와인을 적셔 만든 프랑스 과자다.

(Dis-moi ce que tu manges, je te dirai qui tu es)"라는 유명한 말을 남겼다. 어떤 음식을 먹고 즐기는가 하는 식생활이나 요리에 대한 기호가 그 사람의 계급적 속성을 보여주는 가장 중요한 요소이며, 음식은 문화에서 결정적인 요인이 됨을 역설했던 것이다.

『맛의 생리학』을 처음 출간할 당시, 브리야-사바랭은 자신의 이름을 밝히지 않았었다. 그런데 출간된 지 두 달 후 브리야-사바랭이 세상을 떠나자, 그가 저자임이 알려지게 되었다.

원래 이 책의 제목은 매우 길다.『맛의 생리학 또는 선험적 미식가에 대한 명상: 여러 문학 및 지식인학회 회원인 한 교수가 파리의 미식가에게 바치는 역사적인 최신 유행에 대한 이론서』다.

실제로 이 책은 식재료의 연원이나 특징들을 집대성한 책이며, 음식에 대한 풍부한 지식을 담고 있다.

24. 카페(Café)

'친구 따라 강남 간다'는 속담이 있다. 자신의 의지와 상관없이 덩달아 하게 된다는 의미다. 이유도 모른 채 그냥 믿고 강남까지 따라갈 정도로 친구는 우리에게 큰 영향을 미친다. 친할 친(親), 오래 구(舊)자를 쓰는 친구는 '가깝게 오래 사귄 사람'을 뜻한다. 그만큼 친근하고 마음을 터놓을 수 있는 존재다. 만약 파리지앵이라면 친구 따라 강남 가지 않고 카페로 갈 것 같다. 카페는 그들과 늘 함께하는 생활공간이기 때문이다.

'카페'라는 말처럼 우리 삶 깊숙이 뿌리내리고 있는 외래어도 많지 않을 것이다. 사주 카페, 인터넷 카페, 다음 카페, 네이버 카페, 영어 카페 등 그 용도도 다양하다. 원래 '카페(Café)'는 '커피'를 뜻하는 프랑스어인데, 나중에는 커피를 파는 집도 '카페'라고 불리게 되었다. 커피나 음료 또는 간단한 케이크를 파는 가게를 일컫는다. 커피숍이나 다방, 찻집이라고 하는 것보다는 카페라고 하는 것이 훨씬 고급스럽고 분위기 있게 들린다.

역사적으로 보면 세계 최초의 카페는 1550년경에 콘스탄티노플(Constantinople)에서 생겼다. 콘스탄티노플은 오늘날 터키 최대의 정치·문화·종교의 중심지인 이스탄불(Istanbul)이며, 원래 그리스의 식민도시 비잔티움의 제2 수도였다가 1453년 오스만 제국이 점령하면서 터키로 편입된 도시다. 또한 그리스도교와 이슬람교가 만나는 곳으로 교통과 상업·교역의 요충지다. 사람들이 많이 드나들고 모이는 곳에 카페가 처음 만들어진 것은 당연한 일이다.

프랑스에서는 그보다 100년가량 지난 1644년, 남프랑스의 항구도시 마르세유에 생긴 카페가 최초다. 수도 파리에 카페가 처음 생긴 것은 1670년대 지금의 생 제르망 데 프레 지역에서인데, 18세기 말에는 3,000여 개의 카페가 생길 정도로 카페는 이내 파리의 명물로 자리 잡는다. 뒤로르가 쓴 『파리의 명물(1970)』이란 책에 보면 "카페는 자유롭게 대화를 할 수 있는 곳, 겨울에는 공짜로 몸을 따뜻하게 녹일 수 있는 곳, 모르는 사람과 대화할 수 있고 책이나 신문을 읽을 수 있는 곳"이라고 설명되어 있다.

1686년 시칠리아 출신의 프란체스코 프로코피아(Francesco Procopio)가 프랑스의 희극 극장 코메디 프랑세즈 근처의 카페를 구입해 자신의 이름을 따 '프로코프(Procope)'라는 이름의 카페를 열었다. 이 카페는 지금도 남아 있는 유서 깊은 곳이다.

카페 프로코프는 예술인과 문학인이 즐겨 찾던 명소로도 유명하다. 프랑스 혁명 시기에는 정객들이 즐겨 찾았고 그 후에는 문인과 지식인이 드나드는 장소였다. 디드로·라신·루소·보마르셰·볼테르·뷔퐁·달랑베르·몽테스키외 등 역사적인 인물들은 모두 카페 프로코프의 단골 고객이었고, 벤저민 프랭클린이 미국 헌법을 고안하고 가다듬은 곳도 카페 프로코프였다고 한다. 볼테르나 몽테스키외가 즐겨 찾던 카페에서 지금도 카페 한 잔을 마시며 여유를 즐길 수 있으니, 이것만으로도 파리는 충분히 매력적인 도시임이 틀림없다.

카페는 탄생했을 때부터 파격적 공간이었는데, 그 이유는 집에만 갇혀 있던 여성들도 카페에 갈 수 있었기 때문이다. 카페에서는 커피뿐 아니라, 뜨거운 코코아나 차·음료 등을 팔았고, 점차 가벼운 케이크나 온갖 종류의 잼 그리고 아이스크림도 팔면서 대중적인 사교 장소가 된다.

이웃나라 영국에서도 17~18세기에 런던을 중심으로 커피숍들이 속속 생겨났는데, 문인이나 정객이 이용하면서 일종의 사교 클럽 역할을 했다고 한다. 그렇게 해서 생긴 커피숍들은 영국에서는 펍(Pub; public house), 즉 선술집(Bar)으로 변모된다. 한편 영국에서 말하는 카페란 가벼운 식사도 할 수 있는 소규모 레스토랑을 말한다.

카페는 프랑스 지성사에서 중요한 역할을 해온 공간이다. 거리에 의자를 내놓은 프랑스풍 카페는 파리를 찾는 관광객에게는 매우 인상적인 거리풍경일 것이다. 이탈리아·프랑스·스페인 등 지중해 연안국가의 사람들은 유난히 햇빛을 좋아하는 편이다. 프랑스인들도 해만 나면 카페 바깥쪽 테라스나 파라솔 아래에 앉아 여유를 즐기곤 한다. 파리지앵들은 밖에 내놓은 카페 의자에서

프로코프

카페 프로코프는 프랑스 혁명기에는 정객들, 이후에는 문인과 지식인이 드나들던 장소였다.
프랭클린이 미국 헌법을 고안했던 곳이기도 하다.

출처: MarinaD_37 / Shutterstock.com

에스프레소나 카페 오레를 마시며 혼자 신문이나 책을 보기도 하고, 친구들 몇몇이 모여 수다를 떨거나 프랑스인 특유의 제스처를 하며 격론을 벌이기도 한다.

카페와 비슷한 '살롱 드 테'라는 곳도 있다. '테(Thé)는 '차'를 의미하므로 '차를 마시는 살롱'이란 뜻이며, 차나 다과를 들면서 담소를 나누는 사교의 장이다. 카페와 큰 차이는 없으나 굳이 살롱 드 테와 다른 점을 찾는다면, 카페는 커피를 내리는 커피머신이 밖에 나와 있는, 계산대가 보이는 곳이고, 살롱 드 테는 커피나 다과를 주방에서 준비해서 서비스하는 곳이다.

25. 크루아상(Croissant)

프랑스 빵의 양대 산맥은 단연 바게트와 크루아상이다. '크루아상(Croissant)'은 초승달 모양으로 만든 작은 빵인데, 버터를 듬뿍 넣은 반죽으로 켜켜이 층을 내어 구운 페이스트리(Pastry)다. 바게트가 막대기 모양이라서 바게트라는 이름이 붙여졌듯 크루아상도 초승달 모양이라 크루아상이라 부른다. 프랑스어로 크루아상은 '초승달'을 뜻한다.

프랑스에서는 바게트나 크루아상을 아침 식사로 주로 먹는다. 크루아상, 바게트, 커피, 카페 오레가 보통 프랑스인의 아침식단이다. 크루아상은 버터가 들어간 빵이라 바게트에 비하면 좀 더 비싸다. 그래서 서민들은 바게트, 좀 여유가 있는 사람은 크루아상을 많이 먹는다.

크루아상의 기원과 관련해서는 여러 가지 설이 전해지지만 가장 유력한 설은 오스트리아 빈에서 비롯됐다는 설이다. 1683년 오스만 튀르크 제국은 오스트리아의 수도 빈을 포위해 압박을 시도한다. 다음 날 먹을 빵을 굽기 위해 밤새워 일하던 피터 벤더(Peter Wender)라는 제빵사는 이런 움직임을 알아채고 오스트리아군에 제보했다. 덕분에 오스트리아는 전쟁에서 승리를 거둘 수 있었다. 이후 전쟁에서 거둔 승리를 기념하고 제빵사의 공을 기리기 위해 오스만 제국 국기에 그려진 초승달 모양으로 빵을 구울 수 있는 특권을 그에게 부여하면서 크루아상이 탄생했다는 설

크루아상
여러 겹으로 이루어져 있는 텍스처가 특징인 페이스트리의 일종이다.

이다.

1774년 오스트리아-헝가리 제국의 합스부르크가 출신 마리 앙투아네트(Marie-Antoinette)가 프랑스의 루이 16세와 정략결혼 하면서 이 초승달 모양의 빵이 프랑스에 전해졌다. 프랑스 왕궁으로 따라온 오스트리아 출신 제빵사들이 소개해준 초승달 모양 빵은 프랑스에서 큰 인기를 얻었고, 이후 프랑스어로 초승달을 뜻하는 크루아상이라 불리게 되었다는 것이다.

한편 이슬람에 대한 승리를 기념하는 빵이라는 이유로 일부 아랍국가에서는 패전의 상징과도 같은 크루아상을 금지하는 곳도 있다고 한다. 2013년 8월 2일자 「타임」지 기사에 따르면, 반군이 점령한 시리아 알레포 지역의 이슬람 율법위원회에서는 시리아인이 크루아상 먹는 것을 금지하기로 결정했다고 한다.

이렇게 프랑스인이 즐겨먹는 크루아상은 한편으로는 이슬람의 패배와 눈물이 서려 있는 빵이다.

26. 콩시에르주(Concierge)

호텔에 가면 눈에 띄는 프랑스어가 있다. 짐이나 외투 등을 맡기는 곳에 붙어 있는 '콩시에르주(Concierge)'다. 영어로는 '콘시어즈'라고 발음한다. 프랑스어의 콩시에르주는 '촛대지기'라는 의미인 comte des cierges에서 유래되었다고 한다. '관리인이나 수위·문지기'를 의미하는데, 건물 입구에서 안내하고 건물관리도 하는 사람이다.

역사적으로 보면, 콩시에르주는 위그 카페(Hugues Capet: 재위 987~996, 프랑스의 국왕) 때부터 루이 11세 때까지 궁정에 살면서 사법권(재판권)을 행사하고 왕의 저택을 관리하던 관료였다. 이 단어가 영어권으로 건너가서는 '수위·관리인'의 뜻 외에도 '호텔 안내원'이란 의미로도 사용된 것이다. 이것 역시 미국식 영어에서 주로 사용되며, 안내·도어맨 등의 서비스를 총괄하는 도어 키퍼(Door Keeper)를 뜻한다. 벨 보이(Bell boy) 같은 말보다는 콘시어즈 또는 콩시에르주라고 표현하는 게 훨씬 세련돼 보인다.

콩시에르주

'촛대지기'에서 출발한 콩시에르주는 '관리인, 수위' 등의 뜻을 거쳐, 지금은 '호텔 안내원'이란
의미로 쓰인다. 콩시에르주가 호텔 프런트에서 예약 전화를 받고 있는 모습.

현재는 호텔 컨시어즈, 퍼스널 컨시어즈, 코퍼레이트 컨시어즈
등으로 발전하고 있다. 프랑스에서는 호텔 프런트 또는 관리인실이
라는 의미로는 '콩시에르주리(Conciergerie)'라는 말을 쓰고 있다.

27. 누아르(Noir)

갱스터가 등장하고 범죄와 폭력을 소재로 다룬 영화를 '필름 누
아르(Film noir)'라고 부른다. 누아르는 영어 블랙(Black)이나 다크

(Dark)에 해당하는 프랑스어인데, 말 그대로 번역하면 '검은 영화(암흑 영화)'쯤 된다. 1946년 프랑스의 비평가 니노 프랑크(Nino Frank)가 처음 사용했다고 한다.

필름 누아르는 어떤 분위기나 경향을 가진 영화를 가리키지만 정확한 정의를 내리기는 힘들다. 때문에 프랑스 비평가 레몽 보르도와 에티엔 촘톤은 필름 누아르를 정의하면서 "우리가 필름 누아르를 몽환적이라든가, 이상한 것이라든가, 에로틱하다든가, 모호하다 또는 잔인한 것이라고 부른다면 이는 지나치게 단순화하는 것이다"라며 성급한 일반화를 경계했다(위키피디아).

1940~50년대 할리우드 스튜디오에서는 특히 도시의 암흑가를 배경으로 하는 갱스터 영화가 많이 만들어졌다. 그래서 누아르 영화를 이 시기에 만들어진 미국 영화의 한 경향이라고 생각하는 사람들이 적지 않다.

하지만 프랑스 영화나 유럽 영화 중에도 필름 누아르가 많다. 앙리 조르주 클루조 감독의 미스터리 스릴러 영화 〈디아볼릭(Les Diaboliques, 1954)〉, 자크 베케르 감독의 걸작 〈황금투구(Casque d'or, 1952)〉 등은 대표적인 프랑스 누아르 영화다. 이 두 영화의 공통점은 샹송 가수 이브 몽탕(Yves Montand)의 부인으로 유명한 여배우 시몬 시뇨레(Simone Signoret)가 주연으로 나온다는 사실이다. 둘 다 죽기 전에 꼭 봐야 하는 프랑스 고전영화라 할 만하다.

28. 피앙세(Fiancé)

남녀가 부부관계를 맺는 것은 결혼이고, 결혼을 약속하는 것은 약혼(約婚)이다. 이를테면 약혼은 청혼과 결혼 사이에 이루어진다. 이 기간의 연인을 약혼자라고 하는데, 약혼자라는 말 대신 프랑스어 피앙세(Fiancé)를 많이 쓴다. 영어에서도 프랑스어를 그대로 사용하지만 fiance라고 쓰고 '피안세이'라고 읽는다.

피앙세는 '피앙세(Fiancer: 약혼시키다)'라는 동사에서 온 단어다. 남자 약혼자는 fiancé고 약혼녀일 경우는 e가 하나 더 붙어 fiancée로 쓴다. 철자는 다르지만 발음은 둘 다 '피앙세'로 같다. 프랑스어에서는 명사형도 남성과 여성을 구분하므로 발음은 같아도 철자가 다른 경우가 많다. 대신 철자를 보면 여자인지 남자인지 분명히 알 수 있다.

'정확하지 않은 것은 프랑스어가 아니다'라는 속담이 있는데, 엄격한 문법과 철자법에서 우리는 프랑스어의 묘미를 느낄 수 있다. 약혼은 '피앙사유(Fiançailles)'인데, 기업이나 정당 등이 제휴하거나 합병할 때도 비유적으로 '피앙사유'라 표현하기도 한다.

29. 부케(Bouquet)

결혼과 관련된 용어 중에는 프랑스어가 많다. 결혼식에서 흥미로

부케

약 2,000년 전 신부가 '다산 · 풍요'를 기원하기 위해 들었던 곡물다발이, 중세에는 들꽃.
지금은 꽃다발을 뜻하는 부케를 드는 것으로 변해왔다.

운 관전 대상 중 하나는 결혼식이 끝나고 신부가 부케를 던지는
장면일 것이다. 부케를 던지는 신부도 묘한 감정이겠지만 사람들
은 신부의 친구들 중 이번에는 누가 부케를 받을지에 대해 관심
을 갖는다. 부케를 받는 사람이 그다음 순서로 결혼을 하게 된다
는 속설 때문이다. 항간에는 부케를 받으면 6개월 안에 결혼한다,
받은 부케는 6개월 안에 불태워야 한다 등의 속설이 있지만, 이는
믿거나 말거나 식의 속설일 뿐이다.

　프랑스어 '부케(Bouquet)'는 '꽃다발'을 의미한다. 웨딩 부케의
역사적인 연원을 따져보면 기원전으로까지 거슬러 올라간다. 기

부토니에르

신랑의 정장이나 턱시도의 옷깃에 꽂는 꽃을 의미하는 부토니에르. 신부가 신랑에게서 받은 들꽃다발 중 한 송이를 골라 꽂아준 데서 비롯됐다.

원전 4세기경 결혼식에서 신부는 다산이나 풍요를 기원하는 의미로 '쉬프(Sheaf: 밀을 베어 묶어놓은 단)'라는 곡물다발을 들었다고 한다. 이것이 부케의 원조라고 할 수 있겠다. 그러니까 부케는 2,000년 이상의 역사를 갖고 있는 셈이다. 중세에 이르러 부케는 들꽃으로 바뀌었다. 들에서 나는 향기가 신부를 악령으로부터 보호한다고 믿었기 때문이다. 서양에서는 남자가 들꽃을 한 다발 꺾어 청혼을 하고 여자가 이를 받아들이면 그중 한 송이를 남자에게 꽂아주는 풍습이 있는데, 여기에서 부케가 유래되었다.

'부토니에'라는 것도 있는데 이것은 신랑의 정장이나 턱시도에 꽂는 꽃을 의미한다. 그런데 부토니에는 잘못된 표현이고, 정확한 용어는 프랑스어 '부토니에르(Boutonnière)'다. 부토니에르는 '단춧구멍이나 단춧구멍에 꽂는 꽃'이라는 의미인데, '부통(Bouton)'에서 온 말이다. 부통은 영어의 '버튼(Button)'에 해당되며 '단추'를 의미한다.

또한 결혼식에서 빼놓을 수 없는 것이 음식이다. 결혼식과 같은 연회에 차려놓은 다양한 음식을 가리킬 때 사용하는 단어가 프랑스어 '뷔페(Buffet)'다. 워낙 많이 사용되는 외래어라『국어사전』에도 등재되어 있는데, '여러 가지 음식을 큰 식탁에 차려놓고 손님이 스스로 선택하여 덜어 먹도록 한 식당'이라고 돼 있다. '부페'나 '부펫'으로 표기하면 안 된다는 친절한 설명도 함께 달려 있다.

30. 마리아주(Mariage)

일본 만화『신의 물방울』은 한때 엄청난 인기를 누리면서 와인 붐을 불러일으켰다. 아기 다다시가 스토리를 쓰고 오기모토 슈가 그린 만화『신의 물방울(神の雫)』은 심오한 와인 세계 입문용으로 딱 좋은 만화다. 맥주회사의 영업사원 칸자키 시즈쿠는 세계적인 와인 평론가 칸자키 유타카의 아들인데, 어느 날 아버지의 부고를 받는다. 아버지는 엄청난 가치를 가진 와인 컬렉션을 남겼는

데, 변호사가 공개한「유언장」에는 유타카가 고른 '12사도'라는 열두 병의 와인과 '신의 물방울'이라 불리는 한 병의 와인을 찾는 사람에게 유산과 와인 컬렉션을 모두 상속하겠다고 되어 있었다. 친아들 칸자키 시즈쿠와 칸자키 유타카가 죽기 1주일 전 양자로 입적한 젊고 유망한 와인 평론가 도미네 잇세는 어마어마한 유산을 둘러싸고 운명적인 와인 찾기 대결을 펼친다.

『신의 물방울』을 통해 소개된 와인에 얽힌 여러 가지 이야기들은 심오한 와인 세계에 대한 폭발적 관심을 불러일으켰다. 만화에서 강조되는 것 중 하나가 '마리아주'다. 마리아주란 앞서 서술했듯이 원래 '결혼'이란 뜻이지만, 여기서는 '요리와 와인의 조합'을 일컫는다. 음식 궁합이란 것이 있듯이, 요리와 와인 간에도 궁합이 있다.

예를 들면 연어요리에는 샹파뉴, 스테이크에는 보르도나 부르고뉴산 적포도주, 생선요리에는 상세르를 함께 마시는 것 등이 마리아주다. 프랑스인은 와인을 요리 전체의 한 부분으로 생각하기 때문에 마리아주를 매우 중요하게 여긴다.

31. 레노스블랑쉬(Les Noces Blanches)

얼마 전 지인을 만나러 왕십리 근처에 있는 '레노스블랑쉬'라는 이름의 웨딩홀에 간 적이 있다. 사실 우리나라에서 결혼식장은 신성한 장소다. 결혼하는 당사자들에게 예식은 아마 인생에서 가장 아름답고 감미로운 순간일 것이다. 일가친지들을 모아놓고 검은 머리가 파뿌리가 될 때까지 사랑하고 평생 행복하게 살겠다고 약속하고 주위 사람들로부터 축복을 받는 자리니까 말이다. 이날만은 신랑, 신부가 세상의 주인공이다.

'레 노스 블랑쉬(Les noces blanches)'는 프랑스어로 '결혼식'이라는 뜻이다. '레(Les)'는 정관사 복수형이고, '노스(Noces)'는 보통 복수로 사용돼 '결혼, 결혼식'을 의미하며, '블랑쉬(Blanche)'는 '순백의, 하얀'이란 뜻으로, 블랑쉬는 블랑(Blanc: 흰색)의 여성형이다. 그러니까 '레 노스 블랑쉬'는 '초혼, 처녀결혼'을 의미한다. 신랑 신부가 마주 보고 함께 발을 내딛는 첫걸음이니까 프랑스 사람들도 이 말에서 저절로 행복과 낭만을 떠올릴 것이다. 단수의 노스(Noce)도 '결혼식, 혼례'라는 뜻이 있지만 구어로 '떠들며 소란 피우기'나 '방탕한 생활'이라는 뜻도 있다.

프랑스에서 결혼식 피로연만큼 소란스럽고 흥거운 때는 없을 것이다. 프랑스인 중에는 가톨릭 신자가 많은지라 보통은 성당에서 결혼식을 올리고 시청에 가서 다시 한번 공식적인 혼인서약을 한다. 그리고 그날 저녁에는 하객들이 모인 가운데 그야말로 시끌벅적한 마을 잔치를 벌인다. 춤추고 노래하고 함께 음식을 즐기며 밤늦게까지 소란스러운 하루를 즐긴다.

프랑스 유학 시절, 프랑스인과 결혼한 한국분의 결혼식 피로연에 초대돼 참석한 적이 있다. 처음 겪은 흥거운 프랑스식 파티는 그야말로 비교 불가의 축제 분위기였다. 프랑스인들은 '콩비비알 (Convivial)'이라는 단어를 좋아한다. '잔치의, 손님을 초대한'이라는 뜻이다. 결혼식 피로연이야말로 가장 콩비비알한 것이 아닐까 싶다. 노스와 관련해서는 '노세(Nocer)'라는 동사도 있는데, '흥청거리다'라는 뜻이다. "노세, 노세, 젊어서 노세!"를 떠올리게 되는데 정말 딱 그런 의미다.

프랑스의 결혼식을 생각하면 자연스럽게 우리나라의 결혼식 문화와 비교하게 된다. 우리나라의 결혼식은 어떤가? 일생일대 한 번인 결혼식이 사랑을 나누고 주위 사람들과 즐기는 축제가 되기보다는 그저 남들에게 보여주기 식의 공식 행사처럼 진행되는 것이 보통이다. 결혼이라는 내용보다는 결혼식이라는 형식이 중요한 것이 우리의 결혼 문화다. 예물, 예단 때문에 다투다가 혼인이 깨지는 경우도 왕왕 볼 수 있다. 결혼식이 주위 사람들이 진정으로 축하해주는 자리가 아니라 예식장이라는 공장에서 부부를 찍어내는 듯한 모습으로 보여서 참으로 아쉽다.

각설하고, 한국에서는 성업 중이지만 프랑스에는 없는 것이 제법 있다. PC방, 입시학원, 대중목욕탕 등을 들 수 있는데, 결혼식장도 그중 하나다. 우리나라에서는 결혼 시즌이 되면 예식장을 예약하기가 하늘에 별 따기처럼 어렵지만, 프랑스에는 결혼식장이라는 게 없다. 대부분 교회나 성당에서 결혼을 하거나, 종교가 없는 경우에는 시청에 가서 서약식 정도의 공식적인 예식만 갖는다. 신랑과 신부는 가까운 친구나 친지분이 증인으로 참석한 가운데 「혼인서약서」에 서명하고, 이 「서약서」에 시장이 서명하면 혼인은 공식적으로 효력을 갖는다.

또한 프랑스의 결혼 풍습에서는 우리나라와 같은 예단 주고받기, 신혼 살림 미리 장만하기 등이 없다. 대신 결혼 축하 선물 리스트라는 게 있다. '리스트 드 마리아주(Liste de marriage)'라고 부른다. 신랑 신부는 식기, 잠옷, 실내화 등 생필품이나 TV, 오디오 등 가전제품 등 받고 싶은 선물 목록을 작성한다. 그러면 결혼식에서 친구나 하객들이 축의금을 주는 대신 선물 리스트에서 하나를 선택해서 사주는 것이 프랑스의 결혼 풍습이다.

32. 루주(Rouge)

루주는 여성들의 필수품이다. 여성이라면 화려하고 진하게 화장하지는 않더라도 입술에 빨간 루주 정도는 바르는 게 보통이다. 일상적으로 사용되는 이 '루주'라는 말은 프랑스어다. 입술에 바르는 립스틱을 말한다. 프랑스어로는 '루주 아 레브르(Rouge à lèvres)'다. 루주는 '붉은'이란 뜻이고 '레브르'는 입술이란 뜻이니까 '입술에 바르는 붉은 것'이라는 의미다.

루주라는 말은 외래어지만 이미 우리말 속에 뿌리를 내리고 있다. 그래서인지 립스틱이라는 영어나 입술연지 같은 우리말보다는 오히려 루주라고 하는 것이 더 자연스럽다. 『국어사전』에는

루주

프랑스어로 붉은색을 뜻하지만, 요즘에는 화장품 용어로 사용된다. 루주라는 말은 립스틱이나 연지라는 말보다 더 자연스럽게 우리말에 녹아 있다.

'립스틱과 같은 말이며 여자들이 화장할 때 입술에 바르는 연지'라고 정의돼 있다. 여담이지만 『사전』의 정의에는 여자들이 바르는 것이라고 돼 있는데 그렇다면 남자가 바르면 안 되는 건가라는 의문이 제기된다. 어쨌거나 화장품 중에서 가장 많이 쓰이는 것이 루주임은 분명하다.

　우리말에서는 루주가 물건을 가리키는 보통명사로 굳어졌는데, 원래는 형용사로 더 많이 쓰인다. 프랑스어에서 색깔을 나타내는 형용사들을 보면, '붉은, 빨간'은 '루주(Rouge)', '파란'은 '블뢰(Bleu)', '노란'은 '죤(Jaune)', '검은'은 '누아르(Noire)', '하얀'은

'블랑(Blanc)'이다. 그래서 프랑스어로 구소련의 사회주의 군대를 가리키는 적군(赤軍)은 '아르메 루주(Armée rouge)'고 적포도주는 '뱅 루주(Vin rouge)', 프렌치 캉캉 춤으로 유명한 빨간 풍차 카바레는 '물랭 루주(Moulin rouge)'다.

고고학자들의 연구에 따르면, 입술에 바르는 루주의 기원은 5,000년 전으로까지 거슬러 올라간다. 메소포타미아 고대문명에서 루주의 원형을 찾을 수 있다고 한다. 하지만 오늘날과 같은 막대 모양의 화장품으로 처음 만들어진 것은 프랑스의 오래된 향수 및 화장품 회사 겔랑(Guerlain)에 의해서다. 1880년 겔랑사는 '나를 잊지 마세요(Ne m´oubliez pas)'라는 이름의 루주를 출시했다.

루주가 보편화되고 여성들의 필수품으로 정착한 것은 제2차 세계대전 이후부터다. 전후 엘리자베스 아르덴, 헬레나 루빈스타인, 에스티로더, 크리스티앙 디오르 등의 명품 화장품 브랜드가 앞다투어 루주 상품을 내놓으면서 여성들의 애용품이 되었다.

33. 르 메이에르(Le Meilleur)

서울의 중심가 종로구 청진동에 가면 '르 메이에르 종로타운'이 있다. 과거 종로의 명소였던 피맛골의 맛집들이 철거되고 대거 여기로 입주해 오면서 유명해진 곳이다. 피맛골은 한자어 피마와 우리말 골이 합쳐진 말이다. 피마(避馬)는 '말을 피한다'는 뜻인데, 그 유래가 재미있다.

옛날 조선시대에는 종로가 궁궐이나 관가와 가까워 가마나 말을 탄 고관대작의 왕래가 잦던 큰길이었다. 서민들은 큰길을 가다 고관대작의 가마를 만나면 길가에 엎드려 예를 표했다. 이런 일을 번거로워하던 서민들은 아예 말을 피해서 큰길 양쪽 뒤편의 좁은 골목을 애용했다. 그러다보니 피맛골 좁은 골목을 따라 목로주점, 모주집, 장국밥집이 들어서면서 서민들이 즐겨 찾게 되었다고 한다.

예전 광화문 교보문고 뒤편 피맛골에는 해장국집 청진옥, 매운 낙지볶음으로 유명한 실비집 같은 오래된 맛집이 즐비했다. 피맛골이 철거되면서 이 맛집들 중 많은 수는 새로 지어진 현대식 주상복합상가 건물, '르 메이에르'로 옮겨 갔다. 맛은 그대로일지 모르겠지만 피맛골 시절의 정취와 풍류는 이제 더 이상 찾아볼 수 없게 돼 안타깝다.

명가의 꿈이라는 테마를 내건 '르 메이에르 타운'은 일단 그 이름이 귀에 쏙 들어온다. 영어로 '더 베스트 타운'이라고 했다면 별 생각 없이 지나쳤을 텐데, '르 메이에르'라는 고급스런 프랑스어를 붙임으로써 강한 이미지를 심어주는 데는 일단 성공했다. 옛날에는 아파트 단지나 연립주택 이름으로 장미, 백합, 목련 등 우리말을 많이 썼다. 하지만 요즘에는 상떼빌, 타워팰리스, 롯데캐슬, 더샵 등 외래어를 많이 쓴다. 프랑스어를 쓰는 것은 최근의 유행이 아닌가 싶다. 시골에 사는 부모가 자식 보러 오기 힘들게

하기 위해 일부러 기억하기 힘든 외래어로 브랜드명을 정했다는, 아니면 말고 식의 항간의 농담도 있다.

그러면 '르 메이에르'는 무슨 뜻일까. '좋다'는 뜻의 프랑스어 '봉(Bon)'의 최상급 표현이 '르 메이에르(Le Meilleur)'다. 즉 '최고' '최상' '최정상'이라는 뜻이다. 메이에르는 봉(Bon)의 비교급이고, 여기에 정관사가 붙은 르 메이에르는 최상급이다. 그러니까 봉, 메이에르, 르 메이에르는 영어의 good, better, the best에 해당한다. '비교급, 최상급'은 비교를 통해 현재의 자신을 더 초라해 보이게 할 수도 있다. 하지만 거꾸로 오늘의 나는 어제의 나보다는 낫고 내일은 더 나아지고 미래 언젠가는 최고가 될 수 있다는 관점으로 해석한다면 발전적이고 미래지향적이다. 우리 사회도 비교급, 최상급으로 발전하는 선순환 과정이 지속되었으면 하는 바람이다. 어제의 한국사회보다 오늘은 '메이에르'하고, 미래에는 지구상에서 '르 메이에르'한 사회가 될 수 있다는 희망을 가질 수 있으면 좋겠다.

더 나은 사회를 만드는 요인으로는 과학기술 발전, 문화 부흥, 사회적 신뢰와 시민의식의 성숙 등을 꼽을 수 있겠다. 우리의 미래는 단선적으로 상승곡선만 그리며 발전하지는 않을 것이다. 특히 과학문명이 급속하게 발달해 극도의 경지에 달하게 되면 발전으로 인한 부작용도 나타나기 마련이다. 조지 오웰이나 올더스 헉슬리가 예견했듯이, 인간성과 개성이 상실되고 이성이 억압받는 디스토피아(Dystopia) 세계가 찾아올지도 모르는 일이다.

헉슬리가 1932년에 출간한 미래소설 『멋진 신세계(*Brave New World*)』는 바로 이런 우려를 풍자적으로 그려낸 작품이다. 재미있는 것은 이 '멋진 신세계'의 프랑스어 번역판 제목이 『르 메이에르 데 몽드(*Le meilleur des mondes*)』라는 것이다. 직역하면 '여러 세상들 중 최고'가 된다. '최고의 세상'이란 가상 속 환상일 뿐이며, 결코 현실이 되지 않을 '허구적 유토피아'라는 뉘앙스가 다분히 담긴 번역이다.

하지만 설령 그렇다 할지라도 최고라는 뜻의 '르 메이에르'는 발전에 대한 희망과 성취에 대한 기대감을 갖게 해주고 인간을 꿈꾸게 하며 부단히 도전하게 만드는 낱말이다.

34. 마르셰 (Marché)

대도시에는 특색 있는 벼룩시장이나 직거래 장들이 많다. 서울에는 '마르쉐@'라는 이름의 장이 정기적으로 열리는데, 농부와 요리사·수공예가가 함께 만드는 도시형 농부시장을 표방하고 있다. 차츰 입소문을 타면서 어느새 서울 도심의 명물시장으로 자리 잡아가고 있는 듯하다.

매월 둘째 주 일요일에는 혜화동 마로니에 공원이나 명동성당 1898 광장 등에서 열린다. 주로 서울 근교 농부들이 최대한 인공을 억제하고 자연의 성품을 살려 텃밭에서 유기농으로 지은 농산품을 갖고 나와 도시인과 소통하며 거래하는 도시 장터다. '마르세(Marché)'는 프랑스어로 '시장'이란 뜻이며 영어의 마켓(Market)에 해당한다.

우리나라의 경우는 유통산업을 장악한 대기업이 대형매장을 늘려가고 있어 도심의 영세한 동네슈퍼나 재래식 시장이 점점 사라지고 있는 추세다. 하지만 프랑스에는 아직도 시장이 전국적으로 열린다. 프랑스는 전통적인 농업국가로 농산물이 다양하고 신선한 야채, 과일 등을 비교적 싸게 살 수 있는 마르세들이 전국적으로 많다. 파리 같은 대도시건 시골의 작은 도시이건 대부분 정기적인 마르세들이 열린다.

무엇보다 중요한 것은 마르세에서는 농산품을 매개로 익명의 판매자와 구매자가 만나는 것이 아니라 생산자인 농부와 소비자인 시민이 만나 대화하고 정을 나누면서 즐겁게 거래를 한다는 것이다. 신선한 야채를 판매하는 프랑수아 아저씨, 다양한 허브를 판매하는 니콜 아주머니를 만나 살아가는 이야기며 농사 이야기, 음식 이야기를 나눌 수 있는, 정말 사람 냄새가 물씬 나는 곳이 바로 프랑스의 마르세다.

서울 도심의 파머스 마켓 '마르쉐@'는 이런 프랑스의 마르세 정신을 표방하고 있다. 마르쉐@의 풍경은 마트에서 장보는 풍경과는 사뭇 다르다. 마트에서 장볼 때는 대화란 게 거의 없다. 진열된 상품들에 붙은 정보를 훑어본 후 신속하게 가격과 성분을 비교하고 가격 대비 성능, 이른바 가성비를 판단해 쇼핑 카트에 물건을 집어넣고 바로 계산대로 향한다.

하지만 '마르쉐@'에 가면 농부들이 텃밭 농사를 지은 경험과 자신들의 땀이 배인 농작물에 대해 이야기를 하고 정을 나눈다. 텃밭을 가꾸면서 힘들었던 이야기, 문득 깨달은 농부의 지혜에 대한 토크쇼를 하고 음악이 있는 콘서트가 함께 열리면 분위기는 더욱 무르익는다. 대화하고 소통하면서 농부와 도시인이 관계를 만들어가는 곳이다. 농산물을 사고파는 거래시장이라기보다는 떠들썩하고 신명나는 옛날의 시골장터 같은 곳이 '마르셰'다.

35. 몽블랑(Mont Blanc)

알프스산맥은 유럽 중부에 위치해 있는 산맥으로 동쪽의 오스트리아·슬로베니아에서 시작해 이탈리아·스위스·독일을 지나 서쪽 프랑스에까지 이르는 거대한 산맥이다. 알프스산맥에서 가장 높은 산은 이탈리아와 프랑스에 걸쳐 있는 몽블랑이며 최정상의 높이는 해발 4,810미터나 된다. 연중 하얀 눈으로 뒤덮여 있는 알프스산맥에서 가장 높은 곳으로 이탈리아 쪽은 가파르고, 프랑스 쪽은 비교적 완만한 편이다. 프랑스 쪽으로 몽블랑의 등산기지로 유명한 샤모니 몽블랑(Chamonix-Mont-Blanc)이 있다. 몽(Mont)은 '산', 블랑(Blanc)은 '하얀'이란 의미이므로, 몽블랑은 '흰 산'이란 뜻이다. 이탈리아어로는 몬테 비안코(Monte Bianco)다.

우리에게 몽블랑은 명품 만년필 브랜드로 더 친근할 듯하다. 몽블랑은 만년필·필기구·가죽 제품 등을 제작·판매하는 브랜드인데, 사실은 독일 브랜드다. 1906년 만년필에 관심이 많던 알프레드 네헤미아스(Alfred Nehemias)와 아우구스트 에버슈타인(August Eberstein)이 투자를 받아 창업한 만년필 회사가 몽블랑이다. 지금은 고가 만년필의 대명사로 통하고 있고, 볼펜 하나가 10만 원을 훌쩍 넘는 명품이다.

한편 최초로 만년필을 생산한 기업은 워터맨(Waterman)이다. 1883년 루이스 에드슨 워터맨(Lewis Edson Waterman)이라는 사람이 뉴욕에서 '디 아이디얼 펜 컴퍼니(The Ideal Pen Company)'란 이

샤모니 몽블랑
연중 하얀 눈으로 뒤덮여 있으며, 알프스산맥에서 가장 높다.

출처: Keith Homan / Shutterstock.com

만년필 몽블랑
'흰 산'이란 뜻의 몽블랑은 프랑스어인데 독일제품이다.

름으로 창업했다. 이후 이 기업은 프랑스 기업인에게 인수돼 파
리에 본사를 두고 있다. 즉 프랑스어 몽블랑을 상호로 쓰고 있는
만년필은 독일 브랜드고, 영어 워터맨을 상호로 쓰는 만년필은
프랑스 브랜드다.

36. 바캉스(Vacances)

한때 호캉스가 유행이더니 최근에는 크캉스라는 신조어도 생겨
났다. 호캉스는 호텔과 바캉스의 합성어로 호텔에서 바캉스를 보

내는 휴가방식을 이르는 말이다. 요즘에는 멀리 떠날 필요 없이 시설 좋은 호텔에서 휴가를 즐기는 사람들이 많아지고 있다. 크캉스는 조금 더 고급스럽게 크루즈를 타고 바캉스를 즐기는 것을 말한다. 호캉스건 크캉스건 모두 바캉스를 즐기는 방식인데, 여기서 공통으로 쓰고 있는 '바캉스(Vacances)'는 프랑스어다.

프랑스인은 여름이 되면 너나 할 것 없이 바캉스를 떠난다. 프랑스의 여름은 그야말로 바캉스 시즌이다. 프랑스인에게 바캉스는 단순히 휴가를 가리키는 것이 아니라 삶에서 양보할 수 없는, 소중한 그 무엇이다. 우리『국어사전』에도 바캉스란 용어는 등재돼 있다. 프랑스어로 vacance는 '주로 피서나 휴양을 위한 휴가'라고 돼 있으며 '여름휴가나 휴가로 순화해 사용한다'는 설명도 붙어 있다. 영어의 vacation에 해당되지만 뉘앙스가 다르다. 휴가라는 의미로 사용되는 바캉스는 프랑스어에서는 언제나 복수형을 사용한다. 단수 vacance로 쓰면 '부재, 공석'이라는 의미가 된다.

프랑스는 미국인이나 다른 유럽인이 가장 바캉스를 가고 싶어하는 나라 중 하나다. 특히 프랑스의 여름은 그야말로 축제현장이다. 전국 곳곳에서 페스티벌이 펼쳐진다. 세계에서 가장 관광객이 많은 나라는 1위 프랑스, 2위 미국, 3위 스페인 순이라고 한다. 여름이 되면 프랑스 전역은 외국인 관광객으로 들끓는다. 프랑스인들도 여름휴가를 즐기려고 프랑스의 곳곳으로 떠난다. 해변이 아름다운 남쪽의 니스(Nice)나 칸(Cannes), 깎아내린 듯한 절벽으로 유명한 북쪽의 노르망디(Normandie), 대서양에 접한 포도주 산

바캉스
프랑스인에게 바캉스는 단순한 휴가의 의미가 아니다. 인생에서 바꿀 수 없는 소중한 그 무엇이다.

지 보르도, 독일과 스위스의 국경지대에 있는 알프스(Les Alpes) 등 사방팔방으로 바캉스를 떠난다.

　프랑스인에게 바캉스는 그냥 중요한 정도가 아니라 성스러운 무언가라고 해야 할 것 같다. 이들은 여름 한철 멋진 바캉스를 보내고자 한 해를 묵묵히 일하는 사람이라 해도 과언이 아니다. 프랑스의 현행 노동법은 '1년에 5주 유급 휴가'를 의무화하고 있다. 프랑스에서 4주 유급휴가가 법제화된 것은 이미 1930년대 인민전선 정권 때다. 1981년 미테랑 정권이 들어서면서 유급휴가는 5주로 늘어났다. 5주의 휴가, 정말 꿈같은 이야기다. 우리나라의 경우는 직장인이 5주는커녕 5일도 마음 편히 휴가를 떠나기가 힘든데, 프랑스인들은 한 달 정도 바캉스를 떠나는 일이 비일비재하다. 심지어 동네 빵집(불랑제리)이나 담배 가게 타바크(Tabac)까지도 여름에 한 달씩 가게 문을 닫고 바캉스를 떠난다. 바캉스 철의 파리는 더 이상 파리가 아니다. 바캉스 철에는 다양한 국적의 외국인들이 파리를 점령해 주인처럼 행세하고 정작 대부분의 파리지앵들은 다른 곳으로 다른 곳으로 바캉스를 떠나기 때문이다. 요컨대, 여름 한 철의 파리는 '파리지앵 없는 파리'가 되는 셈이다.

프랭탕(Printemps), 갤러리 라파예트(Gallerie Lafayette) 등 대형 백화점에서 본격적으로 시작되는 대규모 여름 세일과 곳곳에서 벌어지는 축제는 여름 바캉스를 알리는 신호탄이다.

프랑스인은 바캉스를 떠나면서도 지방의 축제, 명물 페스티벌, 전통과 문화의 향취를 찾아 나선다. 이들에게 바캉스는 단순히 노동의 굴레에서 벗어나 쉰다는 의미에서 끝나지 않는다. 그냥 쉬고 놀러 다니는 것은 휴식이지 문화가 아니다. 단순히 먹고 마시고 쉬는 바캉스보다는 문화와 전통을 찾아다니는 바캉스야말로 여유 있는 삶일 것이다. 문화를 먹고 사는 프랑스인의 여유로운 삶이 아름다워 보인다.

배고픔을 극복하는 순간부터 우리의 삶은 가치와 여유, 문화를 지향해야 한다. 문화야말로 인간을 가장 인간답게 해주고 가장 인간적인 가치를 추구하는 것이기 때문이다.

37. 베테랑(Vétéran)

공중파 방송 프로그램 중 〈생활의 달인〉이라는 프로그램이 있다. 2005년에 시작됐는데 지금도 여전히 인기를 누리고 있는 장수 프로그램이다. 수십 년간 한 분야에 종사하면서 남다른 열정과 노력으로 달인의 경지에 이른 사람들의 삶을 소개하며, 인간적인 스토리를 함께 다루고 있다. 철판요리 달인, 줄넘기 달인, 이사 달인, 수제맥주 달인, 짜깁기 달인 등 생활 속 달인이나 갖가지 전문 분야의 달인을 소개하고 있다. 유별난 이들의 기술은 신기하면서도 인간적인 노력이 돋보여 재미를 더해준다.

개그 프로그램에서도 한때 〈달인〉 코너가 등장해 인기를 끈적이 있다. 2007년 12월 9일부터 2011년 11월 13일까지 개그 콘서트의 고정 코너로 방송됐던 〈달인〉이다. 음식 한입에 먹기, 웃음 참기 등 천신만고의 수련 끝에 달인의 경지에 올랐다는 익살스런 달인 김병만은 특별한 재주를 보여주지만, 후반부에 이르면 결국 엉터리임이 탄로나 도망치고 마는 내용이다. 김병만이 4년 동안 보여준 달인으로서의 묘기에는 박수가 아깝지 않을 만큼 각고의 노력이 묻어 있다. 그는 〈김연아의 키스&크라이〉라는 프로그램에도 출연해 난생처음 배운 스케이팅이지만 짧은 기간 놀라울 정도로 발전된 실력을 보여줘 '역시 달인!'이라는 평가를 받기도 했다.

달인이란 학문이나 기예에 통달하여 남달리 뛰어난 역량을 가진 사람을 일컫는다. 물론 타고난 재주도 중요하지만 날 때부터 달인으로 태어난 사람은 없다. 달인이 되기까지는 남다른 노력과 열정이 필요하다. 천재 발명가 에디슨도 "천재는 1퍼센트의 영감과 99퍼센트의 노력으로 이루어진다"는 말을 남기지 않았던가!

프랑스어 중에 달인에 가까운 의미로 사용되는 단어는 '베테랑(Vétéran)'이다. 베테랑은 원래 '군대의 고참병이나 노병, 퇴역군인' 등을 의미한다. 오랜 전투를 통해 산전수전 다 겪으며 풍부한 경험과 노하우를 갖춘 백전노장이 바로 베테랑이다. 전투경험이 많은 고참병을 가리키지만 그 의미가 확대돼 특정 분야의 원로나 노련한 사람을 가리키는 말로도 사용되고 있다.

『티핑 포인트』『블링크』 등의 저자로 유명한 저널리스트 말콤 글래드웰의 베스트셀러 목록 중에 보면 『아웃라이어』가 있다. '아웃라이어(Outlier)'의 사전적 의미는 '본체에서 분리되거나 따로 분류되어 있는 물건이나 표본 중 다른 대상들과 확연히 구분되는 통계적 관측치'다. 그런데 글래드웰은 보통사람의 범주를 뛰어넘는 특별한 사람, 즉 천재를 아웃라이어라 부르고 있다. 글래드웰은 빌 게이츠·모차르트·비틀스 등 시대적인 아웃라이어의 비밀을 파헤치면서 신경과학자 대니얼 레비틴(Daniel Levitin)의 연구결과를 소개한다. 이른바 '1만 시간의 법칙'이다. 어느 분야에서건 나름대로 어느 정도 달인의 경지에 도달하려면 최소한 1만 시간 정도의 집중적인 노력이 필요하다는 것이다.

1만 시간은 대략 하루 세 시간, 1주일에 스무 시간씩 10년간

연습한 것과 같다. 적어도 이 정도의 시간 투자에다 타고난 재주까지 합쳐진다면 그 분야의 달인이 될 수 있다는 것이다. 연습은 잘하는 사람이 하는 것이 아니라 잘하기 위해 하는 것이며, 1만 시간은 위대함을 낳는 '매직넘버'라고 그는 강조한다. 물론 1만 시간은 필요조건이지 충분조건은 아니다. 달인이 되려면 최소한 1만 시간 이상의 투자가 필요하지만, 1만 시간의 노력을 한다고 해서 모두가 달인이 될 수는 없다.

달인, 베테랑, 아웃라이어는 모두 일맥상통한다. 노력을 이기는 재능은 없는 법이다. 가장 좋은 것은 자신이 하는 일을 즐기는 것이다. 정말 그 일을 즐기면서 1만 시간 이상을 투자한다면 누구나 달인이 될 수 있을 것이다.

'지지자 불여호지자(知之者 不如好之者), 호지자 불여락지자(好之者 不如樂之者)'란 말이 있다. '아는 사람은 좋아하는 사람만 못하고, 좋아하는 사람은 즐기는 사람만 못하다'는 뜻이다. 공부든 운동이든 비즈니스든 어떤 분야에서나 그것을 즐기면서 노력하는 사람을 당할 수는 없는 법이다. 달인, 베테랑, 아웃라이어의 비결은 노력과 열정, 시간 투자에 있다.

38. 보나페티(Bon Appétit)

2005년 최고 시청률 50.5퍼센트를 기록했던 인기 드라마 〈내 이

름은 김삼순〉의 주인공 삼순이가 일하는 레스토랑의 이름은 보나
페티다. '보나페티(Bon Appétit)'는 '맛있는'이라는 뜻의 '봉(Bon)'
과 '식욕'이란 뜻의 '아페티(Appétit)'가 합쳐져 연독으로 읽힌 것
이다. 직역하면 '좋은 식욕'이니까 보나페티 레스토랑은 '좋은 식
욕 식당'쯤 되겠다.

　프랑스인은 봉(Bon)이라는 단어를 정말 많이 쓴다. 좋을 때
는 '세 봉(C'est bon)'이라 하고, 아침인사는 '봉주르(Bon jour)'라
고 한다. 한국 음악계에서 포크 열풍을 불러일으켰던 음악 감상
실 '세시봉(C'est si bon)'은 '정말 좋다'는 뜻이다. 윤형주·송창식·
이장희를 배출한 〈쎄시봉〉은 2015년에 영화로도 개봉됐다. '여행
잘 다녀와'라는 인사는 '봉 보야주(Bon voyage)'다. 식사 전에 프랑
스 사람들은 보통 '맛있게 드세요'란 뜻으로 '보나페티'라고 인사
한다. 프랑스 사람들은 모르는 사람에게도 곧잘 인사를 건넨다.
눈만 마주치면 '봉주르'라고 인사하고, 식당에서는 옆 테이블 사
람에게 '보나페티'라고 인사를 한다. 아주 오래전 토크쇼 〈자니
윤 쇼〉에서 자니 윤이 보나페티를 소재로 재미있는 에피소드를
들려준 것이 생각난다.

　　"여행 중 호텔에서 며칠 묵었는데 아침마다 식당에서 같은
　　프랑스인을 만났다. 그 프랑스인은 눈을 마주치면 '보나페
　　티'라고 인사했다. 무슨 말인지 몰랐지만 멋쩍어하며 '네,
　　자니윤입니다'라고 대답했다. 다음 날 또 그 프랑스인은 '보

나페티'라고 말했고, '자니윤입니다'라고 대답했다. 그다음 날도 계속됐다. 그러다 보나페티가 '맛있게 드세요'를 뜻하는 프랑스어임을 알게 되었다. 그리고 다음 날 아침, 식당에서 그를 다시 만나자 먼저 자신 있게 '보나페티'라고 말을 했다. 그러자 그 프랑스인은 떠듬거리며 '자니윤입니다'라고 대답했다."

혹시 프랑스 식당에서 프랑스인이 '보나페티'라고 인사하면 당황하지 말고 '보나페티'라고 답하자.

39. 비주(Bisou/Bizou)

나라마다 그 나라만의 독특한 인사법이 있다. 각국의 비공식 대표들이 나와 글로벌 문화를 주제로 재미있게 이야기를 나누는 〈비정상회담〉이라는 토크쇼 프로그램에서 언젠가 자국의 인사법을 소개한 적이 있다. 터키에서는 머리와 머리를 살짝 부딪치는 게 인사라고 한다. 영국이나 미국에서는 악수로 정중하게 인사하는데 국제적으로 가장 일반적인 인사법으로 자리 잡았다. 호주에서는 손바닥끼리 위아래로 맞부딪친 후 주먹을 다시 한번 맞부딪치는 게 인사라고 한다. 프랑스식 인사는 비주(Bisou)다. 비주란 뺨을 맞대고 살짝 쪽 소리를 내는 인사를 말한다.

비주
뺨을 맞대고 살짝 쪽 소리를 내는 프랑스식 인사 비주.
처음 경험하는 사람들은 어색해서 피해 다니기 쉽다.

이탈리아나 벨기에서도 프랑스식 인사인 비주가 통용된다. 그
냥 손잡고 악수하는 것보다는 볼을 살짝 맞대니 훨씬 정겹게 느
껴진다.

　프랑스 유학 시절, 이런 프랑스식 인사를 몰라 당황하는 경우
를 왕왕 보았다. 프랑스의 신년이나 성탄절 이브 아니면 프랑스
혁명 기념일 등 축제기간에는 아무나 보면 끌어안고 비주를 하는
사람이 많은데, 파리를 처음 찾는 외국인 관광객 중에는 이런 프
랑스 사람들을 피해 도망다니는 촌극을 빚는 경우가 있다.

40. 비쥐타주(Bizutage)

가끔 학기 초 대학에서 벌어지는 과도한 신입생 신고식이 사회적 이슈가 되고 있다. 막걸리 세례, 소주 강제로 먹이기, 얼차려 등으로 선배들이 갓 입학한 신입생들 군기를 잡는답시고 괴롭히는 것이다. 이로 인해 소중한 목숨을 빼앗거나 이를 견디다 못한 신입생이 투신하는 사건이 일어난 적도 있다.

문화선진국 프랑스에는 이런 신고식이란 게 있을까. 없을 것 같지만 있다. 이름하여 비쥐타주. '비쥐(Bizut)'는 '새로 들어온 신입생'을 의미하고, '비쥐타주(Bizutage)'는 '학교의 신입생을 골탕 먹이거나 학대, 구박하는 전통적인 관습'을 말한다. 관습이라기보다는 인습에 가깝다. 평범한 프랑스인도 학창 시절 누구나 한 번쯤 겪었던 기분 나쁜 비쥐타주의 기억을 갖고 있다.

원래는 선후배 의식이나 동질의식이 강한 의과대학이나 그랑제콜이라 불리는 엘리트 학교 또는 규율이 엄격한 기숙학교 등에서 주로 이어져오던 전통적인 관행이었는데, 점점 일반 고등학교까지 확대되어 하나의 하위문화로 정착되었다. 그 기원을 거슬러 올라가면 교육과정이 빡빡하던 대학이 처음 생긴 중세로까지 거슬러 올라간다고 한다.

프랑스의 신학기는 우리와는 달리 9월에 시작된다. 신학기가 되면 거리에서 밀가루를 뒤집어쓰고, 찢어진 옷에 해괴망측한 분장을 한 고등학교 신입생들이 선배들에게 끌려 다니며 곤욕을 치르는 모습을 가끔 볼 수 있다. 선배들은 1학년 비쥐들에게 구걸을 시키기도 하고 기괴한 짓을 강요하기도 한다. 밀가루, 달걀 세례에다 구걸 행위 강요, 이 정도가 고등학교나 그랑제콜·의과대학 등에서 주로 행해지는 비쥐타주다.

비쥐타주는 보통 일주일 정도 계속된다. 일종의 '신입생 길들이기 주간' 같은 것이다. 비쥐타주 기간에 행인들은 혹시 자신들에게 밀가루 세례가 오지 않을까 피해 다니기도 한다. 하지만 하나의 전통으로 받아들이는 편이며, 지나치지만 않다면 관대한 태도를 취한다. 혹자는 비쥐타주를 프랑스적인 민속의식이나 전통 복귀로 보기도 한다.

문제는 정도가 지나친 경우다. 비쥐타주라는 이름으로 때로는 진흙탕에 뒹굴게 하기도 하고, 심한 경우는 구타나 신체적 고문이 가해지기도 한다. 남학생 선배가 신입생 여학생을 성추행하는 사례도 있었고, 구타로 인한 충격 때문에 정신 장애를 일으키는 경우도 발생했다. 이런 비인간적 행패를 참지 못해 때로는 사법적인 고소로까지 이어지기도 한다.

41. 사봉(Savon)

옛날 경상도의 시골 사람들 중에는 비누를 '사분'이라고 부르는 사람이 왕왕 있었다. 그래서 나는 '사분'이 비누의 경상도 사투리

사봉
'더러움을 날려버린다'는 뜻의 한자어 비누.
비누에 해당하는 프랑스어가 사봉인데, 리델 주교가 처음 비누를 들여 왔다고 한다.

인 줄로만 알았다. 어릴 적, 당시 군대를 갓 제대한 사촌형에서 들은 이야기가 아직도 생각난다. 사촌형은 군대에서 전해들은 일이라며 '사분'에 얽힌 무시무시한 이야기를 들려주었다. 실제 있었던 일인지는 확실치 않다.

어느 전방 부대 초소에서 일어난 일이다. 북한군 초소가 시야에 들어오는 휴전선 근처인지라 매일 밤 보초를 서는 일은 생명이 왔다갔다 하는 일이었다. 보초나 불침번·순찰병은 매일 저녁 암호를 바꾸었는데, 밤에 순찰을 돌다가 수상한 인기척이 나면 암호를 물어봤고, 바로 대지 못하면 사살했다고 한다. 이런 살벌한 상황에서 사분에 얽힌 사건이 터졌던 것이다.

하루는 그날 암호가 '비누'였다는데 마침 이날 경상도 출신의 사병이 순찰 당번이었다. 순찰을 돌다가 앞에서 한 병사가 갑자기 나타나 '암호?' 하고 물었는데, 이 경상도 사병은 갑자기 비누라는 단어가 생각나질 않아서 당황한 나머지 '사분'이라고 외쳤고 결국 총을 맞고 죽었다는 이야기다.

이 이야기가 아직도 생생하게 기억이 나는 것은 아마도 그냥 웃어넘길 만한 이야기가 아니었기 때문일 것이다. 그래서 나는 비누라는 말의 경상도 사투리가 '사분'이라고 알게 된 것이다. 아마 지금도 경상북도의 시골 마을에 가면 비누를 '사분'이라고 하는 사람들이 있을 것이다. 그런데 나중에 알고 보니 이 '사분'은 원래 경상도 사투리가 아니었고 순우리말도 아니었다. 프랑스어 '사봉(Savon)'에서 온 말이었다. 프랑스어를 배운 지는 꽤나 오래되었지만 사분이 사봉에서 온 말이란 것은 미처 생각지 못했었다. 그런데 곰곰이 어원을 따져보니 그랬던 것이다.

비누라는 말도 우리말이 아니라 한자어다. 원래의 한자어는 '비루'인데, '더러움(陋)을 날려버리다(飛)'라는 의미다. 비누도 서구 문물이 들어오면서 우리나라에 함께 들어왔다. 옛날에는 사람들이 몸을 씻을 때 주로 쌀뜨물을 사용했다. 부잣집에서 혼인을 치르는 새색시는 녹두 가루나 창포 가루를 사용해 몸을 씻었다고 한다. 이렇게 세수를 하거나 몸을 씻을 때 사용하는 가루를 비루(飛陋)라고 불렀는데, 세월이 흐르면서 '비누'로 바뀌었던 것이다.

우리나라에 서양식 비누가 처음으로 도입된 때는 19세기 초반경이다. 프랑스 신부 리델 주교가 처음 가져왔다고 한다. 프랑스어로 비누는 '사봉'인데 이 말이 경상도 지방에서는 '사분'이라는 사투리로 정착했던 것 같다. 한편 우리나라에서 본격적으로 합성 비누가 생산되기 시작한 시기는 1950년대 후반이다.

42. 상테빌(Santé Ville)

프랑스어로 건강은 '상테(Santé)'다. 프랑스 사람들은 건배를 할 때 '건강을 위하여'라는 의미로 '아 보트르 상테(당신의 건강을 위하여)' 또는 줄여서 '상테'라고 외치며 잔을 부딪친다. 그런데 아파트 브랜드 중에도 '상떼빌'이 있다. 상떼(상테)는 '건강'이고 '빌(Ville)'은 '마을'이란 뜻이니 해석하자면 '건강마을'쯤 되겠다. "프랑스에서는 설계의 중심을 건강에 둡니다. 상떼는 프랑스어로 건강이란 뜻입니다. 상떼, 상떼빌~" 언제가 방송에서 들었던 광고 카피 문구다. 건강을 생각하는 아파트라, 참 그럴듯하다. 프랑스에서 7년을 사는 동안 프랑스에서 설계의 중심을 건강에 둔다는 말은 들어본 적이 없지만, 어쨌거나 '건강을 생각하는 마을'이라니 나쁘지는 않다.

현재 우리나라의 외국어표기법에 따르면 프랑스어의 경우는 경음 대신 격음을 쓰도록 돼 있다. 그러니까 '빠리'가 아니라 '파리', '삐에르'가 아니라 '피에르'로 표기해야 한다. 사실 프랑스어 원음은 격음보다는 경음에 가깝지만 로마에서는 로마법을 따라야 할 것 같다. 여하튼 상떼빌도 현행 표기법에 따라 쓰면 '상테빌'이 될 것이다.

또 다른 건설회사의 아파트 브랜드 중에는 '센트레빌'이라는 것도 있다. 센트레빌은 표기만으로 보면 영어인지 프랑스어인지 파악하기가 힘들다. 그런데 스펠링을 보면 센트레빌은 프랑스어다. 'Centre(상트르)'와 'ville(빌)'의 합성어인데, 상트르는 영어의 '센터(Center)'에 해당하고, 빌은 '마을'이란 뜻이다. 즉 상트르빌은 프랑스어로 '시내중심가'를 뜻한다. 영어의 다운타운(downtown), 독일어의 센트룸(Zentrum)에 해당한다.

프랑스어 상트르빌을 아무 설명 없이 센트레빌이라고 읽는 것은 좀 문제라고 생각한다. 프랑스어에서 보통 마지막에 붙어 있는 e는 묵음이다. 그런데 이런 프랑스어 발음규칙을 잘 모르는 한국에서는 굳이 e를 힘줘서 읽는 경우가 자주 있다. 센트레도 그런 경우다. 상떼빌에 살건, 센트레빌에 살건 그 아파트의 입주자라면 아파트 이름의 의미 정도는 알면 좋지 않을까라고 생각한다면 지나친 욕심일까.

사람이 사는 데 가장 기본적인 조건은 의식주다. 지금은 보렷

고개 시절이 아니기에 우리 사회도 먹고 입는 문제는 어느 정도 해결된 것 같다. 하지만 주택문제는 여전히 숙제로 남아 있다. 생각해보라. 정상적인 직장인이 봉급을 모아 서울에서 아파트 하나 장만하는 것이 가능한지 말이다. 대학을 졸업하고 운 좋게 직장을 잡아 월급 300만 원을 받아 한 푼도 안 쓰고 30년 이상을 저축해야 겨우 강남의 10억짜리 아파트를 살 수 있다는 계산이 나온다. 평생 아끼고 모아도 제 힘으로 제 집 하나 마련하기 힘든 현실을 생각하면 답답해진다. 어쩌면 서민에게는 상떼빌이건 센트레빌이건 그런 이름은 별 의미가 없을지도 모르겠다.

43. 샤무아(Chamois)

한겨울이 되면 패션 감각이 있는 젊은 여성들은 부츠로 한껏 멋을 부린다. 부츠는 세무 가죽을 사용하는 경우가 많다. 부츠를 만드는 가죽 중 무두질을 한 염소나 양의 부드러운 가죽이 '세무'다. 무두질이란 생가죽이나 실 따위를 매만져 부드럽게 만드는 일을 말한다. 세무 부츠, 세무 신발뿐 아니라 세무 점퍼, 세무 코트에 이르기까지 부드러운 세무는 패션계에서 애용되는 고급재질이다. 흔히 세무, 새무로 부르는데 이는 일본식 발음이다. 원래는 프랑스어고 '샤무아(Chamois)'다. 샤무아는 산악지대에 사는 야생 영양을 말한다. 샤무아뿐 아니라 양, 염소의 안쪽을 무두질

샤무아
염소의 생가죽을 부드럽게 무두질한 것을 샤무아라 한다.
부츠·점퍼·코트에 이르기까지, 패션계에서 애용하는 고급 재질이다.

한 가죽을 통틀어 '셈 가죽'이라 부르기도 한다.

그런데 셈 가죽은 순우리말이다. 그러니 세무 가죽이라 하지 말고 우리말로 '셈 가죽'이라고 하든지 아니면 '샤무아 가죽'이라 해야 하지 않을까.

44. 세라비(C'est la vie)

중국 전한의 회남왕 유안이 저술한 『회남자(淮南子)』 제18권 「인간훈(人間訓)」에 보면 다음과 같은 새옹(塞翁: 변방에 사는 늙은이) 이야기가 나온다.

북쪽 국경지역에 점을 잘 치는 늙은이가 있었는데, 그에게 는 말 한 필과 아들이 있었다. 하루는 그가 기르던 말이 도 망쳐 오랑캐들이 사는 국경 너머로 가버렸다. 마을 사람들 이 위로하자 늙은이는 "이것이 나중에 복이 될지 누가 알겠 소"라며 낙심하지 않았다. 몇 달 후 도망갔던 말이 오랑캐 의 좋은 말 한 필과 함께 돌아왔다. 이번에는 마을 사람들 이 이를 축하했다. 그러자 늙은이는 "이것이 또 무슨 화가 될지 누가 알겠소"라며 기뻐하지 않았다. 집에 좋은 말이 생기자, 말 타기를 좋아하던 늙은이의 아들이 그 말을 타다 가 말에서 떨어져 다리가 부러지는 사고를 겪었다. 마을 사 람들이 위로하자 늙은이는 "오히려 이게 복이 될지 누가 알 겠소"라고 말했다. 1년이 지난 후 오랑캐들이 쳐들어왔는 데 마을장정들은 모두 싸움터에 동원돼 전사했다. 하지만 늙은이의 아들은 절름발이어서 전쟁터에 나가지 않아 무사 할 수 있었다.

이 이야기에서 생긴 고사성어가 바로 새옹지마(塞翁之馬)다. 인 간만사는 예측할 수 없고 길흉화복은 항상 바뀌는 법이니 일희일 비할 필요가 없다는 뜻이다. 인생을 살다보면 좋은 일도 있고 나쁜 일도 생기는데 사람들은 그럴 때마다 새옹지마의 교훈을 떠올린다. 날 때가 있으면 죽을 때가 있고 울 때가 있으면 웃을 때도 있고 기쁠 때가 있으면 슬플 때도 있는 법이다. 사랑할 때가 있으면 미워할 때도 있고 만남이 있으면 헤어짐도 있다.

프랑스 사람들은 이런 경우 '세라비(C'est la vie)'라고 말한다. 세(C'est)는 '이것은 ~이다'라는 뜻이고 '라(La)'는 정관사, '비(Vie)'는 '인생'을 뜻한다. 직역하면 '이게 인생이다'라는 뜻이다. 인생에는 모범답안이 없다. 백이면 백, 사람마다 서로 다른 경험을 하고 어떤 일이 닥칠 때 대처하는 방법도 다르다. '이렇게 사는 것이 옳다'고 자신 있게 말할 수 있는 사람은 아무도 없을 것이다. 물론 '이렇게 사는 것은 나쁘다'라고 조언 정도는 해줄 수 있을지 모르겠지만 말이다.

프랑스 사람들은 개인의 인격이나 프라이버시를 다른 어떤 것보다도 소중하게 생각하기에 남들의 인생에 대해서 이래라 저래라 간섭하는 경우가 거의 없다. 설사 부모라 하더라도 자식이 성년이 되면 독립적 인격체로 인정하고 존중해준다. 가령 시어머니라 할지라도 며느리가 사는 아들 집에 불쑥 찾아갈 수 없으며 아무리 친한 사이라도 예고 없이 방문하는 것은 결례다. 남의 일에 좀처럼 간섭하거나 코멘트하지 않는 것이 프랑스인이다. 하지만 그들도 이런저런 일로 어려움에 처해 있거나 희비가 교차해 곤란해하는 주변사람을 보면 던지는 한마디가 바로 '세라비'다. '뭐 인생이 그런 거 아니겠어, 크게 생각하면서 잘 이겨내' 정도의 격려의 말이라고 생각하면 될 것이다. 그들은 힘들 때 혼잣말로 '세라비'라고 말하며 스스로를 위로하기도 한다.

인생이나 사랑은 결코 마음대로 되지 않는다. 꼭 하고 싶지만 못 하는 일도 많고, 정말 하고 싶지 않아도 해야만 하는 경우도 많다. 희로애락은 자기 뜻대로 되지 않는다. 이런 게 인생이다.

그렇다고 체념하고 운명에 인생을 내맡기는 태도는 바람직하지 않다. 하는 데까지는 최선을 다하고 이후에는 운명에 맡긴다는 진인사대천명(盡人事待天命)의 자세가 바람직한 태도일 것이다.

세라비는 앞으로 잘되었으면 하는 바람을 담은 일종의 주문 같은 말이기도 하다. 힘들 때 이런 주문은 조금은 위안이 될 수 있다. '잘될 거야, 잘될 거야'라는 주문이나 자기 암시는 스스로에게 자신감을 불어넣어줄 수 있고, '이런 게 인생 아니겠어'라는 친구의 말은 심리적으로 위안이 될 수 있다. 나라마다 주문처럼 사용되는 말들이 있다. 새옹지마나 세라비도 그중 하나다.

'케세라세라(Que sera sera)'라는 말도 있다. 스페인어인데 '될 대로 되라'라는 뜻으로 알려져 있지만, 그보다는 '어떻게든 될 거야'라는 긍정적 의미라고 한다. 영어로는 'What will be, will be' 정도로 번역될 수 있다. 그러니까 '그렇게 되려는 것은 되고 말 것이다. 그러니까 너무 걱정하지 말라'는 뜻이다.

애니메이션 〈라이온 킹〉에 나오는 주술 같은 말 '하쿠나 마타타(Hakuna matata)'도 비슷한 의미다. 스와힐리어에서 온 말이라고 하는데 '걱정거리가 없다. 걱정하지 마라'라는 뜻이다. 〈라이온 킹〉에서 미어캣 티몬과 흑멧돼지 품바는 사자 주인공 심바에게 골치 아픈 지난 일들을 잊고 현재에 충실해야 한다는 교훈을 가르쳐주며 격려한다.

또한 랜터 윌슨 스미스(Lanta Wilson Smith)의 영시 중에 보면 'This, too, shall pass away(이것 또한 지나가리라)'라는 구절이 있는데 이 또한 어려울 때 위안이 될 수 있는 말이다. 이 시의 첫 구절만 인용해보면 다음과 같다.

When some great sorrow, like a mighty river,
(거대한 슬픔이 거센 강물처럼)
Flows through your life with peace—destroying power
(네 삶에 밀려와 평화를 파괴하고)
And dearest things are swept from sight forever,
(가장 소중한 것들을 네 시야에서 영원히 앗아갈 때)
Say to your heart each trying hour
(네 가슴에 대고 매번 이렇게 말하라)
"This, too, shall pass away."
(이것 또한 지나가리라고)

'To err is human, to forgive divine!'이란 말이 있다. 실수는 인간의 몫이고 용서는 신의 몫이라는 뜻이다. 인간은 신이 아니기에 완벽할 수 없으며 누구도 실수 없이 살 수는 없다. 인생은 연극이 아니기에 예행연습이 없다. 원하지 않는 실수도 하고 예기치 않았던 시행착오도 겪는다. 완벽하게 하려고 하면 오히려 더 큰 실수를 범할 수도 있다. 최선을 다하고 자신의 역량을 발휘하다 보면 하나하나 원하는 바를 성취할 수 있을 것이다. 인간적인 실수나 시행착오는 신이 용서해줄 것이다. 그 과정에서 겪는 어려움이나 고난은 각자가 이겨내야 할 몫이다.

인간에게 신은 딱 이겨낼 만큼의 시련을 안겨준다고 한다. 힘들 때는 '세라비' '하쿠나 마타타' 같은 주문을 외면서 스스로를 위로해보자.

45. 앙투라주(Entourage)

2016년 조진웅, 서강준, 이광수 등이 열연했던 케이블 방송의 16부작 인기드라마 〈안투라지〉는 미드였던 것을 리메이크한 것이다. 원래 〈안투라지〉는 2004년부터 2011년까지 총 8시즌에 걸쳐 방송된 동명의 인기 미국 드라마다. 남자판 〈섹스앤더시티〉로 불리는데, 할리우드 스타들의 실상을 가감 없이 보여준 일종의 블랙코미디다.

한국판 〈안투라지〉는 한국적 정서를 더해 오리지널과는 좀 다르게 만들어졌다. 한국 연예계를 배경으로 다섯 남자의 의리와 우정을 소재로 하고 있다. 수많은 스타들이 실명으로 출연하고 카메오도 총 67명이나 나와 역대 최대 규모였으며, 한국 연예계와 스타들의 일상을 생생하게 그려낸 드라마로 평가된다.

여기에서 '안투라지(Entourage)'는 프랑스어인데, '앙투라주(Entourage)'라고 표기해야 맞다. '둘러싸다, 감싸다'를 의미하는 동사 '앙투레(Entourer)'에서 온 말이다. 앙투라주는 '주위 사람, 측근, 동료' 등을 가리킨다. '왕이나 귀족의 측근이나 중요인물의 수행원'도 앙투라주라고 한다. 주변의 장식을 가리킬 때도 앙투라주라는 말을 쓴다.

'친구를 보면 그 사람을 알 수 있다'는 속담이 있다. 그러니까 앙투라주를 보면 그 사람의 계급이나 사회적 지위를 짐작할 수

앙투라주
주위 사람, 측근을 뜻하는 앙투라주. 그 사람을 잘 알려면 그 주변인을 잘 살펴보면 된다.

있는 것이다.

46. 알에스베페(RSVP)

행사에 초청을 받고 온 중요한 손님을 우리는 '내빈(來賓)'이라고 한다. 행사 실무자들은 이들을 'VIP(Very Important People)'라고 줄여 부르기도 하는데, 마케팅에서 많이 사용하는 용어다. VIP 중에서도 가장 중요한 사람은 'VVIP(Very Very Important People)'또는 'RVIP(Royal VIP)'라 부른다.

　행사의 「초청장」에 보면 맨 밑에 RSVP라는 말과 함께 담당자의 연락 전화번호가 나온다. RSVP는 영어로 '알에스브이피'라고 읽는데 사실은 이것도 프랑스어다. RSVP(알에스베페)는 'Répondez S'il Vous Plaît(레퐁데 실부플레: 제발 회답해주세요)'또는 'Réponse attendue S'il Vous Plaît(레퐁스 아탕뒤 실부플레, 회답을 기다립니다)'의 줄임말이다. 뒤에 붙은 '실부플레(S'il Vous Plaît)'는 프랑스인들이 거의 매일 입에 달고 사는 말이다. 직역하면 '당신의 마음에 든다면'이다. '제발, 부디, 미안하지만'이란 뜻이고, 영어의 '플리즈(please)'에 해당한다. 조심스럽게 말을 꺼낼 때, 부탁을 할 때, 주의를 환기시킬 때 그들은 '실부플레~' 하면서 말을 시작한다. 보통 'SVP(에스베페)'라고 줄여 사용하기도 한다.

　우리나라의 공식행사에서는 무엇보다도 의전이 중요하다. 행사를 치르는 실무자들은 '의전이 행사의 전부'라고 과장해서 말하기도 한다. 인사말이나 축사의 순서를 어떻게 할지, VIP가 도착하면 어떻게 안내하고 동선은 어떻게 할지 등 의전은 참으로 복잡하고 신경이 많이 쓰인다. 특히 고위관료·외교사절 등의 경우는 의전이 더 복잡하고, 대통령이 참여하는 행사의 경우는 더더욱 그러하다. 오죽하면 대통령 비서실에 의전비서관까지 두었겠는가.

의전이나 공식 행사에서 사용되는 용어 중에도 프랑스어가 상당히 많다. 격식과 에티켓을 중요시하는 프랑스적인 전통 때문일 수도 있고, 프랑스어 표현이 고급스럽고 의전에 잘 맞기 때문일 수도 있겠다.

47. 앙트러프러너(Entrepreneur)

최근 사회적으로 스타트업이나 창업이 강조되면서 기업가 정신에 대한 관심이 커지고 있다. 기업가 정신을 '앙트러프러너십(Entrepreneurship)'이라 부르는데, 이는 영어식 표현이다. 기업가라는 말은 프랑스어 '앙트르프러뇌르(Entrepreneur)'에서 왔다. 동사는 '앙트르프랑드르(Entreprendre)'인데 『사전』에 찾아보면 첫 번째 뜻이 '착수하다, 감행하다'고, 두 번째 뜻이 '시도하다'로 돼 있다. 특히 '뭔가 모험적인 일이나 리스크가 있는 일을 시도하고 책임진다'라는 의미를 갖고 있어서, 앙트러프러뇌르는 '위험을 안고 창업하는 혁신적 기업인'을 뜻한다.

18세기 초 프랑스의 경제학자 리샤르 캉티옹를 비롯한 정치경제학자들이 이 말을 처음 사용했다고 한다. 이들은 앙트러프러뇌르를 기존의 상인이나 제조업자와 구분하면서 '위험을 무릅쓰고 시장을 이끄는 사람'이라는 의미로 사용했다. 프랑스어에서 기업은 '앙트르프리즈(Entreprise)'고, 기업가(창업가) 정신은 '앙트르프러뇌리아(Entrepreneuriat)'다.

한편 기업가 정신을 강조했던 대표적인 학자로는 미국의 경제학자 슘페터(Joseph Schumpeter)를 꼽을 수 있다. 그는 새로운 생산방법과 상품개발을 기술혁신으로 규정하고, 기술혁신을 통해 창조적 파괴(Creative destruction)에 앞장서는 기업가를 혁신가로 규정했다. 슘페터가 이야기하는 기업가 정신이란 '이윤 추구와 사회적 책임을 수행하기 위해 혁신가가 갖춰야 할 자세나 정신'을 말한다. 그는 혁신가가 갖춰야 할 요소로 신제품 개발, 새로운 생산방법 도입, 신시장 개척, 새로운 원료나 부품 공급, 새로운 조직 형성, 노동생산성 향상 등을 꼽았다.

48. 에티켓(Étiquette)

'에티켓(Étiquette)'은 '사교에서의 마음가짐이나 몸가짐'을 뜻하

베르사유궁

루이 **14**세 시절은 절대왕정의 절정기였는데, 베르사유궁은 궁정에서 하지 말아야 할
규칙을 뜻하는 에티켓의 출발지가 되었다.

는 프랑스어다. 보통 예의범절이라는 의미로 사용된다. 프랑스인
들은 유난히 예의범절을 중요하게 생각한다. 동방예의지국인 우
리나라 사람들 이상으로 까다로운 예의와 격식을 차리는 사람들
이다. 식탁에서는 식탁 에티켓을 지키고, 행사에서는 의전을 매우
중요하게 생각한다. '프로토콜(Protocole)'이라 부르는 외교상의
의례도 많은 부분은 프랑스가 그 원조다. 프랑스어의 표현도 격
식을 갖춘 문어적인 표현들이 굉장히 많다.

가령 프랑스인들은 편지를 보낼 때 말미에 다음과 같은 관용
적인 표현을 사용한다. "Nous vous prions d'agréer, monsieur, l'
expression de notre considération distinguée." 그 뜻을 풀어보면

출처: Keith Homan / Shutterstock.com

"귀하께서 우리의 각별한 존경의 표명을 수락해주시기를 앙망합니다"쯤 된다.

『프랑스어 사전』을 찾아보면 에티켓의 첫 번째 의미는 '명찰, 가격표, 분류' 등으로 나온다. '예의범절, 규칙'은 두 번째 의미인데, 그 유래를 살펴보면 참으로 재미있다. 예의범절이란 의미의 에티켓은 태양왕 루이 14세 시절의 베르사유궁에서 유래됐다. 베르사유궁은 파리 남서쪽에 있는 17~18세기 부르봉 왕조의 호화스런 궁전이다. 루이 14세 때는 절대왕정의 절정기였는데, 그는 베르사유의 화려한 궁정에서 귀족들을 불러 자주 파티를 즐겼다고 한다.

그런데 베르사유궁은 아름다운 정원과 화려한 궁을 보존하기 위해 처음 만들 때부터 아예 화장실을 두지 않았다. 귀족들은 궁전을 출입할 때 개인용 변기를 휴대하고 다녀야만 했는데, 어떤 때는 건물 구석이나 정원에서 몰래 볼일을 보곤 했다. 그러다보니 베르사유궁이 지저분해지기 시작했고 참다못한 궁정관리인이 급기야 '정원에 들어가지 마시오'라는 표지판을 세우기 시작했다. 이 표지판이 바로 '에티켓'이다. 영어의 Sign에 해당된다. 나중에는 루이 14세가 직접 이 표지판(에티켓)를 넘어가면 안 된다는 칙령까지 내렸다고 한다. 그 후 에티켓은 '궁정에서 하지 말아야 하는 규칙'을 의미하게 되었고, 그 의미가 점점 확대되어 오늘날에는 '어떤 상황에서 해야 하거나 하지 말아야 하는 규칙, 예의범절'을 뜻하게 된 것이다.

인간다운 삶을 살고 즐기는 것은 문화고, 문화는 인간의 특권이자 행복이다. 하지만 문화적인 삶을 살기 위해서는 지켜야 할 예절과 윤리가 필요하다. 문화가 발달한 프랑스에서 지켜야 할 예의범절로서의 에티켓이 함께 싹텄던 것은 어쩌면 당연한 일이다. 요즘은 모바일(Mobile)과 에티켓을 합성한 '모티켓(Motiquette)'이란 말도 사용되는데, 지하철이나 공공장소에서 휴대전화를 이용할 때 지켜야 할 예의를 뜻한다. 편리함을 가져다주는 정보사회의 이기에 대해서도 윤리와 에티켓을 통한 조절이 필요한 것이다.

49. 오트(Haute)

오뜨라는 이름의 과자가 있다. 부스러기가 떨어지지 않는 고급스런 프랑스풍 과자라고 광고를 한다. '오트(Haute)'는 프랑스어다. 영어의 High에 해당한다. '높은'이라는 뜻의 형용사로 남성형은 오(Haut), 여성형은 오트(Haute)다. 영어에서 이야기하는 상류사회(High Society)를 프랑스어로는 '오트 소시에테(Haute société)'라고 한다. 보통은 '고급'이라는 의미로 많이 사용된다.

프랑스에서는 '오트 쿠튀르(Haute Couture)'라는 말을 많이 쓰는데, 영어의 '하이 패션(High fashion)'과 같은 뜻이다. 샤넬·이브생로랑 등의 고급 패션 브랜드가 오트 쿠튀르인데, 오트 쿠튀르

출처: Ralu Spatareanu / Shutterstock.com

오트 쿠튀르
고급 패션 또는 패션쇼라는 뜻의 오트 쿠튀르. 프랑스 왕실의 양재사 찰스 프레드릭 위스가
1858년 오트 쿠튀르를 열기 시작했다.

출처: Tupungato / Shutterstock.com

이브 생로랑
이브 생로랑은 프랑스의 유명 디자이너로, 이브 생로랑의 옷·화장품·향수 브랜드를 론칭했다.
오트 쿠튀르에 참여하는 최고급 브랜드 중 하나다.

는 파리에서 열리는 고급 맞춤복 패션쇼 이름이기도 하다. '쿠튀르'는 '재봉, 바느질'이란 뜻이다. 파리에서는 매년 1월과 7월 두 번 오트 쿠튀르가 열린다.

오트 쿠튀르의 시작은 영국 출신으로 프랑스 왕실의 양재사로 일했던 찰스 프레드릭 워스(Charles Frederick Worth)에 의해서였다. 그는 1858년에 상류사회 여성을 겨냥한 오트 쿠튀르 하우스를 파리에서 처음 열었다. 기존의 재봉사와는 다른 패션 디자이너라는 개념을 처음 만든 사람이 워스다. 오늘날 카페 거리로 유명한 생 제르망 데 프레 지역이나 샹젤리제 거리에 가면 오트 쿠튀르 부티크가 즐비하다. 이른바 명품 거리다.

50. 쥐라기(Jurassique)

지질시대에서 중생대를 트라이아스기, 쥐라기, 백악기 등 3기로 나누는데 중간 시기가 바로 쥐라기다. 이 시기에는 육상에 거대한 파충류가 살았고 바다에는 암모나이트가 있었다. 한반도에서는 대동누층군이 쥐라기에 해당하는 지층이다.

한편 쥐라기(Jurassic Period)라는 말은 프랑스와 스위스 두 나라에 걸쳐 있는 쥐라(Jura)산맥에서 비롯됐다. 쥐라산맥에 이 시대의 지층이 잘 발달돼 있어서 쥐라기라는 이름이 붙은 것이다.

쥐라기가 우리에게 익숙한 것은 할리우드 영화 〈쥐라기 공원

쥐라기

중생대 가운데시기에 해당하는 시기를 쥐라기라고 한다. 쥐라기 지구의 육지에는 거대한 파충류 공룡이, 바다에는 암모나이트가 살고 있었다.

출처: Alex Cimbal / Shutterstock.com

영화 〈쥐라기 공원〉

영화 〈쥐라기 공원〉(1993)은 스필버그 감독에 의해 만들어져 전 세계인들의 사랑을 한 몸에 받았다. 영화 촬영지는 지금도 명소로 남아 있다.

〈Jurassic Park〉) 때문일 수도 있겠다. 마이클 크라이튼의 1990년 베스트셀러를 스티븐 스필버그 감독이 SF 액션 영화로 만들어 1993년에 개봉했던 작품이다. 샘 닐, 로라 던 등이 주연을 맡았다.

코스타리카 서해안의 한 섬에 세워진 테마파크 '쥬라기 공원'에서 첨단 복제기술로 부활한 공룡들이 테마파크 개장 전 예기치 못한 사고로 인간이 공룡의 습격을 받게 되는 이야기다. 6,500만 년 전 쥐라기를 살았던 거대한 공룡들을 3D로 감상할 수 있는 이 영화로 벌어들인 수입은 한국의 연간 자동차 수출 총액과 맞먹는다. 쥐라기는 프랑스의 쥐라 지역에서 온 말이라서 보통 '쥐라기'라고 쓰지만 영화에서는 '쥬라기'로 표기했다.

51. 카무플라주(Camouflage)

어릴 적 어머니가 자주 쓰셨던 말 중에 '캄프라치'라는 말이 있다. 얼굴에 흉터가 있을 때 화장품으로 가리거나 눈에 뭐가 나서 색안경으로 가리거나 할 때 어머니는 '캄프라치한다'고 표현하셨다. 얼핏 듣기에는 국적이 모호한 말이어서 나는 '일본말인가보다'하고 여겼는데 지금 와서 가만히 생각해보니 프랑스어였다.

프랑스어 중 '카무플레(Camoufler)'라는 동사가 있다. '위장하다, 변장시키다, 숨기다'라는 뜻이다. 이 동사의 명사형이 '카무플라주(Camouflage)'인데 이것을 '캄프라치'라고 하셨던 것으로 추정한다.

일본인은 아마 세계에서 프랑스를 가장 좋아하는 민족일 것이다. 일본인은 프랑스 문화를 매우 고급스럽고 세련된 문화라고 생각한다. 샤넬 백, 루이 뷔통 지갑 등 명품 브랜드가 가장 많이 판매되는 곳도 일본이다. 일본에는 명품의 짝퉁 제품을 일절 만들지 않는 것은 물론이고, 몇 달치 월급을 모아 명품 백을 사는 사람이 많다고 한다. 1953년 제과제빵 기술자 양성을 위해 만들어진 일본 최고의 명문학교 도쿄제과학교는 프랑스 베이커리를 도입해 대중화하는 데 크게 이바지했다. 미슐랭 스타 셰프의 레스토랑도 도쿄에 많이 들어와 있다.

일본 대도시 번화가에 가면 프랑스어를 사용한 간판을 어렵지 않게 발견할 수 있다. 우리말 속에 들어와 있는 많은 프랑스어도 일본인이 사용하던 말들이 일제 강점기를 거치면서 자연스럽게 뿌리내린 것으로 보인다.

52. 코르사주(Corsage)

인산인해를 이루는 큰 행사장에 가면 가슴에 꽃을 단 사람들이 있다. 우리는 가슴에 단 꽃으로 내빈, 즉 VIP를 구분한다. 꽃을 단 사람은 그 행사의 주요 VIP이고 보통은 이들만이 행사 전 VIP 대기실에 들어가 환담을 나눈다. 또한 행사장에서는 맨 앞 이른바 헤드 테이블에 앉게 된다. 이들의 가슴에 다는 생화를 코사지라고 하는데 정확하게는 '코르사주'다. 꽃을 단다고 해서 '꽃사지'라고 부르면 안 된다. 프랑스어 '코르사주(Corsage)'는 '여성 상의나 블라우스' 또는 드레스의 몸통 부분을 뜻하는데, 영어로 건너가서 가슴이나 앞 어깨를 장식하는 생화나 조화라는 의미로 사용되었다. 『국어사전』에도 자세하게 정의돼 있는데, 코르사주(프랑스어)는 '1) 여성들이 입는, 몸에 꼭 맞는 옷의 허리 부분. 2) 장신구의 하나로 여성들의 옷깃, 가슴, 허리 등에 다는 꽃묶음'이라고 되어 있다.

하지만 정작 프랑스어에서는 코르사주가 생화나 조화의 꽃다

코르사주
원래 코르사주는 여성 상의의 몸통 부분을 뜻했는데, 지금은 행사장에서 내빈이나
vip를 구분하기 위해 가슴에 다는 꽃이라는 의미로 바뀌었다.

발이라는 의미로 사용되지 않는다. 프랑스어에서 왔으나 완전히 다른 뜻으로 전용되어 사용되고 있는 낱말 중 하나다.

53. 콩비비알(Convivial)

프랑스인의 민족적 특징을 설명할 때 보통 convivial(콩비비알), bavard(바바르) 등의 형용사를 많이 사용한다. 콩비비알은 '잔치의, 손님을 초대한'이라는 의미인데, 함께 부대끼고 어울리기를 좋아한다는 뜻이다. 바바르는 '말하기 좋아하는, 수다스러운' 이라는 뜻이다. 프랑스인은 대부분 수다스럽고 자기 표현과 주장이 분명하며 제스처를 섞어 말하기를 좋아한다. 이렇게 프랑스인은 함께 어울리기 좋아하는 사교적인 민족이고 대화와 토론을 즐기는 수다스러운 사람들이다.

유럽 대륙에는 두 가지의 큰 철학 사조가 있다. 하나는 영국의 경험주의고 다른 하나는 프랑스·독일 등 대륙의 합리주의다. 프랑스는 르네 데카르트로 대표되는 합리주의의 본산이다. 합리주의의 지적 전통은 논리와 토론을 좋아하는 프랑스인의 민족성을 빚어냈다. 시대를 풍미한 철학자·수학자·과학자를 많이 배출한 것은 이 때문일 것이다.

프랑스에서 철학적 토론을 즐기는 철학 카페가 만들어져 성행하고 있는 점, 전 세계에서 유일하게 대입수능시험에 철학 논술

과목이 있는 점 등은 결코 우연이 아니다. 이들은 논리적 사고를 중요하게 여기기 때문에 친구끼리도 격렬한 논쟁을 벌이는 것이 일상사다.

그렇지만 한편으로는 토론 중 상대방의 말이 논리적이라고 생각되면 기꺼이 받아들일 줄 안다. 또한 자신과 완전히 다른 생각을 가져도 상대방의 의견을 인정하고 존중하는 이른바 '톨레랑스'를 갖고 있으며, 합리적인 이성만큼이나 문화적인 감성도 풍부하다.

프랑스인이 좋아하는 말 가운데 하나로 '르파 콩비비오(Repas conviviaux)'가 있다. '르파(Repas)'는 식사, '콩비비오(Conviviaux)'는 '콩비비알'의 복수형이다. '손님들을 초대한 식사'를 의미한다. 조금만 친해지면 서로 집으로 초대해 함께 식사를 즐기는 것이 프랑스인의 문화다. convivial이란 단어의 어원을 살펴보면 'con'은 '함께(Together)'를 의미하고 'viv'는 '살다(Live)'로부터 온 말이므로, '함께 사는'이라는 의미가 된다. 함께 어울리며 살아가는 것이 바로 '콩비비알'이다. 콩비비알은 삶을 즐기고 부대끼기 좋아하는 프랑스인을 표현하기에 딱 좋은 단어다.

54. 아그레망(Agrément)

"미국 소식통은 폼페이오 국무장관이 3일(현지시간) 해리스 사령관의 주한대사 지명을 위한 서류작업에 들어갔다고 밝혔다. 북미 정상회담을 목전에 두고 있는 만큼, 오랫동안 공석이었던 주한대사 자리부터 채우려는 의도로 풀이된다. 더구나 현재 주한대사 대리인 마크 내퍼의 임기가 올 7월까지여서 최대한 인선에 속도를 내겠다는 입장이다. 소식통은 해리스 사령관에 대한 사전검토 작업은 주호주대사 임명 과정에서 이미 이뤄진 만큼, 이르면 이달 내에 우리 정부 측에 해리스 사령관의 주한대사 지명에 대한 아그레망 접수가 이뤄질 수 있다고 했다."(『헤럴드경제』, 2018년 5월 4일, 온라인)

한 언론에 실린 기사의 일부다. 여기에 나오는 '아그레망(Agrément)'은 '타국 외교사절을 승인하는 것'을 뜻하는 외교용어다. 외교나 국방은 국가원수의 고유 권한 영역이다. 자국을 대신하여 공식적인 외교임무를 맡게 되는 대사는 외교업무를 시작하기 전에 파견되는 국가의 국가원수에게 「신임장」을 제정해야 한다. 외교는 국가와 국가 간의 공식적인 관계와 협상이다. 두 국가 간의 원만한 관계가 전제될 때 매끄러운 외교가 이루어질 수 있기에 외교관 파견도 두 국가 간 상호합의를 통해 이루어진다. 이런 절차를 거쳐 본국을 대표하여 파견된 외교관은 자국의 이익을 중재해야 하는 막중한 역할을 맡는다.

외교에 사용되는 용어 중에는 프랑스어가 많다. 프랑스가 역사적으로 전성기였을 때 국제정치의 중심이었기 때문이다. 보통 근대 외교가 시작된 기점을 1648년의 '베스트팔렌(Westfalen) 조약'으로 잡는다.

베스트팔렌 조약은 신교와 구교가 격돌했던 30년 종교전쟁을 마무리했던 조약이다. 처음에는 신교와 구교 간의 종교 분쟁으로 시작했지만 이후 독일 영토에 대한 분쟁으로 비화되었다. 가톨릭 국가인 프랑스는 스웨덴과 연합해 신교 세력을 지원했고 스페인을 제압하면서 국제사회의 주도권을 장악했다. 전쟁에 승리한 프랑스는 알사스 지방을 비롯해 자국 영토를 확장했고, 베스트팔렌 조약을 계기로 교황은 국가 간 분쟁에 개입할 수 없게 되면서 근대적인 국제질서가 만들어졌다. 이전까지 국가나 정치는 교회나 종교의 부속물이었지만 베스트팔렌 조약으로 인해 국민국가의 이해관계, 국가 간 분쟁의 외교적 해결, 정치와 종교의 분리 등이 새로운 질서로 정착된 것이다.

이것이 바로 근대적 외교의 시작이었다. 당시 조약을 주도했던 프랑스는 유럽에서 주도권을 장악했고, 그 후 공식 외교문서는 프랑스어를 사용하는 것이 관행이 되었다. 그래서 지금도 외교용어에는 프랑스어의 잔재가 많이 남아 있다. 외교에서 영어가 프랑스어를 밀어내고 주도권을 장악한 것은 제2차 세계대전 이후부터다.

앞서 살펴본 바와 같이 대사가 파견될 때 접수국의 국가원수에게 「신임장」을 제정(提呈)하는 것은 외교 관례로 굳어진 절차다. 보통 대사·공사 등 외교사절을 파견할 때 파견국의 국가원수는 접수국의 국가원수에게 외교관을 임명했다는 것을 통고하고 그 외교관을 신용해주기 바란다는 의미로 일종의 「신분증명서」와 같은 「신임장」을 제출한다. 이를 「신임장」 제정이라고 한다.

「신임장」 제정은 대사가 파견된 이후, 접수국에서 실시하는 첫 번째 절차이지만, 이에 앞서 사전에 접수국에게 신임대사나 공사의 임명에 대한 동의를 구해야만 한다. 이것을 외교용어로 '아그레망(Agrément)'이라고 부른다. 프랑스어로 아그레망은 '승인이나 인가, 동의'를 의미하지만 외교용어로 쓰일 때는 '특정인물을 외교사절로 임명하기 전에 상대국의 이의(異議) 유무를 사전에 조회하는 절차'를 말한다. 국제적인 관행이던 것을 1961년 외교관계에 관한 비엔나 협약으로 성문화하여 "파견국은 자국이 사절단의 장으로서 접수국에 파견하고자 하는 자에 대해서 접수국의 아그레망이 있는지를 확인해야 한다(제4조 1항)"고 규정했다.

보통 아그레망 절차는 2주 정도 걸리지만 중요한 외교 파트너일 경우에는 하루이틀 만에 이루어지기도 한다. 아그레망이 부여된 인물은 반드시 사절로 접수해야 한다. 파견대상국에 파견할 대사에 대해 동의를 구하는 것을 '아그레망을 요청한다'고 말하고, 상대국은 이에 대해 아그레망을 주거나 아니면 거부할 수 있다. 참고로 아그레망을 받은 사람을 '페르소나 그라타(Persona grata)'라 하고, 아그레망을 받지 못한 사람을 '페르소나 논 그라타(Persona non grata)'라고 한다.

또한 공식성명을 뜻하는 코뮈니케(Communiqué), 국제정치에서의 긴장완화를 일컫는 데탕트(Détente) 등도 프랑스어다. 대사관에서 일하는 공사(公使)나 공사관을 가리키는 '아타셰(Attaché)'나 대리대사를 의미하는 '샤르제 다페르(Chargé d'affaires)'도 프랑스어다. '아타셰'는 원래 '어디 어디에 묶인'이란 뜻인데, 외교공관의 공사를 가리킨다. '아타셰 퀼튀렐(Attaché culturel)'은 문화담당 공사, '아타셰 시앙티피크(Attaché scientifique)'는 과학담당관이라는 의미다. 그리고 '샤르제(Chargé)'는 '무엇 무엇을 담당하는'이라는 의미고 '아페르(Affaire)'는 '어떤 임무나 사건'을 의미한다. '샤르제 다페르(Chargé d'affaires)'는 '어떤 임무를 맡은 사람'이란 뜻이므로 임시대리대사를 가리킨다. 임시대리대사는 대사가 사정에 의해 직무를 수행할 수 없게 되었을 때 임시로 그를 대신하는 외교관이다.

생소한 단어들이지만 막상 뜻을 살펴보면 별로 어려운 용어도 아니다. 프랑스어를 조금만 알아도 외교용어는 어렵지 않게 익힐 수 있다.

55. 올림픽(Olympique)

오늘날 국제적인 스포츠 행사 중 세계인이 가장 많이 시청하는 세 가지 행사는 무엇일까? 정답은 올림픽, 월드컵 그리고 '투르

출처: rook76 / Shutterstock.com

올림픽
지부티공화국에서 만들어진 피에르 드 쿠베르탱 우표. 쿠베르탱은 무려 **1,500**년 동안이나
중단된 고대 올림픽을 부흥하기 위해 백방으로 노력했다.

드 프랑스(Tour de France: 프랑스 일주)'다. 근대올림픽은 1896년에,
프랑스 전역을 일주하는 사이클 대회 투르 드 프랑스는 1903년에,
월드컵은 1930년에 처음 시작되었다. 흥미로운 점은 세계인의 스
포츠 제전이라고 할 수 있는 이 세 행사가 모두 프랑스인이 만든
행사란 것이다. 올림픽은 피에르 드 쿠베르탱(Pierre de Coubertin)
남작, 월드컵은 쥘 리메(Jules Rimet), 투르 드 프랑스는 앙리 데그
랑주(Henri Desgrange)에 의해 각각 창설됐다.

'건전한 신체에 건전한 정신이 깃든다'라는 격언이 있다. 고대
로마의 풍자시인 유베날리스가 남긴 말인데, 원래는 '건전한 육
체에 건정한 정신까지 깃들면 바람직할 것이다'였다고 한다. 당

시 유베날리스는 로마의 신체 단련 열풍을 비판하면서 '번들번들한 검투사들이 근육만 키우지 말고 생각도 할 줄 안다면 얼마나 좋겠는가'라는 뜻으로 이 말을 했다고 한다. 스포츠에서 중요한 것은 스포츠에 담긴 정신과 문화다. 근육과 육체의 대결이 아니라 스포츠를 즐기고 정정당당히 겨루며 함께 우의를 다지는 것이 중요하다.

1892년에 쿠베르탱 남작은 1,500년간 중단되었던 고대 올림픽을 부흥하기 위한 운동을 시작한다. 그의 주도로 1894년 소르본 대학에서 첫 번째 국제 올림픽 총회가 열렸다. 여기서 그는 근대 올림픽 대회 개최를 처음 제안해 각국에서 온 대표들의 동의를 얻었다. 당초 그의 의도는 '프로이센-프랑스 전쟁' 패전으로 침체돼 있던 프랑스 젊은이에게 용기와 의욕을 북돋워주는 데 있었다. 또한 올림픽이라는 스포츠 제전을 통해 세계 각국 청년들의 상호 이해와 우호를 증진시켜 세계 평화를 도모하고자 했다.

쿠베르탱은 초대 국제올림픽위원회 위원장이 되었고 1896년 제1회 근대올림픽을 아테네에서 개최했다. 그는 "인간의 성공 여부를 결정짓는 척도는 그 사람이 승리자냐 아니냐에 달려 있는 것이 아니라 오직 그 사람이 어느 정도 노력했는가에 달려 있다. 인생에서 가장 소중한 것은 승리가 아니라 정정당당하게 최선을 다하는 데 있다. 올림픽은 세계에 하나의 이상을 심어주는 일이며, 육체의 기쁨, 미와 교양, 가정과 사회에 봉사하기 위한 근로 등 세 가지 보람을 남길 것이다"라고 역설했다. 건전한 정신과 신체의 조화, 승리가 아닌 정정당당한 경쟁과 경쟁을 통한 상호 이해에 스포츠의 목적이 있다는 것이 쿠베르탱 정신이다.

문화민족임을 자부하는 프랑스인은, 사실 가까이에서 보면 그리 오만하지도 사치스럽지도 않다. 프랑스인은 골프처럼 비용이 많이 들고 귀족적인 스포츠보다는, 축구공 하나, 자전거 한 대만 있으면 즐길 수 있는 생활체육을 훨씬 좋아한다.

문화는 다양성과 창의성으로 빚어진 인간 노력의 결실이다. 그중 예술과 스포츠는 인간이 자신의 삶을 즐기고 함께 부대끼면서 만들어낸 최고의 문화라고 할 수 있다.

56. 롤랑 가로(Roland Garros)

프랑스 사람은 스포츠를 좋아하는 민족이다. 그중에서도 이들이 가장 좋아하는 운동은 아마 축구일 것이다. 이 밖에도 사이클이나 테니스 등의 스포츠를 좋아한다. 프랑스인이 가장 열광하는 스포츠 행사로는 다음의 세 가지를 든다. '투르 드 프랑스' '롤랑 가로(Roland Garros: 프렌치 오픈)' 그리고 '샹피오나 드 프랑스 드 풋볼(Championat de France de football: 프랑스 프로 축구 리그)'이다. 이 세 가지 모두 국민적 관심을 끄는 대회들이다.

본격적인 여름이 시작되는 7월이 되면 먼저 사이클 대회 '투르 드 프랑스'의 시작을 기점으로 열기가 달아오른다. 8월부터 다음 해 5월까지는 축구 시즌이 계속된다. 프로 축구 시즌이 끝나는 5월 말부터 6월 초까지는 약 2주에 걸쳐 세계 4대 테니스 대회 중 유일하게 서민적인 클레이(흙) 코트에서 벌어지는 프렌치 오픈 테니스 대회를 즐긴다. 우리나라에서는 보통 '프렌치(또는 프랑스) 오픈'이라고 부르지만, 이 대회의 정확한 명칭은 'Internationaux de France de Roland Garros(프랑스 롤랑 가로 국제대회)'다. 롤랑 가로 스타디움(Stade de Roland Garros)에서 열리는 국제 테니스 대회라는 뜻이다. 프랑스에서는 이를 줄여서 '롤랑 가로(Roland Garros)'라 부른다. 롤랑 가로 경기장은 파리시 외곽의 포르트 도

출처: Olga Besnard / Shutterstock.com

롤랑 가로
롤랑 가로 스타디움의 이름은 1913년 지중해를 처음으로 횡단한 비행사의 이름에서 따온 것이다.
해마다 이곳에서 국제 테니스 토너먼트가 열리고 있다.

테유(Porte d'Auteil, 오테이 문) 쪽에 위치해 있는데, 해질 무렵이면 불법적인 사창가가 형성되는 불로뉴 숲에서 멀지 않은 곳이다.

최근 대회 결과를 보면, 2016년 롤랑 가로 우승컵은 남자는 세르비아의 노박 조코비치 선수, 여자는 스페인의 가르비네 무구루자 선수에게 돌아갔다. 2017년에는 스페인의 테니스 영웅 라파엘 나달과 라트비아의 엘레나 오스타펜코가 우승했다. 2018년에는 라파엘 나달이 2년 연속으로 우승해 이 대회 통산 11회 우승이라는 대기록을 세웠고, 여자 결선에서는 루마니아 선수 시모나 할렙이 우승했다. 해마다 5월 말쯤 열리는 프랑스 오픈은 전 세계인의 이목이 집중되는 테니스계의 대제전이다. 프랑스 오픈은 호주 오픈, 영국 오픈(윔블던), US 오픈과 함께 세계 4대 토너먼트 중 하나다. 이 네 개 대회를 모두 석권하는 것을 일컬어 사람들은 '그랜드 슬램'이라고 부른다.

롤랑 가로 국제 테니스 토너먼트가 처음 개최된 것은 1928년이지만, 사실 그 이전에도 테니스 토너먼트는 있었다. 프랑스에서의 첫 대회는 1891년으로까지 거슬러 올라가지만 1928년 이전까지는 모두 국내 대회였고, 그것도 프랑스 테니스 클럽에 등록된 선수만 참여하는 대회였다. 롤랑 가로 국제대회가 탄생된 계기는 프랑스 테니스계의 풍운아였던 자크 '토토' 브뤼농(Jacques 'Toto' Brugnon), 장 보로토라(Jean Borotora), 앙리 코셰(Henri Cochet)와 르네 라코스트(René Lacoste)가 1928년 미국에서 열린 데이비스 컵을 석권한 사건이었다.

데이비스컵은 남자 테니스팀의 세계 최강을 겨루는 국가 대항 국제 토너먼트다. 흔히 '테니스 올림픽'이라고도 불린다. 1928년 프랑스 테니스 선수팀이 데이비스컵에서 우승을 차지하자 이를 기념하고자 스타디움 측은 프랑스 테니스협회에게 이 스타디움 중 3헥타르를 무상으로 양도했고, 이 자리에 오늘날의 롤랑 가로 테니스 코트가 만들어졌다. 물론 그해에 제1회 롤랑 가로 국제 테니스 선수권 대회가 열렸다.

그런데 왜 '롤랑 가로 스타디움'이라는 이름이 붙었을까. 롤랑 가로는 테니스 선수 이름이 아니라 프랑스의 유명한 비행사 이름이다. 그는 1913년 처음으로 지중해를 횡단했던 프랑스의 영웅이었다. 원래 이 스타디움은 프랑스 레이싱 클럽과 프랑스 테니스 클럽이 같이 사용했는데 1928년 스타디움 측이 프랑스 테니스협회에 스타디움 일부를 양도하면서 딱 하나의 조건을 내세웠다고 한다. 다름 아니라 이 스타디움의 클럽 회원이자 10년 전 작고한 비행사 롤랑 가로의 이름을 스타디움에 붙여달라는 것이었다. 이런 사연으로 인해 세계적인 테니스 토너먼트이자 스타디움의 이름에 프랑스 비행사 이름이 붙게 된 것이다.

하지만 1933년 프랑스의 테니스 영웅들이 차례로 패하면서 프랑스 테니스의 전성기는 저물기 시작했고, 1940년부터 1945년까지는 제2차 세계대전으로 인해 대회가 아예 열리지도 못했다. 1968년 프랑스는 68혁명이라 불리는 대변혁을 맞게 되는데, 그 격동의 해에 롤랑 가로는 그랜드 슬램 대회 중 처음으로 '오픈'

토너먼트를 개최했다.

1970년대 말부터 1980년대 초의 롤랑 가로는 세계 테니스계에서 새로운 영웅의 산실 역할을 했다. 역대 롤랑 가로가 낳은 최고의 스타는 역시 비외른 보리(Bijorn Borg)다. 스웨덴의 테니스 신동 보리는 이 대회에서만 여섯 번이나 우승했다.

이후 오랫동안 보리의 기록은 깨지지 않다가 스페인의 라파엘 나달(Rafael Nadal) 선수가 보리의 벽을 넘어 신기록을 세운다. 나달은 2014년 롤랑 가로에서 우승하면서 통산 9회 우승이라는 대기록을 달성했고, 이후 2017년, 2018년 연속으로 우승해 통산 11회 우승이라는 전대미문의 기록을 세웠다. 보리, 나달뿐 아니라 이반 렌들(Ivan Lendl), 마츠 빌란더(Mats Wilander), 구스타보 쿠에르텐(Gustavo Kuerten) 등도 모두 롤랑 가로 토너먼트를 통해 스타가 되었다.

여자 선수 중에는 크리스 에버트(Chris Evert), 마르티나 나브라틸로바(Martina Navratilova), 슈테피 그라프(Steffi Graf), 모니카 셀레스(Monica Seles)가 차례로 전성기를 구가했다. 오늘날 테니스는 축구, 사이클과 함께 프랑스인이 열광하는 대중적 스포츠다. 그 중심에 롤랑 가로가 있다.

57. 투르 드 프랑스(Tour de France)

세계 최고의 도로 사이클 대회 '투르 드 프랑스'는 사이클 애호가들의 로망이다. 투르 드 프랑스는 매년 여름 7월에 장장 3주에 걸쳐 프랑스 전역을 돌며 펼쳐진다. 이 대회에는 전 세계 프로 사이클팀과 프로 선수들이 대거 참가한다.

최근 대회에서는 영국 선수들이 강세를 보이고 있다. 2012년

출처: Radu Razvan / Shutterstock.com

마요 존
마요 존은 사이클 선수가 누릴 수 있는 최고의 영예로 여겨진다. 각 구간별 우승자가 마요 존을 입고 달리다, 최종 종합우승자의 차지가 된다.

대회에서는 영국의 브래들리 위긴스가 영국인으로서는 최초로 투르 드 프랑스에서 우승을 차지했다. 이어 2013년과 2015년에는 영국의 크리스 프룸 선수가 우승했고, 그는 2016년, 2017년에도 연속으로 우승을 차지해 개인 통산 네 번째 종합우승을 차지했다. 2018년에는 크리스 프룸 선수와 같은 스카이팀에 소속된 웨일스 출신 게레인트 토마스 선수가 우승해 영국선수로는 세 번째로 투르 드 프랑스 우승 트로피를 들어올렸다.

파리 샹젤리제 거리의 결승점에 이르기까지 20여 일 동안 시청자와 도로변에 운집한 관중을 들끓게 하는 이 대장정은 알프스산맥을 오르내리는 난코스를 포함해 총 3,642킬로미터를 주파함으로써 인간 한계에 도전하는 레이스다. 특히 투르 드 프랑스는 고산준령의 험한 구간과 힘든 코스가 많기로 유명해 '지옥의 레이스'라 불린다. 보통은 파리 서쪽의 한 도시에서 출발해 시계 반대 방향으로 프랑스를 일주한 뒤, 파리 중심가인 샹젤리제 거리에서 끝난다. 약 20개 구간으로 나뉘어 레이스가 진행된다. 알사스 지방에서는 1,000미터가 넘는 구간이 있고 피레네산맥 쪽도 1,500~2,000미터의 산길이다. 알프스산맥에서는 2,000미터 넘는 구간이 계속 반복된다. 이렇게 코스가 힘들다보니 이 대회는 경기에 참가하는 선수 간의 치열한 경쟁이기도 하지만, 자기 자신과 벌이는 싸움이기도 하다.

구간별 기록에 기초해 누적 순위가 선두인 선수는 그 유명한 '마요 존(Maillot Jaune: 노란 셔츠)'을 입는 영광을 안는다. 노란 셔

출처: Radu Razvan / Shutterstock.com

투르 드 프랑스

투르 드 프랑스는 프랑스만의 사이클 행사가 아니라 세계적인 스포츠 행사이자 축제가 되었다.
알프스산맥에서 펼쳐지고 있는 투르 드 프랑스.

츠는 현재 종합 선두를 달리는 선수가 입게 되므로 관중들은 노
란 셔츠를 찾으면 누가 선두인지를 금방 알아볼 수 있다. 파리 샹
젤리제 대로의 시상대에서는 대회 종합우승자가 최종적으로 노
란 셔츠, 마요 존을 입게 된다. 마요 존은 사이클 선수들에게는 최
고의 영예다.

역대 투르 드 프랑스 대회는 감동적인 대기록들을 낳았다.
1998년에는 교통사고로 한쪽 다리가 3센티미터나 짧아진 이탈
리아의 마르코 판타니가 우승했고, 사이클의 전설인 미국의 랜스
암스트롱은 고환암이 뇌까지 전이돼 큰 수술을 받았지만 다시 사

이클을 시작, 1999년부터 2005년까지 7년 연속 우승을 차지함으로써 이 대회 최다우승 기록을 세웠다.

투르 드 프랑스는 '지로 디탈리아' '부엘타 아 스페인'와 함께 세계 3대 도로 사이클 대회로 손꼽힌다. 하지만 대회 규모나 권위, 역사 등을 따지면 투르 드 프랑스가 가히 세계 최고라 할 수 있다. 1903년 앙리 데그랑주(Henri Desgrange)와 스포츠 잡지 「로토(L'Auto)」에 의해 처음 열린 후, 매년 7월 바캉스 시즌에 프랑스를 일주하는 흥행 만점의 국제 스포츠 행사다. 자신과의 싸움, 다른 선수와의 싸움에서 최선을 다해 질주하는 선수들과 연변에서 환호하는 시민, 선수 대열을 따라다니는 사이클 애호가들은 뜨거운 여름 태양과 투르 드 프랑스의 열기 속에서 하나가 된다. 사이클 대회라기보다는 사이클 축제라고 할 만하다.

프랑스인의 사이클 사랑은 남다르다. 사이클은 축구, 야구와 같은 인기 경기 종목이 아니지만 프랑스인은 투르 드 프랑스를 세계적인 스포츠행사로 만들어냈다.

58. 라망알라파트(La Main à la pâte)

"1996년부터 프랑스에서 실행하고 있는 라망알라파트 프로그램은 조사, 탐구활동, 실험과 추론, 토론 등의 과정을 수행할 수 있도록 지원하는 실험 자료와 도구 또는 교사연수

프로그램으로 학생들로 하여금 호기심, 창의성, 비판적 자
세를 기르게 하는 것을 목표로 한다."

　한국과학창의재단이 운영하고 있는 창의체험교육 포털 '크레
존(창의인성교육넷, www.crezone.net)' 누리집에는 프랑스의 청소년
과학교육 '라망알라파트(La Main à la pâte)'를 소개하고 있다. 사
실 라망알라파트는 우리에게 좀 생소한 용어지만 과학교육이나
과학문화 쪽에서는 제법 잘 알려져 있다. '라 망(La main)'은 '손',
'파트(Pâte)'는 '밀가루 반죽'을 뜻하므로, '손으로 반죽을 주무르
듯 직접 해보는 체험'이라는 의미다. 아이들이 언어를 습득하고
말하고 서로의 생각을 교환하고 이들끼리 합의하는 방법인데, 이
를 과학교육에 접목한 것이 바로 라망알라파트다. 말하자면 라망
알라파트는 프랑스식 과학체험교육의 혁신적 방법론이라고 할
수 있다.

　라망알라파트의 창시자는 과학자인 조르주 샤르파크(George
Charpak) 박사다. 물리학자인 그는 1992년 소립자 실험의 데이터
를 수집할 수 있는 입자검출기를 개발한 공로로 노벨물리학상을
받았다. 샤르파크는 1995년 과학자 그룹을 이끌고 교육 혜택을
받지 못하고 있던 시카고 근교 빈민지역에서 '손으로 직접 하는
실험에 기반한 과학교육'을 시도한다. 라망알라파트는 북미에서
진행한 이 「실험 보고서」를 바탕으로 탄생했다. 피에르 레나 등
과학아카데미 학자들은 샤르파크의 「보고서」를 토대로 실험교육

프로그램을 마련했는데, 이것이 '라망알라파트'의 시작이다.

1996년부터는 8~11세 어린이들을 대상으로 정규교육과정 외의 실험교육으로 진행했고, 2000년에는 프랑스 교육부의 과학교육 개혁정책으로 정식 도입됐다. 현재는 프랑스 초등부 과학교사 중 30퍼센트 이상이 이 프로그램을 과학수업에 활용하고 있을 정도로 활성화되어 있다고 한다.

라망알라파트는 스스로 관찰하고 가설을 세우고 토의하고 시행착오를 거치면서 자율적이고 과학적으로 사고할 수 있도록 가르친다. 아이들이 자신의 지식 수준에서 얻은 경험을 토대로 스스로 과학법칙을 깨닫게 함으로써 과학의 기초 원리를 다지는 프로그램이다. 혼자서 각자 교실에서 적용하고 실험할 수 있는 프로그램이라는 점에서는 개인 프로그램이다. 하지만 여기에 학부모와 교사, 자원봉사 과학자가 함께 참여할 수 있으므로 공동체 프로그램으로 운영되기도 한다. '라망알라파트'가 제시하고 있는 10가지 원칙은 다음과 같다.

1) 아이들은 실제로 이루어지는 현상이나 대상을 가까이서 관찰하고 실험한다.
2) 조사과정에서 아이들은 개념과 결과에 대해 함께 토론하고 추론함으로써 인식을 구성한다.
3) 지도교사가 아이들에게 부여하는 활동은 순서에 따라 구성되지만 최대한 자율성을 주어야 한다.

4) 몇 주에 걸쳐 동일 주제에 대해 조사하며, 일주일에 최소 두 시간은 참여해야 한다.

5) 아이들은 각자 자신의 언어로 실험 노트를 작성한다.

6) 아이들이 점진적으로 과학적 개념을 심화시키게 하고 말과 글로 표현하도록 하는 것이 중요하다.

7) 실험과제에 가족이나 지역사회가 관심을 기울여야 한다.

8) 지역대학 등 파트너들이 학습에 참여하고 이를 지원한다.

9) 실험, 경험이 교육에 반영되도록 한다.

10) 지도교사는 인터넷에서 학습 아이디어·질의응답 등을 참고하고, 과학자들과 협동연구에 참여한다.

라망알라파트 프로그램은 '무엇을 알고 있느냐'가 아니라 '무엇을 어떻게 파악하느냐'를 중시한다. 또한 라망알라파트의 장점은 과학의 생활화를 지향하고 있고, 교사·학부모·대학생·과학자가 스스로의 지식과 능력을 활용해 함께 참여할 수 있게 함으로써 과학에 대한 전 사회적 관심을 불러일으키고 있다는 점이다. 부모에게는 빨래가 마르는 것이나 나무가 자라는 것 등 생활 속 현상을 아이들과 함께 토론하고 탐구하도록 조언하고 있다.

가족·학교·지역 단위에서 함께 과학을 접하고 배우는 과정을 통해 과학은 프랑스 사회 깊숙이 뿌리내리고 있다. 이와 같이 과학의 대중화는 단순히 과학 발전의 밑거름으로 끝나는 것이 아니다. 중장기적으로는 국가의 미래경쟁력으로 이어질 수 있다는 점에서, 실험교육을 통해 과학발전을 추구하는 프랑스의 라망알라파트는 과학교육에서 우리에게 타산지석이 될 수 있다.

프랑스 하면 우리는 샤넬·이브 생로랑·기 라로쉬 등 고급 향수나 명품 브랜드를 떠올리고, 바게트·크루아상·보르도·코냑·푸아 그라 등 빵과 포도주 그리고 미식요리를 생각한다. 물론 프랑스는 예술과 문화의 나라다.

하지만 다른 한편으로는 과학기술의 나라이기도 하다. 합리주의와 과학정신이 사회 깊숙이 뿌리내리고 있고, 엔지니어(프랑스어로는 앵제니외르Ingénieur)라는 용어가 처음 만들어진 나라다. 프랑스의 왕립 과학아카데미(Académie des Sciences)는 과학자들을 재정적으로 지원하며 연구에 몰두하게 해주었는데, 말하자면 직업으로서의 과학자 집단이 역사상 처음 나타난 곳도 프랑스였다. 왕립 과학아카데미는 루이 14세 시절 재무대신 콜베르의 제안으로 1666년에 만들어졌고 지금의 루브르 박물관 자리에 설치되었다.

또한 인터넷이 상용화되기 훨씬 이전부터 프랑스는 '미니텔(Minitel)'이라는 단말기를 개발·보급하면서 세계 정보통신기술을 선도하기도 했다. 초음속 여객기 콩코드를 개발해 세계를 놀라게 한 것도 프랑스였는데, 특히 프랑스는 우주·원자력·철도 부문에서는 세계 최고 수준의 첨단기술을 보유하고 있다. '국가주도적인 과학 정책과 합리적인 과학기술문화'는 과학강대국 프랑스를 이끌어온 원동력이다. 라망알라파트 역시 프랑스 과학문화의 한 부분이다.

59. 그랑제콜(Grandes Écoles)

고등교육기관 그랑제콜(Grandes Écoles)은 프랑스에만 있는 독특한 엘리트 교육기관이다. 그랑(Grand)은 '큰, 위대한'이란 뜻이고, 에콜(école)은 '학교'를 뜻한다. 프랑스를 움직이는 걸출한 인물들은 대부분 그랑제콜 출신이다. 프랑스의 고등교육은 엘리트 교육과 대학의 대중교육으로 완전히 이원화돼 있다.

엘리트 교육은 '그랑제콜'이라는 특수 고등교육기관에서 이루어지고, 선발과정이나 입시제도도 일반대학과는 별개로 이뤄진다. 프랑스 대혁명으로 신분 사회를 타파하고 평등사회를 건설한 프랑스 사회는 인격적 평등이나 보편적 인권은 철저히 존중한다. 하지만 '학력과 재능의 차이'는 결코 평등이라는 잣대로 재단하지 않는다.

차이와 차별은 엄연히 다른 것이다. 프랑스는 오히려 뛰어난 영재를 국가가 책임지고 발굴, 지원하고 배려해주는 이른바 '수월성 교육'을 중시한다. 이런 독특한 엘리트 교육 제도가 프랑스의 우수한 두뇌를 배출한 원동력이라는 지적도 있다. 프랑스 정치를 주도하는 정치인, 유럽연합의 행정요직을 독식하고 있는 고급관료, 프랑스 첨단산업을 이끌어가고 있는 고급 엔지니어는 거의 그랑제콜 출신이다. 프랑스 사회의 엘리트들은 철저히 선별적인 엘리트 교육과정을 거치면서 걸러지고 양성된다. 이렇게 대학과 그랑제콜로 이원화되어 있다는 점은 선진국 중 프랑스 교육제도만의 특징이다.

가장 대표적인 그랑제콜은 '에콜 노르말 쉬페리에르'라 불리는 파리고등사범학교(ENS: École normale supérieure de Paris)다. 미생물학자 루이 파스퇴르(Louis Pasteur) 등 노벨상 수상자를 열세 명 배출했고 수학계의 노벨상이라 불리는 필즈상 수상자도 열 명이나 배출했다. 1794년에 설립됐으니 200년 이상의 역사를 갖고 있다. 프랑스 혁명기 중에 프랑스 교육체계를 바꾸는 과정에서 설립돼 초기에는 고등교육기관에 종사하는 교수를 양성하는 사범학교 역할을 했고, 점차 최고 두뇌양성소로 발전했다. 파리 5구 월름가(Rue d'Ulm)에 위치하고 있다.

유럽연합과 프랑스 정치를 움직이는 행정관료 양성소 국립행정학교(ENA: École Nationale d'Administration), 프랑스판 MIT라 불리는 에콜 폴리테크니크(École Polytechnique) 등도 유명한 그랑제콜이다. 특히 에콜 폴리테크니크는 'X'라는 별명을 갖고 있다. 이는 수학 문제가 X라는 기호를 풀어야 하듯 이공계 명문 에콜 폴리테크니크 출신이 개교 이래 프랑스가 직면한 다양한 사회적 문제들에 대한 해답을 제공해왔기 때문이다. 이 학교는 군사사관학교인데 파리고등사범학교가 설립된 1794년, 같은 해에 설립됐다.

에콜 폴리테크니크가 굴지의 엘리트 학교로 성장할 수 있었던 것은 나폴레옹 보나파르트 황제 덕분이다. 나폴레옹은 1804년 황제에 즉위하면서 에콜 폴리테크니크를 국가적 전략교육기관으로 육성하기 위해 제국사관학교의 지위를 부여했다. 또한 '조국과 과학과 영광을 위하여'라는 학교의 교훈(校訓)까지 하사했다. 역사적으로 프랑스의 전성기를 구가했던 나폴레옹은 "과학은 가장 존경할 만한 가치가 있고 문학보다 더 위에 있다"고 말했을 정도로 과학을 존중한 지도자였다.

오늘날 에콜 폴리테크니크의 학생들은 입학과 함께 국가로부터 봉급을 받으며 공부하고 있고, 졸업 후에는 국가연구소·공공기관·정부부처의 고위관료로 진출하는 등 최고의 대우를 받는다. 이런 최고의 그랑제콜들은 한 해 입학정원이 100명도 채 안 되지만, 일단 들어가기만 하면 철저한 리더십 훈련을 거쳐 사회 각 분야 요직으로 진출할 수 있는 기회가 보장된다.

하지만 프랑스 사회에서 고등교육은 사회적 성공을 위해 반드시 필요한 과정이 아니다. 대학 단계의 고등교육과정에 진학하지 않거나 수능시험 바칼로레아를 통과하지 않고 이름을 떨친 사람도 많다. 미테랑 대통령의 총애를 받았던 피에르 베레고부아 총리, 프랑스인의 폭넓은 사랑을 받는 샹송 가수 사샤 기트리, 가장 대중적 MC이자 사회자 미셸 드뤼케, 세계적인 영화배우 알랭 들롱, 제라르 드파르디외, 프랑스 공산당수 조르주 마르셰 등등, 이들의 공통점은 대학 입학 자격인 바칼로레아조차 없는 것이다.

하지만 어느 분야에서건 나름대로의 창의성과 전문성만 발휘하면 사회적 성공과 명예를 얻을 수 있는 사회가 프랑스다. 직업에 귀천이 없다고 하는데 프랑스 사회는 정말 그런 사회임을 실감할 수 있다. 판검사나 전문직은 그들 나름대로 전문성을 인정받고, 학자는 학자 나름대로 권위를 존중받고, 엔지니어는 엔지니어로서 대접받으며, 예술가나 요리사는 창의적 재능을 인정받아 명예를 누릴 수 있다.

이 밖에도 프랑스는 독특한 교육제도를 갖고 있다. 프랑스의 복잡하고 방대한 교육제도를 몇 마디로 요약할 수는 없겠지만 그래도 우리가 배울 만한 점을 중심으로 특징을 살펴보면 다음과 같다.

첫째, 프랑스는 장기적 안목으로 대원칙을 견지하며 안정적인 교육제도를 운영해왔다. 프랑스는 시민혁명을 거쳐 역사상 처음으로 공화국을 탄생시켰다. 근대적 교육제도도 공화국이념에 기초해서 만들어졌다.

오늘날 프랑스 교육은 다섯 가지 원칙을 갖고 있다. 공교육과 사립교육 모두 '교육의 자유'에 입각하고 있고, 공립교육은 '무상교육'이며, 교육은 철학적·정치적으로 '중립성'을 지켜야 하고, 공립교육은 종교로부터 독립적인 '세속교육'을 표방하며 만 6세부터 16세까지 '의무교육'을 한다는 원칙이다.

강산이 변하고 정권이 교체되어도 프랑스 혁명 이래 200여 년 이상 그들은 이 원칙들은 지켜졌다. 10년을 내다보고 나무를 심고 100년을 내다보며 사람을 심는다(키운다)는 말이 있다. 교육의

원칙을 견지하고 장기적 안목으로 인재를 양성하는 '십년수목백
년수인(十年樹木百年樹人)'의 철학을 우리는 프랑스 교육에서 읽을
수 있다.

둘째, 프랑스는 평등을 추구하는 대중교육, 전문성을 추구하는
기술교육, 수월성을 추구하는 엘리트교육 등으로 분명한 체계를
갖고 나뉘어 있다. 또한 이러한 대중교육, 기술교육, 엘리트교육
이 각각의 역할을 하고 있다.

중세시대 성직자에게만 한정되었던 교육을 15세기 일반인에
게 개방하여 대중교육을 표방한 것이 위니베르시테(Université),
즉 대학이고, 정치·행정·상업·기술 등 분야별 영재들을 선발해
국가가 책임지고 엘리트들을 키우는 제도는 그랑제콜이다. 또한
고등학교를 마치고 바로 전문적인 일자리를 가질 수 있도록 조리
학교 등 기술고등학교 코스가 또 하나의 트랙으로 제도화되어 있
는 것도 프랑스 교육제도의 강점이다.

이렇다보니 진로에 대한 고민과 선택이 분명하고, 자신의 적성
과 실력에 맞게 어느 트랙으로 가면 무슨 일을 하게 될지 전망도
뚜렷해 청소년들의 고민과 방황을 최소화하고 있다.

셋째, 프랑스 교육은 정답을 가르치는 일방향 교육이 아니라
질문하고 토론하고 협동하면서 다양한 해결방안을 찾는 열린 교
육을 지향하고 있다는 점이다. 가령 초등학교 미술 수업에서는
원근법 등을 이용한 그림 그리기 기법을 가르치는 것이 아니라
행복·사랑 등 추상적 주제를 주고 큰 도화지에 여러 명이 같이

논의하고 협동해서 표현하게 하는 식으로 이뤄진다.

또한 프랑스인들이 유난히 토론을 좋아하는 민족이 될 수 있었던 저력은 학교 교육에서부터 토론하고 논술하는 방식을 강조하고 있는 데서 찾을 수 있다. 프랑스에서 대입 수능시험 바칼로레아가 도입된 것은 1808년 나폴레옹 시대인데, 이미 200년의 역사를 거치며 사회적 합의와 신뢰성을 확보했다. 철학이 필수과목인 점도 프랑스 입시제도의 독특한 특징이다.

60. 바칼로레아(Baccalauréat)

프랑스에도 우리나라의 수능시험과 유사한 시험이 있다. 바로 '바칼로레아(Baccalauréat)'다. 바칼로레아 시험은 6월 중순경 전국적으로 치러진다. 응시자만 매년 60만 명에 이른다. 프랑스 사람들은 바칼로레아를 줄여서 '바크(Bac)'라 부르는데, '바크'를 통과해야만 대학에 지원할 수 있다. 굳이 대학 진학이 아니더라도 '바크'를 가지고 있어야 어엿한 사회인으로 대우받는다. 프랑스인에게 '바크'는 운명의 시험이다.

한편 프랑스에서 고등교육(대학교육)은 보통 '바크' 이후의 학업을 말한다. 그래서 교양학부는 Bac+2, 전공과정은 Bac+3 등으로 표시한다. 바칼로레아는 일반 Bac, 기술 Bac, 직업 Bac 세 분야로 나뉘고, 일반 Bac는 다시 경제사회(ES), 언어(L), 과학(S) 등으로 세분된다. 분야마다 과목은 조금씩 다르지만 프랑스어, 외국어, 역사지리, 수학, 철학은 공통 필수과목이다. 외국어는 필기와 회화 시험을 보고, 수학은 주관식이며, 나머지 과목은 논술식이다. 주관식 논술 시험이기에 채점의 공정성 시비가 있을 법도 하지만 200년 이상의 역사를 거치면서 사회적 합의와 신뢰성을 확보했다.

채점에는 12만 명에 이르는 일선 교사가 동원된다. 프랑스에서 바칼로레아가 시작된 것은 1808년 나폴레옹 집권 시기이며 1902년에 현재와 같은 제도로 확립되었다.

프랑스의 바칼로레아 시험은 철학 논술이 포함된 것으로 유명하다. 같은 유럽이라도 독일의 대입 수능 아비투어(Abitur)나 영국 입시에는 철학 논술시험이 없다. 철학은 인간과 자연, 우주의 진리를 성찰하는 것으로 도덕이나 국민윤리와는 다르다.

가령 철학이 존재의 문제를 다루는 것이라면, 도덕이나 윤리는 당위의 문제를 다룬다. 프랑스 바칼로레아의 철학 문제는 깊이가 있어서 매년 언론과 국민의 관심사가 되기도 한다.

가령 역대 기출문제들을 보면, 참을 수 없는 것을 참아야 하는가? 진리는 인간을 구속하는가 아니면 자유롭게 하는가? 경험은 인식의 유일한 원천인가? 철학이 세상을 바꿀 수 있는가? 자기 자신에게 거짓말을 할 수 있는가 등이다.

바칼로레아에 합격하면 대학 입학 지원 자격이 주어진다. 평점이 좋고 「학업계획서」와 편지를 잘 쓰면 어느 대학 어느 과에든지 진학할 수 있다. '바크'에 통과한 수험생들은 파리의 명문 소르본 대학으로 갈까, 아니면 서쪽의 보르도 대학이나 동쪽의 스트라스부르 대학에 원서를 낼까 고민에 빠진다. Bac 성적은 '20점 만점'이며, 파사블(Passable: 합격)·아세 비앵(Assez Bien: 제법 잘했음)·비앵(Bien: 잘했음)·트레 비앵(Très Bien: 아주 잘했음) 등의 평점이 주어진다. 우리나라처럼 수능 점수나 내신등급이 좌우하는 줄 세우기식 입시가 아니다. '바크'만 있으면 어느 대학이든 진학할 수 있다는 점에서 프랑스 교육은 원칙적으로는 평준화 교육이라고 할 수 있다. 엘리트 교육은 그랑제콜이라는 별도의 트랙으로 이루어진다.

프랑스 교육제도에서는 직업교육의 조기 선택이 두드러진다. 의무교육과정인 초등학교(5년)와 중학교(콜레주Collége 4년)과정을 마치면 일반고등학교인 리세(Lycée)와 직업고등학교인 기술 리세(Lycée technique)로 나뉜다. 기술 리세에서는 기술과정을 이수하고 곧바로 사회로 진출하거나, 기술 Bac를 거쳐 기술 관련 고등교육기관으로 진학한다.

또한 대학진학을 하지 않고 사회진출을 하기 위해 CAP(세아페)나 BEP(베으페)라는 국가자격증시험을 준비하는 학생이 많은데, 분야가 매우 전문적이고 세분화되어 있다.

CAP는 Certificat d'Aptitude Professionnelle의 약자로 '직업자격증'이란 뜻이고, BEP는 Brevet d'Études Professionnelles의 약자로 '직업교육수료증'이란 뜻이다. 불랑제·햄 및 반찬·파티시

에 등 요리 분야, 가죽·구두·프레타포르테·재단 등 기술 분야, 건축·수리·농기계 등 기계 분야, 산업장비·도로공사 등 건설 분야, 이 밖에도 무수히 많은 전문 분야들로 세분화돼 있어 CAP나 BEP 시험을 통과하면 곧바로 직업현장으로 진출할 수 있다. 가령 불랑제 CAP가 있으면 빵집을 열 수 있고, 레스토랑을 운영하려면 요리 분야 CAP를 갖고 있어야 한다. 이런 자격시험들은 국가 공인시험이므로 사회적으로 전문성을 인정받는 것이다. 캐나다나 호주같이 이민자를 많이 받는 국가에서는 프랑스 CAP를 갖고 있으면 심사에서 우선 통과된다는 말도 있다.

바칼로레아는 종종 우리나라의 대입 수능제도와 비교되기도 하지만 우리나라의 수능과는 완전히 다르다. 첫째, 수능은 대입시험이지만 바칼로레아는 대입시험이라기보다는 중등교육을 결산하는 시험이다.

둘째 수능은 선다형이고 정답이 있지만 바칼로레아의 논술은 정답이 없으며, 논리력과 사고력이 중요하다.

셋째 수능과 대학은 줄 세우기식이고 인생을 좌우할 정도지만 바칼로레아는 그렇지 않다. 프랑스에서 대학 진학은 다양한 진로 중 하나일 뿐이다.

프랑스의 대학 진학률은 40퍼센트가 채 안 된다. 우리 입시도 바칼로레아처럼 치를 수는 있겠지만 사회적으로 수용하기는 어려울 것이다. 시험제도를 바꾸는 것보다 중요한 것은 인식과 문화다. 바칼로레아 방식의 시험을 도입한다 하더라도 사회적 신뢰가 확보되지 않으면 아무런 의미가 없다. 대학 진학이 인생을 좌우하는 문화를 바꾸어야 하고 평가에 대한 신뢰성을 확보해야 한다. 그렇지 않으면 제도 개혁만으로는 백약이 무효다. 교육과 입시개혁은 정치·사회·문화 개혁과 함께 이뤄져야만 한다. 비단 교육만의 문제는 아니다.

61. 테제베(TGV; Train à Grande Vitesse)

1899년 9월 18일, 서울과 인천을 잇는 우리나라 최초의 철길 경인

KTX-산천
한국이 세계 네 번째로 개발한 초고속열차.

출처: Martyn Jandula / Shutterstock.com

TGV

프랑스의 고속철도로 1981년에 개통됐고 프랑스 국철에서 운영한다.

선이 개통되었다. 철마의 첫 기적소리가 터지던 날, 경인선 개통 열차에 탔던 「독립신문」의 기자는 다음과 같이 감회를 표현했다.

> "화륜거 구르는 소리는 우레 같아 천지가 진동하고 기관차 의 굴뚝 연기는 반공에 솟아오르더라. (……) 수레 속에 앉 아 영창으로 내다보니 산천초목이 모두 활동하여 달리는 것 같고 나는 새도 미처 따르지 못하더라."(「독립신문」, 1899 년 9월 19일자, 박천홍, 『매혹의 질주, 근대의 횡단』, 산처럼, 2003년 재인용)

'나는 새도 따르지 못한다'는 표현은 지나친 과장이었다. 당시 경인선 열차의 주행속도는 시속 20~30킬로미터에 불과했으니 말이다. 그로부터 105년이 지난 2004년 4월 1일, 한국에서 고속철도가 개통되었다. 이름하여 KTX(Korea Train Express). 한국형 고속철도 KTX는 2003년 8월 시험주행에서 시속 302킬로미터 주행에 성공했고, 최고 시속 350킬로미터로 설계되었다.

퀴즈 하나. 새 중에서 가장 빠른 새는 뭘까. 눈 깜짝할 새? 정답은 군함조와 송골매다. 가장 빠른 새는 바닷새인 군함조인데 최대 시속 400킬로미터의 속도로 난다고 한다. 송골매는 수평비행할 때의 평균속도가 시속 96킬로미터 이상이고 전속력으로 하강할 때 최고 속도는 시속 320킬로미터쯤 되는 것으로 추정된다.

그렇다면 KTX가 최고속력으로 달린다면 '나는 새도 미처 따르지 못한다'는 「독립신문」 기자의 말은 어느 정도 현실이 되는 것이다. 철도기술은 근대 기계문명의 총아인데, 과학기술의 발전은 문화와 삶의 방식을 송두리째 바꾸어놓았다.

KTX 개통으로 우리나라도 일본, 프랑스, 독일 등에 이어 시속 300킬로미터 대의 초고속철도 보유 국가가 되었다. 이 KTX의 모델은 프랑스 고속철 TGV다. 프랑스 TGV의 기술 이전으로 KTX 개통이 가능했던 것이다. 외래어 표기법에 따라 '테제베'라고 표기하기로 하자. '테제베'는 'Train à Grande Vitesse(트랭 아 그랑드 비테스)'의 약어다. 그러니까 '아주 빠른 속도의 열차, 즉 초고속열차'라는 뜻이다. 보통 시속 200킬로미터 이상의 열차를 고속열차라 하고, 초고속열차는 시속 300킬로미터 이상 열차를 일컫는다.

프랑스는 철도강국이고, 테제베는 프랑스 과학기술의 자존심이라 할 수 있다. 초고속 열차를 가장 먼저 개발한 나라는 일본인데, 1964년 10월에 신칸센(新幹線)을 개통했다. 일본의 신칸센을 능가하는 초고속 열차를 실현하기 위해 프랑스가 심혈을 기울여 연구개발을 통해 만든 열차가 바로 테제베다. 1981년 테제베는 파리-리용 구간을 시속 270킬로미터 속도로 상업운행하면서 세계 신기록을 세웠다. 현재 테제베의 영업 속도는 통상 시속 300킬로미터이며, 순간 최고 속도는 시속 515킬로미터에 이른다고 한다. 일본에서 새로 개발한 리니어 신칸센은 2015년 실험 주행에서 시속 603킬로미터를 주파해 다시 한번 세계 기록을 경신했다.

무조건 속도만 빠르다고 좋은 열차는 아닐 것이다. 열차를 평가할 때는 쾌적함이나 서비스, 정확한 운행시간, 사고율 등도 고려해야 한다. 우리나라에서 KTX가 개통된 지는 15년이나 지났지만 전력 공급 중단, 열차 지연, 탈선 사고 등의 소식을 왕왕 접하곤 한다. 또한 개인 경험에 비추어 보더라도 우리나라의 KTX는 몇 분씩 지연되거나 연착되는 경우가 적지 않다.

반면 테제베는 예정 시간에서 거의 1분도 틀리지 않는 것으로 정평이 나 있다. 우리가 프랑스로부터 도입한 것은 TGV라는 초고속 열차기술이지만, 그들에게서 승객의 1분 1초를 존중해주는 책임감과 늘 안전을 미연에 방지하는 시스템도 함께 배워야 하지 않을까.

62. 콤 다비튀드(Comme d'habitude)

And now, the end is near

(자, 이제 마지막이 가까워졌군)

And so I face the final curtain

(내 생의 마지막 순간을 대하고 있어)

My friend, I'll say it clear

(친구, 분명히 말해두고 싶네)

I'll state my case of which I'm certain

(내가 확신하는 바대로 살았던 삶의 방식을 얘기해줄게)

I've lived a life that's full

(난 충만한 삶을 살았고)

I've traveled each and every highway

(정말 많은 곳을 돌아다녔지만)

And more, much more than this

(그보다 훨씬 더 대단했던 것은)

I did it my way

(내가 항상 내 방식대로 살았다는 거야)

노래방에서 트로트나 최신 인기가요 레퍼토리가 떨어지면 파장 분위기가 조성되고, 그즈음 누군가가 분위기를 잡으며 부르는 불후의 팝송이 있다. 바로 프랭크 시나트라의 「마이 웨이(My way)」다. 원래 이 노래는 캐나다 가수 폴 앵카(Paul Anka)가 불렀다. 그때는 별로 인기를 얻지 못했던 노래를 미국 가수 프랭크 시나트라(Frank Sinatra)가 불러 공전의 히트를 치면서 명곡 반열에 올려 놓았다. 「마이 웨이」는 아마도 팝송 중에서 전 세계적으로 가장 널리 알려져 있고 가장 애창되는 노래 중 하나일 것이다. 팝송을 대표하는 곡이라 해도 과언이 아니다. 이번에는 프랑스 샹송 중 하나를 살펴보자.

Je me lève et je te bouscule

(나는 일어나 너를 흔들어 깨워)

Tu ne te réveille pas comme d'habitude

(넌 여느 때처럼 일어나지 않는군)

Sur toi je remonte le drap

(나는 너에게 다시 이불을 덮어주고)

J'ai peur que tu aies froid comme d'habitude

(여느 때처럼 네가 추울까 걱정하면서)

Ma main caresse tes cheveux

(내 손으로 네 머리를 쓰다듬지)

Presque malgré moi comme d'habitude

(거의 이런 나에도 아랑곳하지 않고 여느 때처럼)

Mais toi tu me tourne le dos comme d'habitude

(하지만 넌 등을 돌리는구나 여느 때처럼)

위의 노래는 1960~70년대를 주름잡던 전설적인 프랑스 가수 클로드 프랑수아(Claude François)의 샹송, 「콤 다비튀드(Comme d'habitude)」다. '여느 때처럼'이란 뜻이다. 이 노래를 아는 사람이라면 샹송에 조예가 깊은 사람이라고 할 만하다. 그런데 사실은 이 노래가 「마이 웨이」와 같은 노래다.

이렇게 이야기하면 사람들은 이 노래가 「마이 웨이」의 프랑스어 버전이라고 생각하겠지만 실은 그 반대다. 우리가 팝송의 대명사로 알고 있던 「마이 웨이」는 거꾸로 프랑스 샹송 「콤 다비튀드」의 영어판이다. 한국의 팝송 해설가들도 아마 「마이 웨이」 원곡이 클로드 프랑수아의 샹송이라는 것은 잘 모르고 있을 것이다.

장충동에 가면 족발골목이 있고 왕십리에는 곱창집, 오장동에는 냉면집이 모여 있다. 그 많은 족발집, 곱창집, 냉면집은 저마다 '여기가 원조'라는 간판을 붙여놓고 있어서 정작 어느 집이 진짜 원조인지 구별하기 힘들다. 하나같이 자기가 원조라 하니 원조 논쟁은 식상해 보이기까지 하다.

그래도 원조는 중요하다. 「마이 웨이」도 마찬가지다. 앵글로색슨의 영어 문화권에만 길들여져 있고 그 밖의 문화에 대해서는 무지한 우리 사회의 단면이기도 하다.

다른 예도 있다. 팝송의 또 다른 명곡 에벌리 브라더스가 부른 「렛 잇 비 미(Let it be me)」 역시 질베르 베코(Gilbert Bécaud)의 샹송 「나는 너의 것(Je t'appartiens)」의 재탕이지만, 원곡보다 더 크게 세계 시장에서 히트 쳤다.

63. 프레타포르테(Prêt-à-porter)

파리는 세계 패션의 중심지다. 세계 3대 패션쇼로는 파리, 밀라노, 뉴욕 컬렉션을 꼽는다. 파리에서는 매년 국제적인 양대 패션쇼가 열리는데, 오트 쿠튀르(Haute Couture)와 프레타포르테(Prêt-à-porter)다. 오트 쿠튀르는 고급 맞춤복이고, 프레타포르테는 기성복을 의미한다. '프레(Prêt)'는 '준비된(Ready)'이란 뜻이고 '포르테(Porter)'는 '입다'란 뜻의 동사다. 직역하면 '입을 준비가 된' 이란 뜻인데, 기성복이라는 의미로 사용된다. 프레타포르테는 고급 패션 오트 쿠튀르의 상대어로 사용되었지만 그냥 기성복이 아

출처 Creative Lab / Shutterstock.com

프레타포르테
원래는 기성복을 뜻하는 말이었다. 그러다가 지금은 '오트 쿠튀르'와 반대되는 의미이자 고급스럽게 만들어진 기성복의 뜻을 갖게 되었다.

니라 고급 기성복을 가리킨다.

　프레타포르테라는 말은 제2차 세계대전 이후 파리에서 처음으로 사용되기 시작했다. 물론 그 이전에도 기성복이 있었지만 대부분 대중적인 옷이었다. 또한 오트 쿠튀르는 너무 비쌌기에 고급 기성복 수요에 대한 응답으로 나타난 것이 프레타포르테다.

　프레타포르테는 기성복임에도 불구하고 캘빈 클라인, 조르지오 아르마니, 미우치아 프라다 등 세계적인 디자이너들이 참여함으로써 명품으로서의 명성을 얻고 있다. 프레타포르테는 한편으로는 오트 쿠튀르라는 고급문화를 대중화시켰으며, 다른 한편으로는 기성복이라는 대중문화를 고급화하는 데도 이바지했다.

두 번째 키워드

역사편

64. 루이 14세(Louis XIV)

프랑스 국왕 중에서 가장 유명한 왕은 아마 루이 14세일 것이다. '태양왕(Le Roi-Soleil)'이라는 별명을 가진 루이 14세는 프랑스 역사의 최전성기를 구가한 절대군주였다. 아버지는 국왕 루이 13세였고 어머니는 오스트리아에서 시집온 안 도트리슈(Anne D'Autriche)였다. 둘 사이에서 그는 장남으로 태어났다.

　루이 14세는 프랑스의 명문가 부르봉 왕가 혈통이다. 태어날 때의 이름은 루이 드 부르봉(Louis de Bourbon)이다. '부르봉가의 루이'란 뜻이다. 그가 불과 다섯 살이던 1643년에 아버지 루이 13세가 갑자기 사망하면서 그는 왕위를 계승해 루이 14세가 된다. 재위 초반에는 국왕이 너무 어려서 주로 추기경이자 정치인이었던 재상 쥘 마자랭(Jules Mazarin)의 통치에 의존했다. 1661년부터는 재무대신 장 밥티스트 콜베르(Jean-Baptiste Colbert) 덕분에 정치적인 안정을 이루기 시작했다.

　그는 그야말로 절대왕정 시대의 절대 권력자였다. 막대한 재정수입을 바탕으로 숱한 전쟁과 건축 사업을 벌여 화려한 영광의 시대를 열었던 군주다. 아버지 루이 13세가 원래 사냥용 별장으로 지은 것을 증축하고 거기다가 대정원을 만들어 유럽에서 가장 화려한 베르사유 궁전을 만든 것도 루이 14세 때였다. 또한 그는 역사상 최고의 미식가로 궁정 요리문화를 발전시키는 데도 크게 이바지했다. 그의 치세하에 문학과 예술도 크게 발전했다. 프랑스

루이 14세

루이 14세는 프랑스 왕국 브루봉 왕조의 제3대 왕으로 별명은 태양왕이었다.
프랑스 역사의 최전성기를 구가한 절대군주였다.

3대 작가로 손꼽히는 코르네유, 라신, 몰리에르는 모두 루이 14세 때 배출되었다.

　루이 14세의 재위 기간은 1643년부터 1715년까지로 무려 72년이나 되며, 루이 14세 시절은 프랑스 역사책에 '위대한 세기' 라고 기록되어 있다. 하지만 영원한 것은 없다. 화려했던 전성기 는 곧 쇠퇴기의 시작을 예고하기 마련이다. 루이 14세 이후 프랑스는 국력이 기울기 시작한다. 과중한 세금, 사치스러운 궁정 생활에 대한 백성들의 불만 등으로 루이 16세에 이르러서는 결국 프랑스 혁명을 맞게 된다. 루이 14세에 관해서는 많은 이야기들이 전해져오지만 가장 유명한 에피소드는 다음과 같다. 의회에서 보고를 듣고 나온 국왕 루이 14세는 자신의 마차가 겨우 시간에 맞춰 도착하자 이렇게 말했다고 한다.

> "짐이 곧 국가다(L' État, c' est moi), 신은 짐이 신을 위해 힘써온 일을 잊었는가, 하마터면 기다릴 뻔했다(J'ai failli attendre)."

'짐이 곧 국가다'라는 말은 태양왕 루이 14세를 떠올리게 하는 유명한 말이지만, 잘 알려지지 않은 뒤의 말이 오히려 더 인상적이다. 하늘 아래에서 절대적인 권력을 누리던 군주를 기다리게 한다는 것이 가능이나 했겠는가 말이다.

65. 마크롱(Emmanuel Macron)

프랑스에서는 전대미문의 정치실험이 진행되고 있다. 2017년 대통령 선거에서는 만 39세의 정치 신인 에마뉘엘 마크롱이 대통령에 당선됐다. 프랑스 역사상 단연 최연소 대통령이다. 신선한 충격이었다. 마크롱이 당선되자 우리나라에서는 마크롱과 발음이

출처: Frederic Legrand – COMEO / Shutterstock.com

에마뉘엘 마크롱
2017년 프랑스 제25대 대통령으로 선출된 에마뉘엘 마크롱.
만 39세의 나이로 철학을 전공한 프랑스 역사상 최연소 대통령이란 기록을 남겼다.

비슷한 프랑스의 대표적인 디저트 마카롱(Macaron)도 덩달아 주목을 끌었다. 마카롱은 작고 동그란 모양의 머랭(Meringue: 달걀 흰자와 설탕으로 만든 과자)으로 만든 크러스트 사이에 가나슈, 버터크림 등을 채운 과자로 부드럽고 달콤한 맛, 형형색색의 고운 빛깔 등으로 인기를 끌고 있다. SNS에 단골로 사진이 올라오고, 젊은 층에서 마니아들이 많아 마카롱 지하철 노선도까지 등장했다.

한편, 대선 후 곧바로 6월에 치러진 총선에서는 마크롱이 만든 신생정당 '레퓌블리크 앙 마르슈'가 과반 의석을 차지하는 기염을 토했다. 이런 정치현상은 그야말로 초유의 현상이라 고전적인 정치이론으로는 설명하기 힘들다.

최고 권위의 일간지 「르몽드」는 총선 결과에 대해 이렇게 정리했다. 첫째, 여당이 577석 중 과반을 넘었고 연대세력 민주운동당까지 합치면 361석, 63퍼센트로 압도적으로 승리했다. 둘째, 기권 57.4퍼센트는 역대 최고치다. 셋째, 사회당과 연대세력은 46석, 공화당과 연대세력은 126석에 그쳐 프랑스 현대사를 이끌어온 전통적인 두 거대 정당은 대패했다. 넷째, 극우 국민전선(FN)과 급진 좌파는 예상보다 선전했다. 다섯째, 중견 정치인이 대거 낙선했다. 여섯째, 여성 당선자 223명, 하원의 38퍼센트로 여성 비율이 역대 최고다.

그렇다면 이런 결과를 어떻게 평가해야 할까. 정치적으로는 선거혁명이라고 할 만큼 대대적인 물갈이임이 틀림없다. 동성애자 네 명이 당선된 것은 소수자 인권의 진보이고, 여성 의원 비율이 높아진 것은 정치적 양성평등의 진전이라고 해석할 수 있다. 대통령의 정당 앙 마르슈는 후보의 51퍼센트를 여성으로 내세웠는데 대부분 당선됐다. 1993년 하원의 여성 비율이 6퍼센트였던데 비하면 여성 의원 비율은 6배로 늘어났다. 앙 마르슈 후보 중 281명은 정치 신인이었지만 대거 당선됐다.

무엇보다 마크롱이 발탁했던 참신한 정치인들이 눈길을 끈다. 당선자 중 수학계의 노벨상이라 불리는 필즈상 수상자 세드리크 빌라니가 단연 두드러지는데, 그는 단발머리에 나비 넥타이를 맨 독특한 스타일의 수학자다. 1990년대 아프리카 르완다 집단학살의 생존자로 프랑스 가정에 입양된 27세 경제학자 에르브 베르빌도 주목할 만하다. 모로코 이민 2세인 33세 벤처기업가 무니르 마주비는 프랑스 사회당 대표를 꺾고 당선되는 파란을 일으켰다. 커밍아웃한 동성애자, 이민 2세, 입양아 등이 국회의원에 당선돼 당당하게 주류 사회로 진입할 수 있는 힘은 어디서 오는 걸까. 이런 변화의 힘은 결국 문화에서 찾을 수 있다.

전임 프랑수아 올랑드 대통령 시절 동양계 최초 장관으로 발탁돼 화제를 낳은 플뢰르 펠르랭은 입양아였다. 그녀는 한 언론과의 인터뷰에서 자신은 성공한 한국인 입양아가 아니라 뼛속까지 프랑스인이라며 개발도상국 출신의 입양아가 장관이 될 수 있는 나라는 프랑스밖에 없을 거라고 말했다.

프랑스 정치 변화에서 우리는 저변의 문화를 읽어야 한다. 2017년 대선, 총선의 격변도 220여 년 전 '인간은 나면서부터 자유롭고 평등하다'라는 선언을 했던 「프랑스 인권선언」의 정신이 프랑스인의 가치관을 변화시키고 문화로 뿌리내려왔기에 가능했다. 정치 격변은 결코 우연히 일어나지 않는다. 가장 중요한 것은 시민의 정치의식과 가치관이다. 기득권 정당체제와 낡은 정치로 위기를 극복하기 어렵다고 본 시민들의 인식은 그냥 생각에 그치지 않고 새로운 실험과 도전의 선택으로 이어졌다.

프랑스 민족은 다혈질이다. 그들은 자신들의 왕 루이 16세와 왕비 마리 앙투아네트를 단두대에서 처형했던 사람들이다. 프랑스는 역사적으로 부단히 새로운 실험을 하고 새로운 모델을 만들어왔다. 자유·평등·박애라는 인류의 보편 이념, 톨레랑스 정신,

공화국이라는 정치 모델, 좌우가 공존하는 동거내각, 여성해방 이념 등은 모두 프랑스에서 만들어졌다. 새로운 것에 대한 두려움이 없고 낡은 질서를 거부하는 진취성, 다양성을 존중하는 열린 사고, 보편적 진보와 인권에 대한 믿음 등이 오랜 기간 프랑스 정치문화의 기반을 다져왔기에 혁명적 변화가 가능했던 것이다. 정치가 바뀌어도 문화는 쉽게 바뀌지 않지만, 문화가 바뀌면 어떠한 정치도 가능하다. 결국 문화가 중요하다.

한편 좌우파 양대 거대 정당에 의한 기성 정치 질서의 타파와 새로운 정치를 표방했던 마크롱 대통령의 정치 혁신은 집권 2년 차에 거대한 저항에 직면했다. 2018년 11월과 12월, 마크롱 정부가 예고한 유류세 인상을 반대하는 운수노동자들이 노란 조끼를 입고 대규모 거리 시위에 나선 것이다. 시위대는 '질레 존(Gilets Jaunes)'이라고 불렸는데, 질레(Gilet)는 '조끼'를 뜻한다. 개선문에서 경찰과 대치하면서 격렬한 폭력시위를 벌인 시위대는 마크롱 정부가 부자(富者)에게 유리한 정책을 추진하고 있다고 비난하면서 마크롱 퇴진을 외쳤고 시위는 장기화 조짐을 보이며 정치투쟁으로 변했다. 시위대가 폭력 양상을 보였음에도 여론조사에서는 시위대에 동조한다는 견해가 압도적 다수를 차지해 마크롱 정부의 앞날이 밝아 보이지는 않았다.

결국 2018년 12월 10일 마크롱 대통령은 대국민담화를 통해 유류세 인상 계획의 백지화와 최저임금 인상을 약속하면서 노란 조끼 시위에 백기투항했다. 불과 취임 1년 반 만에 최악의 위기를 맞은 것이다. 사실 프랑스의 역대 정권 중 시민들이나 노조의 반대에 직면해서도 개혁에 성공한 적은 한 번도 없었다. 마크롱의 정치 실험이 결국 어떻게 끝날지, 또한 마크롱 이후의 프랑스 정치는 도대체 어디로 향할지 귀추가 주목된다.

66. 앙드레 말로(André Malraux)

프랑스에 문화부가 처음 만들어진 것은 1959년 드골 정권 때다. 정부에 문화를 전담하는 부처를 만든 것은 프랑스가 세계 최초다. 초대 문화부 장관을 맡은 사람은 『인간의 조건(1933)』으로 공쿠르 문학상을 받은 작가 앙드레 말로였다. 앙드레 말로는 문인으로서는 물론이고 정책 행정가로서도 큰 업적을 남겼다. 그는 약 10년간 문화부 장관으로 재직하면서 문화부의 철학 이념을 정립하고 문화정책의 근간을 만들었다. 말로는 문화부의 사명을 '가능한 한 많은 프랑스인에게 인류의 예술적 자산에 근접하게 하는 것'으로 규정했다. 문화부 창설 이전에 문화를 담당하던 부처는 교육부였다. 요컨대 문화부가 창설됐다는 것은 교육부 영역으로부터 문화가 독립함을 의미한다. 여기에 대해 말로는 "대학, 즉 교육부는 가르친다. 장 라신(Jean Racine)을 알게 하는 것은 대학의 몫이다. 문화부의 역할은 라신의 작품을 사랑하도록 하는데 있다"고 설명했다.

또한 그는 1961년부터 프랑스 전역에 '문화의 집(Maison de la Culture)'을 만들었다. 문화의 집은 대중들이 연극이나 공연 등을 접할 수 있는 자유로운 문화공간이다. 시청 문화센터, 백화점 문화센터 등 오늘날 도처에서 볼 수 있는 각종 문화센터의 효시라고 할 수 있다. 프랑스 전역에 문화의 집을 지었던 것도 대중들에게 문화에 대한 접근성을 높여주기 위해서였다.

한편 앙드레 말로는 참여 지식인으로도 유명하다. 1936년 스페인 내전이 발발했을 때 그는 자유를 지키고자 주저 없이 참전해 프랑코 독재 정권에 맞서 총을 들었고, 제2차 세계대전 시기에는 목숨을 걸고 레지스탕스 운동에 참여했다.

67 프랑수아 미테랑(François Mitterand)

프랑수아 미테랑, 그는 20세기 프랑스 현대사에서 가장 걸출한 인물이었다. 1981년 프랑스 사회당 후보로 대통령에 당선됐고, 7년 임기의 대통령을 연임해 14년 동안 프랑스를 통치했던 정치인이다. 1996년 미테랑 대통령이 서거하자 「르몽드」 신문은 제1면 중앙에 엘리제 대통령궁에서 정원을 응시하는 미테랑 대통령의 생전 사진을 실었다. 「르몽드」 신문은 원래 사진을 싣지 않기로 유명한데 미테랑의 죽음을 맞아 파격적으로 그 전통을 깬 것이다. 미테랑의 정적이자 후임이기도 했던 자크 시라크(Jacques

Chirac) 대통령은 엘리제궁에서 다음과 같은 내용의 「특별 담화문」을 발표하고 전임 미테랑 대통령의 명복을 빌었다.

"프랑수아 미테랑, 그는 한 사람의 대가였고 의지의 인물이었으며 정치적으로는 인간에 대한 뿌리 깊은 존중에 기반해 있었다. 그러나 무엇보다도 그는 인간적 삶 그 자체를 살았다. (……) 나는 비록 그의 정적이기도 했지만 한편으로는 그의 밑에서 총리를 지내기도 했다. (……) 전 프랑스가 상을 당한 오늘 저녁, 나는 그의 유족들에게 심심한 조의와 존경을 표한다. 모두 그가 남긴 메시지를 깊이 되새기기 바란다."

1996년 1월 11일 파리 노트르담 대성당에서 국장으로 치러진 장례식에는 피델 카스트로, 야세르 아라파트, 헬무트 콜을 비롯한 60여 개국의 국가 원수가 참여해 그의 죽음을 추모했다.

미테랑 대통령은 프랑스 현대사 그 자체였다. 그가 서거한 지 10년이 지난 2006년에는 현존하는 프랑스 최고의 석학이라 불리는 자크 아탈리(Jacques Attali)가 17년 동안 지근거리에서 모셨던 미테랑 대통령을 회고하는 평전을 내놓았다. 이 책의 한국어판은 『자크 아탈리의 미테랑 평전』이라는 제목으로 출간됐다. 미테랑의 정치적 동반자로서 그를 보좌했던 아탈리의 생생한 경험을 토대로 엘리제궁을 중심으로 이루어진 정치·외교·경제·사회·교육·문화 전반에 대한 증언이자 권력 내부에 깊숙이 관여했던 실천적인 석학의 통치 관찰기라고 할 수 있다. 이 책을 통해 우리는 프랑스 현대사를 풍미했던 걸출한 위인 미테랑의 정치적 소신과 리더십 그리고 인간적 진면목까지 꼼꼼하게 살펴볼 수 있다.

위대한 프랑스를 주창하며 사회의 근본적 변화를 주도했고 프랑스 국민에게 당당한 자부심을 심어준 지도자를 꼽으라면 아마 프랑스인들은 나폴레옹과 드골, 미테랑을 차례로 꼽을 것이다. 그만큼 미테랑 대통령은 많은 업적을 남겼고 큰 영향력을 미친 인물이다. 아탈리는 「한국어판 서문」에서 그를 다음과 같이 평가했다.

"프랑수아 미테랑보다 더 프랑스적인 사람은 없다. 그보다 더 보편적인 사람은 없다. 그는 역사와 문화 그리고 세계 속의 역할에서 프랑스를 총체적으로 구현했다. 그는 또 민주주의적 정치인이라면 지녀야 할 품위를 보편적 방식으로 구현했다. 그는 가치들을 신뢰하고 이들을 획득해 나누어 줌과 동시에 실현할 수 있는 경영능력의 소유자였다. 비전, 카리스마, 경영능력이라는 세 가지 자질을 갖춘 정치인은 거의 없다. 첫 번째 자질만 갖춘 정치인은 일반적으로 모호한 이론가다. 두 번째만 갖춘 정치인은 위험한 선동정치인이다. 세 번째만 갖춘 정치인은 상상력이 없는 보수정치인이다. 미테랑은 세 자질을 모두 갖추어 세 가지 덫을 뛰어넘었다."

찬사에 가깝지만 미테랑의 업적과 그의 진면목을 살펴볼 때 이런 찬사는 이유가 있어 보인다. 미테랑은 사회당을 이끌어온 산 역사이자 사회당을 집권정당으로 만들어놓았던 장본인이다. 미테랑은 사회주의 이념을 실현하고자 했다기보다는 프랑스인의 삶을 실질적으로 변화시키고자 했던 정치인이다. 1981년 선거에서 승리해 드골 이후 최초의 좌파 정권을 창출했을 당시 자본가 계급과 보수세력은 완강하게 저항했고 정치 상황은 말 그대로 열악하기만 했었다. 거대 자본가들은 정부와 일절 대화를 단절했고 우파 민족주의자들은 자본이라는 무기를 들고 정치·경제적으로 미테랑을 위협했다. 이런 상황에서 그가 선택했던 것은 원칙보다

출처: Petr Kovalenkov / Shutterstock.com

프랑스 국립도서관
미테랑 대통령은 재임 시절, 대규모 건축 프로젝트를 추진했다. 그중 하나인 프랑스 국립도서관에는 '프랑수아 미테랑'이라는 이름이 붙어 있다.

는 현실 정치였다. 프랑스 공산당과 급진적 노동조합은 미테랑 정권을 현실에 굴복한 권력이라며 폄훼했다.

하지만 그럼에도 불구하고 그는 5주 유급 휴가제와 60세 정년 퇴직제 도입, 국가보험 전면 확대, 사형제 폐지 등을 이루었다. 따라서 그가 이루어낸 이러한 치적에 대해서는 누구도 이의를 제기하지 않는다. 세상을 변화시킨 정치인 미테랑은 늘 이렇게 말하곤 했다.

> "비록 대부분의 프랑스 국민은 그렇지 못하지만 프랑스는 매우 부유한 나라입니다. 우리가 할 개혁에 대해 불안하게 생각하지 마십시오. 그것들은 프랑스가 감당할 수 있는 개혁에 비하면 보잘것없는 것들입니다. 우리의 진짜 한계는 재정이 아니라 지나치게 보수적이고 변화가 너무 어려운 프랑스 국민들의 정신 상태입니다."

또한 미테랑은 문화와 예술에 대한 남다른 애정을 가진 문화 대통령으로 유명하다. 재임기 동안 그는 대규모 건축 프로젝트를 통해 위대한 프랑스의 재기를 꿈꾸었다. 그의 정신은 기념비적인 건축물에 고스란히 남아 있다. 루브르 박물관의 유리 피라미드, 라 데팡스의 대형 아치, 바스티유의 오페라 극장, 노르망디 대교, 초현대식 프랑스 국립도서관 등은 문화대국을 꿈꾸었던 미테랑이 남긴 크나큰 유산이다. 그가 시작한 프랑스 국립도서관에는 오늘날 프랑수아 미테랑 도서관이라는 이름이 붙어 있다. 또한 그는 모국어를 누구보다도 사랑한 대통령이었다. 미테랑을 보좌했던 작가 이브 시몽은 다음과 같은 일화를 들려주었다.

> "언젠가 미테랑 대통령은 장문의 어려운 편지를 써가지고 와서는 읽어보라고 했다. 찬찬히 읽어본 후 나는 9개의 문법적 오류를 지적했고 이에 미테랑은 큰 충격을 받은 듯했다. 그렇게 사랑하는 모국어를 구사하면서 9개나 오류가 있었던 것을 수치로 생각한 그는 만나는 사람마다 그 이야기를 하면서 프랑스어에 대한 이야기를 나누었다. 그러던 어느 날 그는 환한 웃음을 띠며 나에게 말했다. 9명의 언어학자를 불러 그 편지를 다시 읽힌 결과 오류는 단 하나밖에 없었다고 말이다."

정치인으로서, 문화예술인으로서 그리고 조국을 진정으로 사랑한 프랑스인으로서 미테랑의 면모를 보여주는 에피소드는 무궁무진하다. 『자크 아탈리의 미테랑 평전』은 우리에게 많은 것을 생각하게 해준다. 단지 한 인간의 삶을 반추해보는 것이 아니라 모름지기 정치인이란 무엇인지, 민족을 사랑한다는 것이 뭔지, 이념과 현실 앞에서 지성인은 어떻게 행동해야 하는지 등에 대한 폭넓은 성찰 거리를 제공해준다.

68. 피에르 부르디외(Pierre Bourdieu)

프랑스는 사회학이 탄생한 나라다. 실증주의의 시조로 사회학을 창시한 오귀스트 콩트(Auguste Comte)와 사회학을 정립한 에밀 뒤르켐(Emile Durkheim)이 모두 프랑스인이고, 현대 사회학자도 프랑스인 가운데 유명한 사람이 많다. 현대 프랑스 사회학을 대표하는 거장으로는 보통 세 명을 꼽는다. 피에르 부르디외(Pierre Bourdieu), 알랭 투렌(Alain Touraine) 그리고 에드가 모랭(Edgar Morin)이다. 그중에서도 부르디외는 20세기 최고 석학으로 꼽힌다.

피에르 부르디외는 문화사회학의 태두이자 참여 지식인으로 유명하다. 부르디외의 일생은 '앙가주망(Engagement)'으로 일관된 삶이었다. 부르디외에게 학문과 진리, 이론과 실천은 분리된 것이 아니었다. 그는 프랑스 학자로서는 최고 영예라 할 수 있는 '콜레주 드 프랑스(Collège de France)'의 종신교수를 지냈던 석학이지만 그의 관심은 연구실에서 이루어지는 순수한 학술 연구가 아니었다. 그는 대학의 상아탑에 진리가 있다고 생각하지 않았고, 거리든 파업현장이든 민중의 아픔이 있는 곳이라면 어디든지 모습을 드러냈다. 파업현장, 시위현장에 예고 없이 나타나 「지지성명서」를 읽고는 돌연 사라지곤 했다. 부르디외는 자신이 지식인이나 철학자라고 불리는 것을 혐오했다고 한다. 그는 탁상공론을 하는 학자가 아니라 '실천적 연구자'가 되고자 했고, 현학적인 엘리트가 아니라 '참여 지식인'이기를 원했던 사람이다. '지식인은 학회지나 세미나에서가 아니라 저항현장에 참여하고 실천함으로써 오히려 자유로울 수 있다'는 것이 부르디외의 지론이었다.

사회과학적으로 보면 부르디외는 한편으로는 카를 마르크스(Karl Marx)를, 다른 한편으로는 막스 베버(Max Weber)를 계승하고 있다. 그는 경제가 결정적이라는 이론을 주창한 마르크스의 이론과 정치·경제·문화 등 세 요소가 다원적으로 사회를 결정한다고 봤던 베버의 관점을 동시에 취했던 독특한 학자다.

요컨대 사회역사를 지배계급과 피지배계급의 투쟁이라고 본 것은 마르크스를, 문화나 정치 역시 경제만큼이나 중요하다는 관점은 베버를 각각 계승했다. 그는 돈과 권력만이 계급의 기준이 아니라 개인의 문화적 취향이야말로 가장 계급적인 잣대가 될 수 있다고 주장했다. 이것은 그가 만든 개념 '아비투스(Habitus)'와 연결된다.

아비투스는 개인의 문화적 취향과 소비의 근간이 되는 무의식적인 행동양식이라 할 수 있다. 이는 선천적으로 타고나는 성향이 아니라 사회적 위치, 교육 환경에 따라 후천적으로 길러지고 강요되는 것이다. 이를테면 자신의 여가활동인 영화보기나 사진찍기 등의 취향은 어찌 보면 개인의 순간적인 선택에 따른 것이 아니라고 본 것이다.

2002년에 작고한 부르디외는『구별짓기(La Distinction)』라는 자신의 대표 저작에서 문화적 취향과 기호의 중요성을 역설했다. 부르디외는 고전적 경제자본으로 환원될 수 없는 자본의 다양한 형태를 구분함으로써 마르크스주의의 경제결정론적인 계급 개념을 극복하고자 했던 문화사회학자였다. 그는 자본을 경제자본, 문화자본, 사회자본, 상징자본 등으로 구분했다. 경제자본은 상품과 서비스를 소비하기 위해 사용될 수 있는 돈과 물질적 자산을 말하는데, 부동산·연봉·생산수단 등을 포함한다.

문화자본은 다시 세 가지로 나뉜다. 첫 번째는 지식·교양·취향·기술처럼 몸에 지니고 있는 특성과 습관 등 체화(육화)된 문화자본이고, 두 번째는 문화상품·수집품·컴퓨터·도구 등 객체화된 문화자본이다. 졸업장·학위·자격증과 같이 공식적 교육자격과 훈련을 통해 얻어지는 것은 제도적 문화자본으로 분류했다. 다음으로 인맥·연줄 등 집단과 사회 연결망 내에서 갖는 위치와 관계는 사회자본이고, 마지막으로 위신·명예·명성 등은 상징자본이다.

부르디외는 현대사회학에서 문화의 주도적 역할에 주목한 석학이었는데, 특히 상징적 의미를 강조했다. 문화를 중시하는 프랑스인다운 관점이라 할 수 있다.

보졸레 누보에서도 부르디외가 강조한 프랑스식의 구별짓기를 읽을 수 있다. 프랑스인은 비싸지 않은 서민적 포도주 보졸레 누보를 갖고도 출시일을 정해 나름대로 상징적 의미를 부여한다. 이렇게 세계적인 문화 풍습을 새롭게 만들어냄으로써 이들은 그럴듯한 '문화적 구별짓기'를 해내고 있는 것이다.

69. 나폴레옹(Napoléon)

프랑스인 중 가장 유명한 사람은 아마 나폴레옹 1세로 불리는 나폴레옹 보나파르트(Napoléon Bonaparte)일 것이다. 키는 작지만 위대한 나폴레옹은 오늘날에도 프랑스인들에게 영웅으로 인식되고 있다.

나폴레옹은 1769년 지중해의 코르스(Corse)섬 아작시오(Ajaccio)에서 태어났다. 코르스섬은 이탈리아어로는 '코르시카'라 불린다. 역사적으로 최초의 주민은 이베리아인·리그리아인 등이었으나, 이후 에트루리아인·카르타고인·로마인이 차례로 식민지로 삼았던 섬이다. 14세기부터는 이탈리아의 제노바인이 지배하다가 1768년에 이르러 프랑스령이 되었다. 전통적으로도 프랑스보다는 이탈리아에 가까운 섬이라 할 수 있다.

나폴레옹의 본명도 이탈리아식 이름인 나폴레오네 부오나파르테다. 당시만 하더라도 코르시카섬 출신은 프랑스 본토에서 천대받기 일쑤였다. 코르시카 출신임에도 불구하고 대담한 리더십으로 군을 장악하고 황제의 자리에까지 오른 입지전적인 인물이 바로 나폴레옹이다. 1799년 나폴레옹은 군대를 동원해 의회를 해산하고 스스로 제1통령이 되었다. 분명 쿠데타(Coup d'État)였다. 불법적인 방식으로 권력을 장악했지만 그는 행정제도를 근대적으로 정비하고 국가를 부흥시켜 조국 프랑스를 유럽 최강대국으로 만들었다.

프랑스 국내에서 발간된 『나폴레옹 전기』만 해도 60여 권이 나 된다. 이것만 봐도 가히 신화적 인물이라고 할 수 있다. 일찍이 1808년, 독일의 대문호 괴테가 "나폴레옹은 알면 알수록 위대한 인물"이라고 고백한 데서도 알 수 있듯이 나폴레옹에 대한 관심 은 국적을 초월한다. 1990년 R.J. 캘더웰(Caldwell)의 책 『나폴레옹 시대』에 따르면, 어떤 형태로건 나폴레옹 황제에 관해 출간된 서 적이 전 세계적으로 4만 8,000종 이상 된다고 한다. 개인 일대기 부문에서는 단연 세계기록이다.

책뿐 아니다. 영화에서도 나폴레옹은 가장 이상적인 소재다. 예수를 제외하면 한 개인으로서 영화에서 가장 많이 다루어진 역 사적 인물이 나폴레옹이다. 미국에서는 말론 브란도가, 독일에서 는 나치 시대에 찰스 샤우텐이, 프랑스에서는 레몽 펠그랭이 각 각 영화에서 나폴레옹 역을 맡음으로써, 나라마다 나름대로의 나 폴레옹 상을 가지고 있다.

청년 장교 나폴레옹이 혁명의 격동기에 영웅으로 등장하고 유 럽을 정복하면서 황제에 오르는 일생은 마치 한 편의 소설 같다. 엘베섬으로 유배 갔다가 탈출해서 재기하고, 또 한 번의 패배로 다시 영국군에게 체포돼 그는 남대서양 세인트 헬레나섬에 유배 됐다. 1821년 5월 5일 유배 생활로 병약해진 나폴레옹은 결국 위 암으로 사망했다. 그의 유해는 1840년 루이 필리프 1세에 의해 프랑스로 돌아올 수 있었고 조카 나폴레옹 3세에 의해 앵발리드 (Hôtel des Invalides)에 안치되었다. 앵발리드는 원래 1670년에 루이 14세가 전쟁에서 부상당한 병사들을 위해 만든 요양소인데, 현재는 군사박물관으로 사용되고 있다. 나폴레옹 1세의 묘소가 있어 관광객들이 즐겨 찾는 곳이다.

풍운아 나폴레옹의 삶에서 우리는 인간적 좌절과 고뇌를 엿볼 수 있다. 프랑스 초대 문화부 장관을 지낸 대문호 앙드레 말로의 해설에 따르면, 나폴레옹은 결국 패하고 좌절했지만 그럼에도 불구하고 그의 전설은 전혀 손상되지 않는다. 영국군에 의한 세인트 헬레나섬 유배는 나폴레옹에게 오히려 순수한 신화적 이미지를 부여했고, 그를 프로메테우스에 비견될 수 있게 만들었다는 것이다. 신에 도전해 천벌을 받았지만 프로메테우스는 결국 불을 훔쳤다. 그렇다면 나폴레옹이 남긴 가장 중요한 것은 절대군주제에 대항한 공화주의 이념과 혁명적 이미지일 것이다.

나폴레옹은 정치개혁을 통해 근대국가의 틀을 만들었다. 오늘날 프랑스 정치의 골격이 대부분 나폴레옹의 유산을 계승하고 있음은 놀라운 일이 아니다. 『나폴레옹 법전』 제정으로 시민법의 틀을 다졌고, 근대적 대학 제도와 대학입시 바칼로레아 시험, 프랑스 중앙은행, 레지옹 도뇌르(Légion d'honneur: 프랑스 최고의 영예 훈장), 도청 등 행정체계는 모두 나폴레옹 시대의 유산이다. 그는 자유·평등·우애에 기초한 프랑스 혁명 유산을 계승하면서 국민투표제를 실시하는 등 근대 정치의 틀을 만들었다. 나폴레옹이 시도했던 것은 공화주의적 민주주의와 강한 국가 권력의 조화였다. 이는 강력한 대통령제를 추구했던 샤를 드골에 의해 계승되

나폴레옹 보나파르트
자크 루이 다비드, 「서재에 있는 나폴레옹」(1812, 워싱턴 내셔널 갤러리).
나폴레옹은 프랑스를 근대국가이자 최강대국으로 만든 인물이다.

었고 오늘날에도 프랑스 정치의 바탕을 이루고 있다.

　단순화시켜본다면 나폴레옹 역시 히틀러처럼 자국 민족의 번
성과 영광을 위해 대륙 정복욕을 불태웠던 제국주의의 황제에 불
과할 수 있다. 하지만 오늘날 히틀러는 증오와 악의 화신으로 통
하는 반면 나폴레옹은 위대한 영웅의 대명사다. 히틀러가 게르만
민족주의·유대인 혐오주의에 빠져 있던 인종주의자였고, 나폴레

옹은 인종의 차이에 개의치 않고 개인의 능력을 존중했던 리더였기 때문만은 아니다. 그보다는 나폴레옹의 개혁은 근대정치의 토대가 되었고 그가 남긴 역사적 유산이 오늘날에도 계승되고 있기 때문이다.

나폴레옹의 유산을 살펴보면 먼저 '행정 국가'를 꼽을 수 있다. 절대군주 시대 위계질서를 철폐하고 근대적 행정구획을 실시했으며, 중앙집권국가의 기초를 닦고 입법 체계를 정비했다.

둘째, 나폴레옹은 '사회적 신분 상승과 근대적 입지'의 전례 없는 모범을 보여주었다. 차별받는 코르시카섬 출신 하급 장교로 출발해 전투에서 공을 세우면서 장군으로 발탁되고, 전략가로서의 탁월한 역량을 인정받아 사령관이 되었다. 또한 공화정의 집정관을 거쳐 결국 황제의 자리에 오른 나폴레옹의 일생은 절대군주제하에서는 상상조차 할 수 없었던 '신분상승'의 전형을 창출했고, 계급사회 타파에도 큰 영향을 미쳤다.

셋째는 그의 근대적 군사전략관이다. 기존의 전투는 무기나 병력의 수적 우세에 의해 결정되는 전근대적 양상을 띠었으나, 지형과 지리를 이용한 군사전술에 통달한 타고난 전략가 나폴레옹에 이르러 전쟁 양상은 급격하게 변하게 된다. 『전쟁론』으로 유명한 프로이센의 군사전술가 카를 폰 클라우제비츠는 나폴레옹을 '전쟁의 신'이라고까지 격찬했다. 전쟁에 대한 종합적 예견, 탁월한 조직 감각, 군사력을 배분하고 집중시키는 능력, 결정적 전투를 모색하는 과감성, 적을 기습하고 치명적 과오로 빠뜨리는 용병술 등 앙시앵 레짐(Ancien régime: 구체제)하 장군들에게는 찾아볼 수 없는 모든 것을 나폴레옹은 가지고 있었다.

다음으로는 나폴레옹이 이집트 연구에 중대한 계기를 제공했다는 점이다. 이집트 문명에 매료된 나폴레옹은 이집트 원정 정복에서 이집트 유물·유적 발굴에 박차를 가했던 장본인이다. 파리 콩코드 광장의 중앙에 설치된 룩소르 오벨리스크(L′Obélisque de Louxor)는 나폴레옹이 이집트 원정 때 가져온 것이다. 현재 루브르 박물관의 이집트관을 채우고 있는 유물과 유적 중 상당수가 나폴레옹에 의한 것이다. 물론 이집트인의 관점에서 보면 이는 엄연한 약탈이다.

또한 나폴레옹은 근대적 선전술의 창시자이기도 하다. 그는 프랑스 혁명을 목도하면서 여론의 중요성을 갈파했고, 인쇄물 등 선전물의 여론 선도 기능에 주목한다. 1796년 이탈리아 전장에서 사령관을 맡고 있던 시절, 나폴레옹은『이탈리아 군 소식』『보나파르트 신문과 용사들』『이탈리아군이 본 프랑스』등 세 종류의 신문을 펴내 선전술을 펼쳤다.

이 밖에 프랑스식 중앙집권국가의 모태가 되었던 정치 개혁이나, 영국에 맞서 유럽 대륙을 통제하기 위해 실행했던 대륙봉쇄령에서 보이는 근대적 지정학의 관점도 나폴레옹의 유산이다. 여기에 더해 파란만장한 일생과 대담성, 걸출한 인물 등이 결합되면서 이상적 영웅상으로서의 나폴레옹이 탄생된 것이다.

나폴레옹의 영웅적 기개를 엿볼 수 있는 일화가 하나 있다. 나폴레옹이 27세의 젊은 나이에 이탈리아군 사령관으로 발탁되었을 때 그의 휘하에 있던 오저로 장군은 그와 사사건건 의견 마찰을 보였다. 이때 나폴레옹은 이렇게 호통쳤다.

"장군, 당신은 나보다 당신 머리 하나만큼 키가 크오. 하지만 당신이 나에게 불복종한다면 나는 당장 그 키의 차이를 없애버리겠소."

대중이 매료되었던 것은 아마도 풍운아 나폴레옹의 이런 기개 때문이었을 것이다.

70. 샤를마뉴(Charlemagne)

오늘날 서유럽 세계의 토대를 만든 것은 프랑크 왕국의 샤를마뉴 대제다. 프랑크의 명문 카롤링거 왕가 출신으로 프랑크 왕국의 제2대 국왕이었던 샤를마뉴는 800년에 교황 레오 3세로부터 제관을 받고 황제에 오른다. 샤를마뉴는 오늘날 프랑스·독일·이탈리아 지역을 아우르는 방대한 지역을 통치했다. 샤를마뉴가 통치하던 제국은 훗날 신성로마 제국이 계승한다. 샤를마뉴는 게르만족·기독교·그리스 문화와 로마 문화를 연결했고, 샤를마뉴에게 제관을 수여한 로마 교황은 동로마 제국과 완전히 결별한다. 이로써 로마 제국을 계승한 서유럽은 동로마 제국, 즉 비잔틴 제국으로부터 벗어나게 된다. 샤를마뉴 때 비로소 서유럽 세계의 기틀을 마련했다고 보는 것은 이 때문이다.

프랑크 왕국의 역사는 프랑스와 독일 공통의 역사이며, 샤를마뉴는 사실상 서유럽의 황제였다고 보면 된다. 프랑스에서는 그를 '샤를마뉴(Charlemagne)'라고 부르는데 이는 '샤를 대제'라는 뜻이다. 독일에서는 '카를 대제(Karl Magnus)'라 부르고, 이탈리아에서는 라틴어로 '카롤루스 마그누스(Carolus Magnus)'라 부르며, 영국에서는 '찰스 대제(Charles the Great)'라고 부른다. 샤를마뉴는 재위기(768~814) 중 10여 차례의 큰 전쟁을 치르면서 프랑크 왕국의 영토를 본래보다 두 배로 넓혀놓았고, 일련의 전쟁 결과 유럽 문명의 바깥에 있던 게르만족의 상당수가 서유럽으로 들어오게 된다. 피레네산맥을 넘어 오늘날 스페인 쪽의 바스크인과도 전쟁을 했는데, 이 과정에서 롤랑 같은 명장을 잃었다. 이 이야기가 영웅담으로 각색된 것이 중세 기사도 문학의 걸작으로 일컬어지는 「롤랑의 노래(La Chanson de Roland)」다.

서유럽의 역사는 끊임없는 전쟁과 정복, 분열의 역사로 점철됐다. 게르만족과 라틴족, 골족(Gaulois: 로마인이 이야기하는 갈리아인)이 영토분쟁·종교분쟁을 벌이면서 왕국과 제국이 흥망성쇠를 거듭해온 역사다. 그 과정에서 로마 문화와 그리스 문화가 만나 서유럽 문화를 만들었고, 각각의 국민국가로 쪼개지면서 오늘날의 서유럽과 같은 지형이 만들어졌다. 프랑스·독일·영국·이탈리아 등 네 개의 강국은 역사적으로 서로 제휴하고 대립하면서 각각의 나라를 발전시켜왔다. 재미있는 점은 이들이 상당부분 역사와 문화를 공유하고 있다는 것이다.

또한 같은 것을 각자의 관점에서 다르게 보기도 한다. 일단 민족어가 다르다보니 같은 역사적 인물도 다르게 부른다. 서유럽인들의 이름은 대부분 성인의 이름에서 따온 것인데, 나라별로 다른 이름으로 불린다. 가령, 독일에서 요한(Johann)이라 부르는 사람은 프랑스에서는 장(Jean)이 되고, 영국에서는 존(John)이 된다. 프랑스의 기욤(Guillaume)은 독일에서는 빌헬름(Wilhelm)이고, 영국에서는 윌리엄(William)이다. 이런 비교는 참으로 색다른 재미를 안겨준다.

71. 빅토르 위고(Victor Hugo)

영국인이 윌리엄 셰익스피어를 자신들의 식민지 전부와도 바꾸지 않겠다고 한 것은 유명한 이야기다. 문학에서 두 번째 가라면 서러워할 프랑스인도 자신들의 식민지와 결코 맞바꾸지 않을 대문호가 몇 명 있다. 이중 최고의 문인을 꼽자면 아마도 빅토르 위고(1802~85)일 것이다. 본명은 빅토르 마리 위고(Victor-Marie Hugo), 브장송에서 태어나 파리에서 죽었다. 그의 유해는 프랑스의 위인들을 모시는 팡테옹에 안장되어 있다. 19세기를 풍미했던 국민작가 위고는 시인이자 소설가였고 낭만주의 문학사조의 거장이었다. 정치적으로는 공화정을 열렬히 옹호했다. 그는 한때 의회 선거에서 당선돼 정치에 몸담기도 했다.

위고를 기리는 프랑스인들은 무엇보다 그의 작품으로 그를 기억하고 있다. 위고의 작품 중 최고의 걸작은『레 미제라블(*Les miserables*)』과『노트르 담의 꼽추(*Notre Dame de Paris*)』다. 오늘날 뮤지컬로도 자주 올려지는 작품들이다. '레(Les)'는 정관사 복수형이고, '미제라블(Miserables)'은 '불행한, 비참한'이라는 뜻의 복수형이므로 레 미제라블은 '비참한 사람들'이라는 의미다. 그리

출처: douglasmack / Shutterstock.com

『레 미제라블』
프랑스인뿐 아니라 전 세계인으로부터 사랑받고 있는 위고의『레 미제라블』런던 퀸스 시어터에 뮤지컬〈레 미제라블〉포스터가 걸려 있다.

고 『노트르담의 꼽추』의 원제는 『노트르담 드 파리(*Notre Dame de Paris*)』다. 파리의 노트르담 대성당을 뜻한다. 15세기 중세 파리의 노트르담 대성당을 배경으로, 성당의 종치기로 숨어 살고 있는 흉측한 몰골의 콰지모도가 아름다운 집시 여인 에스메랄다를 흠모한다는 내용으로 지고지순한 사랑을 그린 작품이다. 위고의 전기 작가 델핀 뒤샤르는 위고에 대해 이렇게 묘사했다.

> "가장 유명하고 가장 대중적인 프랑스 작가 빅토르 위고는 기상천외한 인물이었다. 장수하며 방대한 문학 작품을 써낸 작가이자 재능 넘치는 데생 화가이며, 정치에 적극적으로 뛰어든 정치인이자 만족할 줄 모르는 만인의 연인으로 '세기의 전설'이었다. 그의 삶은 그가 살았던 시대의 역사와 긴밀하게 맞물려 있다. 그는 역사의 현장 속으로 직접 뛰어들었으며 (……) 급작스럽게 정치적 성향을 바꾸면서도, 인도주의적인 자신의 신념만큼은 충실하게 지켰다. 정치적이기보다는 이상주의적이었던 그는 '권력가'라기보다는 자유와 정의를 섬기는 '사상가'였다(『네이버캐스트』)."

72. 루이 파스퇴르(Louis Pasteur)

전염성 질환을 예방하기 위해 미생물 병원성을 제거하거나 약하게 해서 인체에 주사 또는 접종하는 것을 '백신(Vaccine)'이라고 한다. 어떤 병에 대비해 미리 연습용 바이러스를 넣으면 진짜 바이러스가 들어왔을 때 이에 대항할 항체를 만들어진다. 백신 덕분에 인류는 전염병의 공포로부터 해방될 수 있었다. 이 백신을 개발한 것은 미생물학자 루이 파스퇴르다. 파스퇴르는 오늘날 프랑스인들이 가장 존경하는 최고 과학자다.

파스퇴르는 1822년 12월 27일 프랑스 동부 쥐라 지역의 돌(Dole)이라는 작은 도시에서 가죽가공업자의 아들로 태어났다. 어린 시절에는 그림에 재능을 보이기도 했지만 그는 과학자의 길을 걷기로 했고, 프랑스 최고의 명문학교인 파리고등사범학교에 입학해 화학과 물리학을 공부했다. 1848년 주석산 결정에 대한 선광성 연구로 이학 박사학위를 받았고, 이후 발효 연구를 하면서 그는 현대 미생물학의 기초를 다지게 된다. 파스퇴르는 사탕무 용액을 발효시켜 에탄올을 생산하는 한 기업인의 의뢰로 발효 연구를 하게 되는데, 당시 대부분의 과학자들은 발효를 화학현상이라고 생각했다. 발효란 부패가 일어날 때 무생물에서 생명체인 미생물이 생겨나는 현상이라고 믿었고 이것을 자연발생설이라 불렀다.

하지만 파스퇴르는 자연발생설을 부정하면서 유기체가 공기 중에 살고 있으며 미생물은 미생물로부터 나온다는 것을 과학적으로 밝혀냈다. 발효 또한 미생물의 작용 때문에 일어난다고 결론지었던 것이다. 이때부터 그는 본격적으로 생물학을 연구하기 시작한다.

파스퇴르 이전에 영국의 제너는 1796년 인류를 괴롭혔던 두창을 해결할 수 있는 종두법을 발표했다. 여기에서 영감을 얻은 파스퇴르는 균을 사용해 예방 접종을 시도했고, 이를 '박생(Vaccin)'이라 이름 붙였다. 프랑스어 박생은 영어의 '백신(Vaccine)'이다.

파스퇴르의 위대한 업적을 기념하고자 프랑스의 과학한림원은 1886년부터 연구소를 설립하기 위한 모금운동을 시작했고, 1888년 사디 카르노 대통령이 참석한 가운데 파스퇴르 연구소 준공식이 열린다. 루이 파스퇴르는 자신의 이름을 붙인 이 연구소의 초대 소장으로 취임해 이후에도 많은 업적을 남긴다. 오늘날 파리에 본부를 두고 있는 파스퇴르 연구소는 세계 최고의 연구소다. 파스퇴르 연구소는 전 세계에 30여 개 지부를 두고 있고, 수천 명의 연구원이 미생물·의과학 분야 연구에 몰두하고 있다. 파스퇴르는 1895년 73세를 일기로 세상을 떠났고, 파스퇴르 연구소 지하에 묻혔다.

파스퇴르는 의사가 아니었지만 의사보다 더 많은 사람의 생명을 구한 과학자다. 그는 생전 약 2만 명의 환자에게 백신 치료를 했는데, 그중 사망한 사람은 100명에 불과하다. 그는 발효 연구를 하면서 와인 발효를 일으키는 주체는 효모이며, 효모와 함께 사는 다른 세균이 와인 맛을 변하게 한다는 사실을 밝혀냈다. 그래서 이 세균을 없애기 위해 섭씨 60~65도에서 저온 살균 처리하는 방법을 고안해냈는데, 이것이 바로 '저온살균법(Pasteurisation)'

이다. 이는 '파스퇴르 공법'으로 불리기도 한다.

파스퇴르는 위대한 과학자이자 애국자로도 유명하다. 프랑스는 1870년 프로이센(독일)과 전쟁을 시작했는데 비스마르크의 프로이센이 프랑스에 승리하자 프랑스는 독일에 배상금을 지불해야만 했다. 당시 파스퇴르는 미생물학 연구로 프로이센의 본 대학에서 의학 박사학위를 받은 상태였는데, 프랑스가 패전하자 "과학에는 국경이 없다. 하지만 과학자에게는 조국이 있다"고 말하며 박사학위를 반납했다고 한다.

언젠가 프랑스에서 역사적 인물 가운데 가장 위대한 사람을 뽑는 투표를 했었는데 나폴레옹을 제치고 파스퇴르가 선정됐다는 보도를 접한 적이 있다. 프랑스인의 가슴속에 파스퇴르라는 위인이 차지하는 비중을 알 수 있는 대목이다.

73. 에밀 뒤르켐(Emile Durkeim)

사회학은 사회를 연구하는 학문으로 사회과학 중에서 가장 기초가 되는 학문이다. 사회학은 프랑스에서 탄생했다. 프랑스 혁명으로 사회가 혼돈과 혼란에 빠져 있던 시기, 사회질서와 변화를 설명할 수 있는 과학적인 이론의 필요성을 주장하며 사회학을 창시한 사람은 실증철학자 오귀스트 콩트였다. 프랑스는 사회학의 고향이라 사회학의 전통이 강하고 걸출한 사회학자들도 많이 배출됐다. 콩트의 뒤를 이어 근대 사회학의 기초를 정립한 학자는 에밀 뒤르켐(1858~1917)이다. 그의 대표 저작으로는 『사회분업론(1893)』과 『자살론(1897)』이 있다.

특히 뒤르켐의 『자살론』은 사회학의 방법론을 정립한 고전으로 평가된다. 뒤르켐 이전까지 자살(Suicide)은 개인적인 병리이자 심리 현상으로 보았기 때문에 사회학의 연구 대상이 될 수 없었다. 하지만 뒤르켐은 자살을 좀 다른 관점에서 사회학적 연구 대상으로 분석했다. 자살을 유형별로 분류함으로써 사회학의 연구 대상으로 재조명할 수 있었던 것이다. 똑같이 자살이라는 형태로 나타나더라도 원인을 분석해보면 여러 가지 유형의 자살이 있다.

그는 자살을 이기적 자살, 이타적 자살, 아노미적 자살, 숙명적 자살로 나누었다. 이기적 자살은 개인주의 성향이 강한 사회에서 나타나는 자살이고, 이타적 자살은 반대로 집단주의 정서가 강한 사회에서 나타난다. 가령 '가미카제 자살 특공대'는 이타적 자살이다. 또한 아노미(Anomie)란 '무규범 상태'라는 의미인데, 뒤르켐에 의해 사회과학적인 의미로 사용되기 시작했다. 마지막으로 숙명적 자살은 절망 상태에서 이루어지는 자살을 말한다. 그는 자살 관련 통계 등 실증적인 데이터를 이용해 자살률을 비교하고, 자살률과 사회통합의 연관관계에 대해서도 분석했다. 논리적인 추론이 아니라 통계·데이터 등 실증적인 자료를 사용하는 과학적 방법론을 정립한 것은 뒤르켐의 업적이라고 할 수 있다.

또 한 가지 덧붙이자면, 자살은 프랑스 지식인 사회의 오랜 전통이었다. 프랑스의 많은 지식인과 정치인은 자살로 자신의 생을 마감했다. 철학자 루이 알튀세르는 권총으로 자신의 머리를 쏘아 자살했고, 정치사회학자 니코 풀란차스는 투신 자살을 선택했다. 미테랑 대통령의 마지막 좌파 총리였던 피에르 베레고부아는 아파트 스캔들에 휘말리자 자신의 명예를 지키기 위해 권총 자살을 했고, 세계적 석학 질 들뢰즈는 자신의 아파트에서 뛰어내려 스스로 일생에 종지부를 찍었다.

지식인뿐만이 아니다. 통계로 보더라도 프랑스는 유럽의 다른 나라에 비해 자살률이 높은 국가다. 뒤르켐은 프랑스의 높은 자살률은 가톨릭 사회로서 갖는 강한 공동체 의식과 연대감 때문인 것으로 해석했다.

그런데 요즘 한국을 보면, 프랑스의 자살률이 무색해진다. 자살률은 인구 10만 명당 이루어지는 자살건수로 산출한다. 통계 자료에 따르면 2016년 한 해 동안 우리나라의 자살사망자는 1만 3,092명이나 되고 자살률은 25.6명이다. 이는 OECD국가 중 1위이며 2003년 이래 줄곧 1위 자리를 차지하고 있다. OECD 평균은 12.1명으로 우리나라의 절반 이하다. 일본은 16.6명, 벨기에는 15.8명이며 멕시코는 5.5명, 터키는 2.1명에 불과하다. 핀란드 15.8명, 독일 10.8명, 스페인 7.5명 등에 비하면 훨씬 높다. 전통적으로 자살률이 높은 프랑스의 경우도 2012년 기준으로 16.2명에 불과하다. 다른 것도 아니고 우리나라가 자살률에서 유럽 국가들이나 프랑스를 넘어선 것은 참으로 슬픈 현실이다.

74. 샤를 드골(Charles De Gaulle)

프랑스 파리로 들어가는 관문은 파리 외곽의 샤를 드골 공항 (Aéroport de Paris-Charles de Gaulle)이다. 파리 북쪽 25킬로미터 지점에 자리 잡고 있는 프랑스 최대의 공항에 대통령 이름을 붙인 것은, 샤를 드골이 가장 존경받는 지도자 중 한 명이기 때문이다.

프랑스인들은 드골 대통령을 보통 드골 장군이라고 부른다. 드골 장군은 북부 도시 릴(Lille) 출신으로 중산층 가톨릭 집안에서 태어나 생시르 육군사관학교를 졸업했다. 제1차 세계대전에 참전했다가 독일군의 포로가 되었고 수차례 탈출을 시도했다. 제2차 세계대전 때는 기갑사단장, 국방부 차관으로서 리더십을 발휘했다.

프랑스가 독일에 항복하자 그는 런던으로 망명해 대독항전에 나선다. 자유프랑스위원회(Forces Françaises Libres)를 조직해 활동했고, 이 때문에 페탱이 이끄는 친독일 괴뢰정부인 비시(Vichy) 정부로부터 사형 선고를 받기도 했다. 1943년에는 알제리에서 결성된 국민해방위원회 위원장에 취임해 프랑스 해방을 위한 레지스탕스(Résistance) 운동을 주도했다. 독일이 퇴각한 1944년에 파리로 귀환하여 임시정부의 수반이 되었고, 1945~46년에는 총리·국방장관 등을 지냈다. 제4공화국이 무너진 후, 그는 1958년 12월 제5공화국의 첫 대통령으로 선출되었다. 그는 민족자결주의에 근거하여 국민투표를 통해 알제리 독립을 이끌어냈고, 7년에 걸친 알제리 전쟁을 평화롭게 종결짓기도 했다.

전후 미국과 소련이 국제질서를 주도하는 가운데 드골 대통령은 제3세계를 지원하면서 자주성을 표방하는 외교 정책을 추구했던 지도자다. 서유럽국가 중 눈치를 보지 않고 미국에 "No"라고 말했던 유일한 나라가 바로 프랑스다. 드골 대통령은 강한 프랑스를 건설하기 위해 독자적인 핵개발과 핵무장을 추진했다. 미국과 소련의 반대는 물론이고 국제연합 총회에서 프랑스의 핵실험 포기를 종용하는 결의안이 채택되었다. 그럼에도 드골 정부는 1960년 알제리에서 최초로 핵실험을 성공시키며 핵보유국이 되었다. 핵실험 성공 후 드골이 내뱉은 일성은 "위대한 프랑스 만

출처: nbnserge / Shutterstock.com

샤를 드골 공항
파리 북쪽 25킬로미터 위치에 자리한 샤를 드골 국제공항. 이 공항의 이름은 프랑스인이
가장 존경하는 드골 대통령의 이름에서 따온 것이다.

세!"였다고 한다.

원래 프랑스는 1949년에 창설된 북대서양조약기구(NATO)의 창설 멤버였다. 하지만 1966년 드골은 미국의 독단적 헤게모니를 비판하며 전격적으로 NATO를 탈퇴하는 등 미국의 눈에 거슬리는 독자노선을 취한다.

프랑스의 지정학자 필리프 모로 드파르주(Philippe Moreau Defarges)에 따르면, 미국과 소련이 지배하는 전후 세계질서에서 프랑스와 같은 후발국가가 국제적으로 중요한 지위를 차지하기 위해 드골이 선택했던 것은 다음의 네 가지 원칙이었다.

1. 잃어버린 중요지역에서 독립을 되찾고 원칙적으로 혼자만으로도 국가영토방어를 보장해줄 핵 억지력을 보유한다.
2. 구 프랑스령과의 관계 등 물려받은 유산을 잘 관리한다.
3. 프랑스의 추동력 아래 하나의 유럽 축을 건설하여 힘의 증폭을 가져온다.
4. 마지막으로 어떤 일이 있더라도 '세계의 성가신 훼방꾼'으로 머물러 있는다.

요컨대 드골은 위대한 정치지도자이면서 한편으로는 탁월한 지정학자이자 전략가라고 할 수 있다.

75. 아카데미 프랑세즈(Académie Française)

나라마다 그 나라 최고의 학술원이 있다. 학문·예술 등을 관장하는 그야말로 최고 권위를 가진 기관이다. 영어로는 Academy, 프랑스어로는 Académie인데 보통 '한림원'이라 부른다. 아카데미는 고대 그리스의 '아카데메이아'에서 온 말이다. 기원전 385년 철인 플라톤이 아테네 서북쪽에 있는 영웅신 아카데모스의 신역에 청년들의 심신을 수련하고 인재를 양성하기 위한 목적으로 세운 철학학원이 아카데메이아(Akadēmeia)다. 고대로부터 교육기관이란 의미로 사용되다가 중세 유럽에서는 대학이라는 명칭이 사용되기 전까지 고등교육기관이라는 의미로 사용됐다. 이후 한림원 등 학술 전문단체로 그 의미가 바뀌게 된다.

프랑스에서 가장 권위 있고 오래된 한림원은 1635년에 설립된 '아카데미 프랑세즈(Académie Française)'다. 그런데 프랑스의 아카데미가 하나만 있는 것은 아니다. 이 밖에도 금석학·문학 아카데미(Académie des inscriptions et belles-lettres), 과학 아카데미(Académie des sciences, 1666년 설립), 미술 아카데미(Académie des beaux-arts, 1816년 통합 설립) 그리고 도덕·정치학 아카데미(Académie des sciences morales et politiques, 1795년 설립) 등이 있다.

프랑스 혁명기인 1795년에는 이들 아카데미를 회원으로 하는 프랑스 학사원(Institut de France)이 설립됐다. 현재 파리 6구에 위치해 있는데, 인문학·자연과학·예술 등에 대한 대통령 자문 등

218

정책수립에 막대한 영향력을 미치고 있으며, 아카데미 산하 학회들을 관장하는 역할을 하고 있다. 각각의 아카데미에는 회원들이 소속돼 있다.

아카데미 프랑세즈는 40개, 금석학·문학 아카데미는 55개, 과학 아카데미는 262개, 미술 아카데미는 59개, 도덕·정치학 아카데미는 50개의 학회를 회원으로 두고 있다.

그중 아카데미 프랑세즈는 프랑스어를 관장하는 한림원이다. 세계에서 모국어를 가장 사랑하는 민족인 프랑스인에게 프랑스 한림원은 각별한 의미를 갖는다. 프랑스 한림원은 1635년 역사적인 인물인 리슐리외(Richelieu) 재상에 의해 설립됐고, 이듬해 프랑스 국왕 루이 13세의 「공개장」을 받고 업무를 시작한다. 프랑스 한림원에게 주어진 임무는 프랑스어의 규칙을 정하고 모든 사람들이 이해할 수 있는 순수한 언어로 만드는 일이다. 프랑스어를 정하는 권위와 권한이 주어졌던 것인데, 프랑스 혁명으로 중단되었다가 1803년에 부활해 오늘에 이른다.

아카데미 프랑세즈의 회원은 종신제이며 항상 40명을 유지한다. 사망이나 사임으로 결원이 생기면 입후보제로 보궐선거를 치러 정회원을 뽑는다.

정회원은 '불멸의 지성'으로 불리며 존경과 권위를 누리게 되는 최고의 명예직이다. 대부분 당대 최고의 문인들이지만 몰리에르나 루소 등은 회원이 아니어서 반드시 그런 것은 아니다. 철학자 알랭 핑키엘크라우트, 소설가 막스 갈로, 작가이기도 한 발레

리 지스카르 데스탱 전 대통령도 현재 정회원이다.

프랑스 한림원장(직위명은 종신 서기)은 정회원 중에서 선출하는데, 역시 한번 선출되면 종신이다. 현재 원장은 러시아 전문가이며 여류작가인 엘렌 카레르 당코스(Helène Carrère d'Encausse)로 1999년에 선출되었다.

76. 르 코르동 블뢰(Le Cordon Bleu)

〈내 이름은 김삼순〉, 2005년에 엄청난 시청률을 기록했던 인기 드라마다. 김선아가 역을 맡아 열연한 주인공 삼순이는 자신이 프랑스 요리학교 '코르동 블루(Le Cordon Bleu) 출신이라는 것에 대단한 자부심을 갖고 있다. 코르동 블루의 정식명칭은 '레콜 드 퀴진 뒤 코르동 블뢰(L'École de cuisine du Cordon Bleu)'다. '코르동 블뢰 요리학교'란 뜻이다. 영어 블루(Blue)의 프랑스어 발음은 '블뢰'에 가깝다. 「르몽드(Le Monde)」 신문을 그냥 '몽드' 신문이라고 말하지 않듯이, 사실은 정관사 '르(Le 또는 라La)'도 같이 붙여주는 게 좋다.

프랑스인은 본래 수다스럽기로 유명하다. 이들은 만나면 시간 가는 줄 모르고 떠들고 토론하고 담소를 나눈다. 이들의 대화 주제는 주로 뭘까. 프랑스인의 3대 이야깃거리는 스포츠, 정치 그리고 요리다. 2018년 현재 약 6,523만 명에 이르는 프랑스인은 각자가 이 세 가지 중 하나의 주제에 대해서는 나름대로 주관이 뚜렷하고 할 말도 많다. 하지만 이 세 가지를 뺀다면 프랑스인은 의외로 굉장히 과묵해질 수 있다. 프랑스인의 특성과 기호를 단적으로 보여주는 예다. 이들은 축구·사이클·테니스 등 스포츠에 열광하고 정치의식이 굉장히 높으며, 문화적 정수로서의 미식 요리를 사랑하는 민족이다.

삼순이가 다녔던 르 코르동 블뢰는 요리와 제과제빵에서 100년이 넘는 오랜 역사와 전통을 자랑하는 명문 사립학교다. 사실 학교라기보다 학원이라는 표현이 맞을 텐데, 체계적인 교육 프로그램과 국제적인 명성을 갖고 있기에 학교라고 부르겠다. 우리나라에서는 숙명여대가 이 학교를 유치해 2002년 4월 '르 코르동 블뢰-숙명 아카데미'를 설립했다.

'르 코르동 블뢰'는 말 그대로 풀어보면 '푸른 리본'이라는 뜻인데, '뛰어난 미식 요리'를 상징하는 말이다. 그 연원을 따지자면 16세기로 거슬러 올라간다. 1578년 프랑스 국왕 앙리 3세는 '성령기사단(L'Ordre des Chevaliers du Saint Ésprit)'을 창단했는데, 그 멤버들은 길게 늘어뜨려진 푸른 리본의 십자훈장을 달고 있었기에 '르 코르동 블뢰'라고 불렸다. 특히 성령기사단은 호화로운 만찬이 뒤따르는 격식 있는 파티로 유명했다. 이러한 연유로 18세기에 들면서 르 코르동 블뢰라는 말은 훌륭한 요리라는 뜻으로 쓰이게 된다.

19세기 말경 언론인 마르트 디스텔 여사(Mme Marthe Distel)

는 「라 퀴지니에르 코르동 블뢰(꼬르동 블루 요리사)」라는 주간지를 발간했는데 큰 성공을 거두었고, 「세계 최고의 요리 레시피(프랑스어로는 르세트recette)」를 집대성하게 된다. 1896년 1월 14일 이 잡지의 요리들을 선보이기 위해 만들어진 학교가 바로 파리의 '르 코르동 블뢰'다.

설립 첫해부터 세계적인 관심을 불러 일으켰던 르 코르동 블뢰는 1897년 첫 러시아 유학생이 입학한 후 1905년에는 일본인 학생이 입학하는 등 세계적인 요리학교로 발돋움한다. 1933년에는 런던 분교가 설립되었는데 런던 르 코르동 블뢰는 엘리자베스 여왕의 대관식 만찬을 케이터링해 더욱 유명해진다.

특히 르 코르동 블뢰가 국제적인 유명세를 타게 된 것은 오드리 헵번이 주연한 영화 〈사브리나(Sabrina)〉 때문이었다. 〈사브리나〉는 1954년에 개봉된 미국의 코미디 영화로 빌리 와일더 감독에 오드리 헵번, 험프리 보가트, 윌리엄 홀든이 주연을 맡았다. 이 영화 중간 부분에 오드리 헵번이 전설적인 샹송 가수 에디트 피아프의 「라 비 앙 로즈(La vie en rose: 장밋빛 인생)」를 부른 것으로 유명하다.

또한 오드리 헵번은 이 영화에서 파리의 르 코르동 블뢰에서 요리수업을 받는다. 이를 기념하기 위해 르 코르동 블뢰에서는 「'사브리나' 요리 시리즈」를 발간하기도 했다. 「사브리나 요리 시리즈」는 우리나라에서는 베스트홈(「월간 쿠켄」)에서 번역·출간돼 화제를 모았다. 1984년 코냑 '레미 마르탱'을 생산하는 쿠앵트로

(Cointreau) 가문이 이 학교를 인수한 후, 파리 르 코르동 블뢰는 굴지의 국제요리학교로서 입지를 다지고 있다. 현재 영국 런던, 캐나다 오타와, 호주 시드니 등 12개국에 20여 개 분교를 두고 있다. 물론 파리 르 코르동 블뢰가 가장 유명하고, 한국을 비롯한 70여 개국에서 온 유학생들이 여기서 요리교육을 받고 있다. 르 코르동 블뢰가 역사적으로 유명한 셰프를 많이 배출한 것도 사실이고 이 학교 졸업장인 '그랑 디플로마'가 요리업계에서 인정받는 것도 사실이다. 하지만 사실 프랑스 요리와 제과제빵을 가르치는 학교가 르 코르동 블뢰만 있는 것은 아니며 이 학교 졸업이 요리사로서의 완성을 의미하는 것은 더더욱 아니다. 요리사는 현장 속에서 실전에 배치돼 창의성을 발휘할 때에야 진정한 셰프가 될 수 있기 때문이다.

한국에는 잘 안 알려져 있지만 르 코르동 블뢰 말고도 EPMT(으페엠테: 식탁관련전문학교) 같은 조리전문학교들은 적은 수업료로도 알찬 커리큘럼을 제공하고 있다. 게다가 이곳은 학원이 아니라 정식학교다.

한 가지 덧붙이자면, 사실 르 코르동 블뢰 졸업장보다 프랑스 정부가 주관하는 까다로운 국가공인시험인 전문직업 자격증인 CAP야말로 훨씬 취득하기 어렵고 유용한 자격증이다. CAP 시험은 제과·제빵 분야, 요리 분야 등으로 나눠 치러지는데, 르 코르동 블뢰를 나와도 CAP가 없으면 인정받기 힘들다. 이는 조리학교만 나오고 조리사 자격증이 없는 것과 마찬가지다. CAP는 이론과 실기, 프랑스어 시험을 통과해야 취득할 수 있다. 때문에 르 코르동 블뢰를 나온 한국인 셰프는 수없이 많지만 CAP를 가진 한국인 셰프는 거의 없다. 대개 제빵기술고등학교·조리고등학교를 나온 사람들이 응시하며, 3년 정도 준비해야 한다. 당연히 이 자격증은 세계적으로도 인정받고 있다.

돈가스집에 가면 '코돈블루 돈가스'라는 메뉴가 있다. 안에 치즈가 들어 있는 돈가스다. 돈가스 자체가 일본식인데, 프랑스 문화를 좋아하는 일본인들이 아마 미식을 상징하는 코르동 블뢰를 붙여 '코돈블루 돈가스'라고 불렀던 것 같다.

77. 콩코드(Concorde)

역사적으로 영국과 프랑스, 두 나라는 묘한 관계다. 우방인 듯 우방 아닌 우방 같은 나라다. 사사건건 대립하고 갈등하지만 또 필요할 때는 협력하는, 복잡하고 미묘한 관계다. 중세 말기에는 두 나라가 1337년부터 1453년까지 116년 동안 이른바 '백년전쟁'을 벌였고, 나폴레옹 시절에는 프랑스가 영국에 대해 대륙봉쇄령을 내리면서 영국과 극한적으로 대립하기도 했다. 하지만 두 차례의 세계대전 때는 연합했고 전후에도 우주항공 분야에서 전략적인 협력을 했다. 영국과 프랑스의 합작으로 만들어낸, 세계에서 가장 빠른 초음속 여객기가 바로 '콩코드(Concorde, 콩코르드)'가 그것이다.

1956년 영국에서는 초음속 수송 항공기 위원회가 출범했고 1959년에는 마하 속도를 가진 여객기 개발을 계획했다. 이에 프랑스와 영국은 초음속 여객기 공동개발에 협력하기로 한다. 양국 정부가 공동으로 설계·개발·제조하는 데 합의한 계획을 프랑스 드골 대통령은 프랑스어로 '화합·협력·조화'를 뜻하는 '콩코르드(Concorde)'라 이름 붙였는데, 이것이 공동 개발된 여객기의 이름이 되었다.

1970년대에 프랑스의 에어 프랑스(Air France)와 영국의 브리티시 에어웨이스(British Airways)는 초음속 항공기 콩코드를 여객기로 도입해 상업운영을 시도했다. 하지만 첨단 과학기술력의 상징인 콩코르드는 예기치 못한 문제에 봉착한다. 우선, 대형기가 초음속으로 비행하려면 강력한 추진력이 필요하므로 연료가 많이 들어 경제성이 떨어지는 문제가 발생한다. 또한 음속으로 돌파할 때 발생하는 엄청난 소음이 환경문제를 불러일으켰다. 초음속 비행을 위해서는 객석도 많이 둘 수가 없어서 100석 규모 정도로 제한되었다.

이렇게 소음·경제성 등의 문제를 극복하지 못하고, 결국 콩코르드 여객기는 운항이 중단됐다. 콩코르드기의 유지비를 감당하지 못해 세계 각국의 항공사를 대상으로 매각 협상을 벌였지만 결렬됐다. 그 후 2003년 11월 26일 영국 브리스톨 공항 착륙을 마지막으로 완전히 역사 속으로 자취를 감추게 된다.

초음속 콩코르드 항공기를 계획하고 개발하고 제조해 상업운영을 하는 데는 엄청난 시간과 예산이 투자됐다. 그렇기 때문에 폐기되는 데도 오랜 시간이 걸릴 수밖에 없었다.

이렇게 일단 어떤 행동을 선택해 추진하기 시작하면 그것이 만족스럽지 못하더라도 이전에 투자한 것이 아깝거나 그것을 정당화하기 위해 더욱 깊이 개입해가는 의사결정 과정을 '콩코르드의 오류(Concorde fallacy)'라고 한다. 다른 말로는 '매몰비용 오류 (Sunk Cost Fallacy)'라고도 한다.

78. 샹송(Chanson)

우리나라에는 팝송에 정통한 사람은 많지만 샹송을 잘 아는 사람은 별로 없다. 그래도 요즘은 니콜라 사르코지 전 대통령의 부인인 가수 카를라 브루니 덕분에 샹송이 제법 유명해졌고 예전보다 더 샹송을 많이 들을 수 있긴 하다. 그래도 샹송 하면 먼저 떠오르는 노래는 에디트 피아프가 불렀던 「라 비 앙 로즈」, 이브 몽탕의 「세 시봉(C'est si bon)」 「고엽(Les feuilles mortes)」 등이 아닐까 싶다.

샹송은 프랑스의 대중가요지만 팝송과는 좀 다르다. 가장 큰 특징 중의 하나는 가사의 사회성이다. 프랑스 사람들은 어떤 샹송을 말할 때 작사자 이름을 들며 누구의 무슨 노래라고 이야기하는 경우가 많다. 가사가 전달하고자 하는 메시지를 중요하게 여기는 그들의 특이한 정서를 보여준다. 또한 샹송 가수로 한 획을 그은 인물에 대해서는 '아티스트'라고 이야기하기도 한다.

현대 프랑스 샹송은 부침을 거듭하며 발전해왔다. 제2차 세계 대전 전후 시기에는 현대 프랑스 샹송의 고전들이 많이 나왔다. 특히 감미로운 샹송이 많았는데, 이는 끔찍한 전쟁과 독일 점령기 동안에는 사회성을 띤 노래가 유행할 수 없었기 때문이다. 티노 로시, 샤를 트러네, 에디트 피아프, 이브 몽탕 등이 대표적인 전후 샹송 가수다. 제2차 세계대전 이후에는 지성적인 문화예술 인들이 대중가요의 흐름을 주도했다. 이 시기에는 카페 골목으로 유명한 '생 제르망 데 프레(Saint-Germain des Près)'나 대학가 '카르티에 라탱(Quartier latin: 라틴 지구)'에서 활동하던 가수들이 밖으로 나와 대중적인 활동을 했다. 보리스 비앙, 쥘리에트 그레코 등을 들 수 있다.

1960~70년대는 유럽 전체가 눈에 띄게 경제성장을 이루기 시작한 시기였기에 물질적 풍요나 행복이 샹송에 영향을 주었다. 팝송의 영향으로 가사보다는 곡의 리듬을 중시하는 댄스 가요도 인기를 누렸다. 샹송의 분위기나 리듬도 전반적으로 밝고 경쾌하게 바뀐다. 대표적인 가수로는 클로드 프랑수아, 프렌치 록의 황제 자니 할리데이, 프랑수아즈 아르디, 실비 바르탕, 아다모, 미셸 폴라네프 등을 들 수 있다. 전반적으로 록큰롤풍의 대중가요가 강세였지만 다른 한편에서는 사회성이 강한 샹송도 계속 맥을 이어간다.

1980년대 전후에는 이른바 '라 누벨 샹송(새로운 샹송)' 시대가 열린다. 이 시기는 전반적으로 음악이 다양화되는 시기였는데 샹송이 생활 속 깊숙이 스며든다. 일상을 담아내는 노래, 저항가요, 음유시인풍의 노래 등 다양한 경향의 노래가 공존하게 된다. 일상을 가볍게 노래한 알랭 수숑, 일상적 저항 가수 르노, 전원 가수 이브 뒤테이, 프렌치 록의 대명사 장 자크 골드만 등이 인기를 누렸다.

79. 팡테옹(Panthéon)

파리의 대학가 카르티에 라탱에 있는 '팡테옹(Panthéon)'은 파리 여행의 단골 코스 중 하나다. 국가를 빛낸 프랑스 위인들을 모시는 사당으로 잘 알려져 있다. 원래 팡테옹은 그리스와 로마에 있는 신을 모시는 사원인데, 그 어원을 따져보면 '모든 신'이란 뜻이다. 우리말로 하면 '만신전(萬神殿)'쯤 되겠다. 그리스나 로마의 판테온과 구분하기 위해 팡테옹은 '파리 팡테옹'이라고 부르는 것이 좋겠다. 판테온이 신전인 데 비해, 파리 팡테옹은 위인들을 모시는 사당이다.

역사적으로 보면, 18세기에 루이 15세는 자신의 병이 치유된 데 대해 신에게 감사하기 위해 생트 주느비에브(Sainte Geneviève) 성당을 지었다. 1758년에 건물 기초가 세워졌고, 프랑스 혁명이 발발한 1789년에 완성되었다. 기둥이 있는 돔 모양은 런던의 세인트 폴 대성당의 영향을 받았다. 프랑스 혁명으로 들어선 혁명 정부는 이 성당을 혁명영웅의 묘지를 모시는 사원으로 사용하였고, 이때부터 팡테옹이라는 이름으로 불리게 된다.

팡테옹 건물은 웅장하고도 화려하다. 천장이 높은 내부는 벽화와 조각으로 장식되어 있고 내부 중앙에는 프랑스의 물리학자 장 베르나르 레옹 푸코(J.B. Foucault)가 지구의 자전운동을 증명한 푸코의 진자 모형을 재현해놓아 눈길을 끈다. 오늘날 팡테옹 건물 지하에는 볼테르·루소·에밀 졸라·빅토르 위고·마리 퀴리 등, 프랑스인이 존경하는 문인·사상가·과학자 등 위인 70여 명의 무덤이 있다.

근처에는 파리 1대학(Université Paris I)이 있는데 팡테옹-소르본(Panthéon-Sorbonne) 대학으로 불린다. 파리대학교 중 우리에게 가장 잘 알려진 것은 소르본 대학, 즉 파리 4대학이다. 소르본 대학은 1253년에 설립된, 세계에서 가장 오래된 대학 중 하나다. 팡테옹-소르본 대학은 법학·정치학 등이 유명하고, 소르본 대학은 신학·철학·문학 등이 유명하다. 유럽에서 가장 오래된 파리 대학교는 12세기 중엽 처음 설립됐을 때는 교수와 학생의 길드(조합) 형태였는데, 13세기에 프랑스 국왕과 교황에게 「칙서」로 인정받으며 보호를 받는다. 파리 대학은 프랑스 혁명 시기 폐교됐다가 1896년 재설립되는 등 부침을 겪다가 1971년 13개의 독립대학으로 분리된다. 1대학부터 9대학까지는 파리시내에, 10대학부터

팡테옹 외부
파리의 대학가 카르티에 라탱에 위치한 팡테옹은 파리 여행 중 즐겨 찾는 명소다.
팡테옹 건물의 지하에는 볼테르·루소·위고 등의 무덤이 있다.

13대학은 파리 외곽도시에 위치해 있다. 모두 파리 대학으로 불리지만, 사실 13개 대학은 각각 독립적인 별개의 대학이었다.

21세기 들면서 파리 대학의 분리 독립에 대한 비판이 본격적으로 제기되기 시작했고, 그 결과 2005년에 고등교육기관연합체 '파리 위니베르시타스'가 창설됐다. 이 연합체는 2010년에 해체된 후 다시 몇 개 그룹으로 분리되어 현재와 같이 7개의 대학연합그룹이 되었다.

가령 파리 4대학·6대학·INSEAD·국립과학연구소·국립자연사박물관 등 10개 기관은 '소르본 대학연합'이 되었고, 파리 8대

팡테옹 내부
팡테옹 건물은 웅장하고도 화려하다. 내부는 천장이 높고, 벽화와 조각으로 장식되어 있으며,
중앙에는 J.B. 푸코의 진자 모형을 재현해놓았다.

학·10대학은 연합해서 파리 뤼미에르 대학을 만들었으며, 파리
12대학과 마른 라 발레대학은 파리-에스트 대학으로 합종연횡을
이룬다. 이들 대학연합은 원래의 대학은 그대로 두면서 그 위에
우산을 씌운 연합체 형태로, 지방정부가 연합한 연방정부 같은
모양새다. 복지시설·도서관 등을 공동으로 이용하고, 박사과정·
연구과제도 공동 운영하고 있지만, 아직 공동학위제 기반의 완전
통합체 수준은 아니다.

80. 퐁 뇌프(Pont Neuf)

1991년 개봉된 쥘리에트 비노쉬, 드니 라방 주연의 프랑스 영화
〈퐁네프(퐁 뇌프)의 연인들(Les Amants du Pont-Neuf)〉은 그야말
로 파격적이었다. 센강의 아름다운 다리 '퐁 뇌프'를 배경으로 펼
쳐지는 이 영화는 로맨틱한 사랑을 다룬 영화가 아니라 지저분한
부랑자 행색을 한 커플의 사랑을 그리고 있다.

　여담이지만 이 영화에 나오는 배경 퐁 뇌프는 가짜이며, 퐁 뇌
프 뒤 배경으로 나오는 사마리텐 백화점도 가짜다. 퐁 뇌프에서
촬영 허가가 나지 않아 아비뇽에다 그럴듯하게 가짜 퐁 뇌프 세
트를 만들어 영화를 찍었다고 한다. 네이버 영화에서 검색해보면
영화 소개가 나오는데 다음과 같이 소개돼 있다.

> "파리 센강의 아홉 번째 다리 퐁네프,
> 사랑을 잃고 거리를 방황하며 그림을 그리는 여자 '미셸',
> 폐쇄된 퐁네프 다리 위에서 처음 만난 그녀가 삶의 전부인
> 남자 '알렉스'.
> 마치 내일이 없는 듯 열정적이고 치열하게 사랑한 두 사람.
> 한때 서로가 전부였던 그들은 3년 뒤, 크리스마스에 퐁네프
> 의 다리에서 재회하기로 했는데……"

　설명처럼 퐁네프는 파리 센강의 아홉 번째 다리일까. '퐁

퐁 뇌프
'새 다리'라는 뜻의 '퐁 뇌프'는 아이러니하게도 현존하는 센강의 다리 중 가장 오래되었다.
1578~1607년까지 30년에 걸쳐 돌로 만들어졌다.

(Pont)'은 '다리'란 뜻이고 '뇌프(Neuf)'는 숫자 '9'란 뜻과 '새것
의'란 뜻을 함께 갖고 있다. 그래서 아마 아홉 번째 다리라고 생
각한 것 같다. 하지만 사실 퐁 뇌프에서 뇌프는 '새것의'란 뜻이
다. 그러니까 '새 다리'라는 뜻이다. 퐁 뇌프는 16세기 말에 짓기
시작했다. 16세기에는 두 개의 다리만이 파리의 센강에 놓여 있
었다. 1578년 앙리 3세는 교통 혼잡을 해소하기 위해 세 번째 다
리를 지으라는 명을 내렸다. 공사는 느리게 진척되었고, 파리에서
최초로 돌로 건축된 이 다리가 완성된 것은 1607년에 이르러서였
다. 앙리 4세가 개통식을 거행하였으며, 돌로 만든 이 튼튼한 새

출처: Delpixel / Shutterstock.com

부키니스트
이동하면서 책을 파는 판매상들을 관리하기 어려워 정착해서 팔도록 허가한 것이
부키니스트의 시작이다.

다리는 퐁 뇌프라고 이름 지어졌다. 당시에는 튼튼한 새 다리였지만, 이제 퐁 뇌프는 파리에서 가장 긴 다리이자 현존하는 센강의 다리 중 가장 오래된 다리다.

퐁 뇌프 근처에는 '부키니스트(Bouquiniste)'라 불리는 고서적 노점상이 있는데, 이것 또한 파리의 명물이다. 노트르담 성당 주변, 퐁 뇌프 다리 근처 강변을 따라 가다보면 다닥다닥 붙어 있는 초록색 철통들이 보이는데 이것이 부키니스트다. 도시 전체가 박물관이라고 할 수 있을 만큼 구석구석에 유적과 유물이 자리 잡고 있는 도시가 파리다. 그런데 사실 유명한 명물들 — 노트르담 대성당, 에펠탑, 루브르 박물관 — 은 대부분 센강변에 몰려 있다.

오래전 유네스코가 세계 인류의 명소 리스트에 센강변 전체를 올린 적이 있다. 이유인즉슨 파리에는 워낙 명소가 많아 선정에 어려움이 있어 센강변 전체를 목록에 올렸다는 것이다. 지금도 파리의 아름다움에 고풍스러움과 정겨움을 한껏 더해주는 것이 센강의 부키니스트들이다.

부키니스트의 역사는 17세기 초까지 거슬러 올라간다. 파리에 처음 생긴 인쇄소는 소르본 대학에 있었는데, 1470년에 처음 생긴 후 독점 인쇄권을 갖고 있었다. 당시에는 책을 소유한다는 것 자체가 굉장한 특권이고 사치였기 때문에 당국의 허가가 필요했고 거기에 세금까지 물어야만 했다. 그래서 당시에는 모든 책의 맨 첫 장에 '국왕의 특권 윤허'라는 문구가 명시되었고, 출판물 통제를 위해 책 제목·작가의 이름·출판사명도 반드시 명기하도록 되어 있었다. 그 후 소르본을 중심으로 해서 출판조합이 생겨나고 1530년경에는 센강 건너편까지 번져나가는데 1539년 프랑수아 1세는 인쇄소·출판사·제본사·서점 간의 독점조합 결성을 금지하는 법을 발표했다.

센강의 '부키니스트'는 책의 독점권을 금지한 법안 때문에 생겨났다. 책 거래가 자유로워지니 서점이 아닌 곳에서도 책을 살 수 있게 되었던 것이다. 말하자면 만물상쯤 되는 상인들이 큰 바구니를 지고 다니면서 잡동사니와 함께 책도 취급했던 것이다. 이들은 상점이 없이 항상 이동하면서 책을 거래했으므로 허가가 되지 않는 책이나 외국책까지 취급하였다. 당국은 이들을 관리하기 위해 신고를 의무화했고 통과승인 절차를 받도록 했다.「통과승인증」을 잡동사니 바구니 옆에 반드시 붙이고 다니도록 했지만 항상 움직이는 이들을 제대로 관리할 수가 없었다. 그래서 제기된 방안이 이동상인들을 '고정'시키자는 생각이었다.

1606년부터 이들에게 퐁 뇌프 근처에서 낮에 몇 시간씩 물건을 팔 수 있도록 했는데 이것이 부키니스트의 효시다. 1721년의 다리 수리 공사로 잠시 자취를 감추었다가 다시 나타난 부키니스트는 1859년에 이르러서는 파리 경시청 관리하에 들어가게 된다. 1917년부터는 뚜껑이 있는 철통을 다리 난간에 부착하도록 했는데 이때부터 오늘날과 같은 부키니스트의 모습을 갖추게 된다.

현재 센강변의 부키니스트는 200곳이 훨씬 넘으며 센강변을 따라 3킬로미터 정도 길게 이어져 있다. 부키니스트들이 보유하고 있는 서적만 줄잡아 30만 권에 이른다고 하니 야외 서점으로는 아마 세계 최대 규모일 것이다. 이곳에서는 주로 퀴퀴한 책 곰팡내 풍기는 고서적이나 오래된 잡지를 판매하는데 관광객들이 많아 기념품과 관광엽서도 팔고 있다. 이 길게 늘어진 부키니스트 행렬의 중간쯤 되는 지점에 퐁 뇌프가 있다. 퐁 뇌프를 중심으로 늘어서 있는 부키니스트는 관광객과 파리지앵의 사랑을 받는 곳이다.

지금은 관광객들이 즐겨 찾는 명소지만 1950년대에는 지식인들이 단골로 찾던 곳이었다. 오후가 되면 센강변을 산책하며 사색에 잠기다가 강변 고서적상을 돌며 고서를 뒤지던 것은 당시 지식인들의 큰 낙이었다고 한다. 노벨문학상에 빛나는 프랑스의 대문호 아나톨 프랑스(Anatole France)는 부키니스트에 대해 이렇게 이야기한 바 있다. "부키니스트들이 있는 센강변을 지나노라면 기쁨의 전율을 느끼지 않을 수 없다"고 말이다.

81. 베르사유(Versailles)

'거대한 역사의 소용돌이조차 그들의 뜨거운 사랑은 삼키지 못한다!' 감동과 전율의 명작 『베르사유의 장미』는 만화의 나라 일본의 대표적인 순정만화 제목이다. 우리나라에서는 1979년에 해적판으로 처음 출판되었다고 하는데, 원작은 스테판 츠바이크의 『마리 앙투아네트』다.

만화를 그린 작가는 일본의 여성 만화가 이케다 리요코(池田理代子)인데, 전기 작가인 스테판 츠바이크의 저서를 상당부분 참고해 만화를 그렸다고 한다.

이 만화에는 세 사람의 주인공이 등장한다. 대대로 왕가의 군대를 지휘하던 유서 깊은 집안의 막내딸로 태어나 남자로서 살아가야 했던 오스칼, 오스트리아의 왕녀로 루이 16세와 결혼해 왕비가 되지만 결국 형장의 이슬로 사라지고 마는 비운의 마리 앙투아네트 그리고 스웨덴의 고귀한 가문 맏아들로 태어나 막대한

권력과 재산보다 사랑하는 여인을 위해 자신을 버리는 페르젠이다. 18세기 중반 유럽의 서로 다른 나라에서 태어나 장차 프랑스의 베르사유 궁전에서 만나게 될 이들 세 사람의 운명을, 만화는 서사적인 스토리로 풀어간다. 등장인물 중 오스칼·페르센 등은 가상의 인물이고, 마리 앙투아네트만 실존 인물이다.

이 만화의 제목 『베르사유의 장미』는 루이 16세의 왕비였던 마리 앙투아네트를 가리킨다. 오스트리아 여왕 마리아 테레지아의 막내딸로 그녀는 프랑스 왕실로 시집을 가 왕비가 되었다. 베

베르사유

17세기 전반까지는 왕이 수렵을 즐겼던 한적한 마을 베르사유.
루이 13세와 루이 14세에 이르러 이곳에 막대한 세금을 들여 호화로운 궁전을 지었다.

르사유(Versailles)는 세계에서 가장 웅장하고 화려한 베르사유 궁전을 말한다. 파리 남서쪽 근교에 위치하며, 17세기 말~18세기에 베르사유에 지어진 부르봉 왕조의 궁전이다.

베르사유는 17세기 전반까지는 프랑스 왕이 수렵을 즐기던 한적한 마을이었다. 루이 13세가 이곳을 수렵장으로 만든 뒤 작은 성을 지었고, 루이 14세는 1661년 건축가 르보, 정원예술가 르 노트르(André Le Nôtre) 등을 초빙해 이후 50년이라는 긴 세월 동안 막대한 세금을 쏟아부으며 궁전을 지었다. 1672년 왕궁을 이곳으로 옮기면서 베르사유는 왕국의 수도이자 유럽 정치·문화·사교의 중심지가 되었다.

아름다운 외모로 작은 요정이라 불렸던 왕비 마리 앙투아네트는 베르사유 궁전의 프티 트리아농(Petit Trianon) 궁에서 살았는데, 사치스러운 생활로 백성들의 원성을 사 결국 프랑스 혁명 때 처형당한다. 굶주리던 민중들이 봉기를 일으키자 마리 앙투아네트는 "왜 사람들이 이렇게 난리냐"라고 물었다. "먹을 빵이 없어서"라는 대답에 "빵이 없으면 케이크를 먹으면 되지"라고 말했다는 에피소드는 너무도 유명하다.

82. 샹젤리제(Les Champs-Élysées)

파리 샹젤리제 거리를 소재로 하는 노래 중에 흥겨운 리듬의 「오 샹젤리제」라는 샹송이 있다. 뉴욕에서 태어나 프랑스에서 샹송 가수로 활동했던 미국계 프랑스인 조 다생(Joe Dassin)의 히트곡이다. 조 다생의 부모는 유대인이었다. 조 다생은 미국 태생인지라 약간 미국식 억양이 배어 있지만 어쨌든 흥겨운 리듬과 유쾌한 가사는 프렌치 샹송을 국제화하는 데 크게 이바지했다. 한번 가사를 음미해보자.

샹젤리제
콩코르드 광장에서 개선문까지 일직선으로 뻗어 있는 세계에서 가장 아름다운 거리.
이 거리를 소재로 한 노래 「오 샹젤리제」는 너무도 유명하다.

Je me baladais sur l'avenue (나는 거리를 거닐고 있었죠)

Le coeur ouvert à l'inconnu (모르는 이에게 마음을 열고)

J'avais envie de dire (인사를 하고 싶었어요)

Bonjour à n'importe qui (아무에게나 '봉주르'라고)

N'importe qui ce fut toi (아무에게나요, 당신이었죠)

Je t'ai dit n'importe quoi (당신에게 나는 아무 말이나 했어요)

il suffisait de te parler (당신에게 말하는 것으로 충분했어요)

pour t'apprivoiser (당신과 친해지기 위해서)

Aux Champs-Élysées (샹젤리제 거리에는)

Aux Champs-Élysées (샹젤리제 거리에는)

Au soleil, sous la pluie (맑은 날이나 비가 올 때나)

À midi ou à minuit (정오이건 자정이건)

Il y a tout ce que vous voulez (당신이 원하는 무엇이든 여기에 다 있죠)

Aux Champs-Élysées (샹젤리제 거리에는)

콩코르드 광장에서 개선문까지 일직선으로 뻗어 있는 파리의 샹젤리제 대로는 세계에서 가장 아름다운 거리다. 에르메스(Hermès)·루이 뷔통·샤넬 등 고급 부티크가 즐비한 화려한 거리, 사시사철 관광객들이 붐비는 경쾌한 거리가 바로 샹젤리제다. 주변에는 대사관들도 많다. 옛날 이곳은 들판과 습지 지역이었다.

그러다 17세기 초에 이르러 왕비 마리 드 메디시스(Marie de Médicis)가 튈르리 정원(Le Jardin des Tuileries)에서부터 센강변을 따라 이어지는 여왕의 산책길을 만들면서 샹젤리제 거리가 정비되기 시작했다. 특히 튈르리 정원은 베르사유 궁전의 조경을 맡았던 앙드레 르 노트르가 설계한 정원으로도 유명하다. 나폴레옹의 조카 루이 나폴레옹, 즉 루이 나폴레옹 3세 치세에 이르러 샹젤리제 거리는 상업적인 활동의 중심지가 되었고, 개선문을 중심으로 에투알(Étoile) 광장의 공사가 완공됨으로써 오늘날과 같은 모습을 갖추게 되었다.

83. 에펠탑(La Tour Eiffel)

에펠탑은 파리를 상징하는 랜드마크이자 관광객들이 즐겨 찾는 명소다. 조립식 철탑인 에펠탑은 1889년에 프랑스 혁명 100주년을 기념해서 열린 파리 만국박람회장에 세워졌는데, 그 높이가 270미터가 넘는다. 에펠탑이라는 이름은 이 탑을 설계한 프랑스의 교량기술자 귀스타브 에펠(Gustave Eiffel)의 이름에서 왔다. 뉴욕 항 리버티섬에 세워진 자유의 여신상 설계자도 역시 에펠인데, 1886년 미국독립 100주년을 기념해 프랑스가 미국에게 선물

에펠탑
파리를 상징하는 랜드마크이자 관광 명소 에펠탑. 에펠탑이 처음 지어졌을 때만 해도
파리의 경관을 해치는 흉물이라는 비판을 거세게 받았다.

출처: Resul Muslu / Shutterstock.com

귀스타브 에펠
에펠탑을 설계한 귀스타브 에펠은 뉴욕에 있는 자유의 여신상의 설계자이기도 하다.
에펠탑 꼭대기에 올라가면 그의 밀랍 인형을 볼 수 있다.

한 것이다.

지금은 파리의 명물로 손꼽히지만 처음에 지어질 때만 해도 파리 경관을 해치는 흉물스런 철골 덩어리라는 비판이 끊이질 않았다. 특히 예술가와 지식인이 비판의 선두에 나섰다. 당대 최고의 작가 기 드 모파상(Guy de Maupassant)은 에펠탑이 지어진 후에는 매일 에펠탑에 있는 식당에서 식사했다는 에피소드가 전해진다. 그 이유는 에펠탑이 너무 보기 싫어서 에펠탑이 보이지 않는 곳을 찾다보니 유일한 곳이 에펠탑 내 식당이었다는 것이다.

파리시의 건축물은 대부분 고풍스런 대리석으로 지어졌는데,

여기에 거대한 철골 구조물을 세운다는 발상은 당시로서는 파격 자체였다. 고전 건축 양식과 공간미에 대한 개념을 단번에 깨버린 에펠탑은 발상의 전환이 빚어낸 창조의 산물이라 할 수 있다.

생각해보면 프랑스의 창조적인 문화는 상상력이 풍부한 프랑스인의 이런 일탈적 사고로에서 비롯됐다. 일탈은 '원래의 길을 벗어난다'라는 의미다. 애초부터 길이 있었던 것은 아니다. 웹툰과 드라마로 사랑을 받았던 〈미생〉의 마지막 회를 보면 루쉰의 「고향」을 인용한 다음과 같은 문구가 나온다.

"본래 땅 위에는 길이 없었다. 한 사람이 먼저 가고 걸어가는 사람이 많아지면 그것이 곧 길이 되는 것이다."

길도 문화도 그렇게 하나하나 만들어지고 발전해왔다. 일탈 없이는 창조할 수 없고, 파괴 없이는 혁신을 이룰 수 없다. 에펠탑의 아름다움 속에는 창조의 아픔이 숨어 있다.

84. 노트르담(Notre Dame)

2019년 4월 15일, 파리 구도심 시테섬의 노트르담 대성당에 화재가 발생했다. 순식간에 번진 화재로 800년 역사를 자랑하는 노트르담 대성당의 푸른 지붕과 첨탑은 속절없이 무너졌다. 이날은 인류의 위대한 문화유산을 잃은 비극적인 날로 기록될 것이다.

화재가 난 노트르담 대성당은 빅토르 위고의 소설『노트르담의 꼽추』의 배경이 된 곳이다. 소설에서 종지기 콰지모도가 종을 울리던 곳이 바로 노트르담 대성당의 첨탑이었다. 원제는『노트르담 드 파리』다. 파리 노트르담 대성당의 정식 명칭은 '카테드랄 노트르담 드 파리(Cathédrale Notre-Dame de Paris)'다. 노트르담 대성당은 루이 7세의 지시로 1163년에 건설을 시작해 약 100년 이상이 걸려 완성됐다. 뾰족한 첨탑과 푸르스름한 색의 지붕, 건물 외벽의 섬세한 조각상, 내부의 아름다운 스테인드글라스 등 웅장하고 아름다운 건축물로 유명하며, 매년 1,200~1,400만 명의 관람객이 즐겨 찾는 파리의 명소다.

프랑스는 가톨릭 국가인지라 대도시 중심부에는 보통 대성당이 자리 잡고 있다. 대성당 중 노트르담이란 이름이 붙은 성당은 파리에만 있는 것이 아니다. 가령 벨기에와 가까운 프랑스 북동부 스당(Sedan)에 있는 신고딕 양식 성당은 이름이 '토르시 노트르담 생 레제(Église Notre Dame-Saint-Léger de Torcy)'이다. 프랑스 식민지였던 캐나다 퀘벡주의 퀘벡(Québec)시에도 퀘벡 노트르담(Notre-Dame de Québec) 대성당이 있다.

노트르(Notre)는 '우리의(영어로는 our)'란 뜻이고 담(Dame)은 '여인, 부인'이란 뜻인데, 직역하면 '우리의 부인'이다. 하지만 관사 없이 대문자를 사용하면 가톨릭에서 말하는 '성모 마리아'를 뜻한다. 영어에서도 성모 마리아를 '아워 레이디(Our Lady)'라고

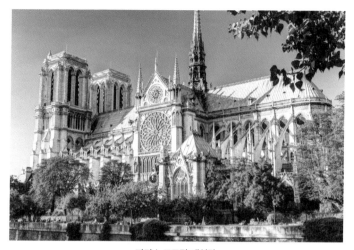

파리 노트르담 대성당
파리의 센강 주변 문화유산과 자연환경 등과 함께 유네스코 세계유산으로 등재되어 있다.
노트르담 성당은 지난 2019년 4월 15일 대화재로 소실되어 현재 복구 중이다.

쓰며 독일어에서는 Unsere Liebe Frau라고 쓴다.

2006년 한국에서는 빅토르 위고의 소설 『노트르담의 꼽추』를 원작으로 하는 두 개의 대형 뮤지컬 공연이 있었다. 하나는 국립극장에서 공연했던 〈노틀담의 꼽추〉, 또 하나는 프랑스에서 건너온 오리지널 프렌치 뮤지컬 〈노트르담 드 파리〉였다. 전자는 한국 뮤지컬 기업 신시뮤지컬컴퍼니의 뮤지컬이었는데, 엄밀히 말하자면 위고의 소설이 아니라 디즈니의 34번째 장편 애니메이션 〈노틀담의 꼽추〉를 원작으로 해서 라이선싱 작업을 통해 무대에 올려졌다. 대본이나 음악만 디즈니 원작을 따왔을 뿐 독자적인 작업이 돋보였던 뮤지컬로 한국판 〈노틀담의 꼽추〉라고 할 수 있겠다.

프랑스 본토 버전 뮤지컬 〈노트르담 드 파리〉는 프랑스에서도 국민적 인기를 모았다. 감미로운 샹송과 격조 있는 프랑스 문화의 흥취를 한꺼번에 맛볼 수 있는 좋은 작품이다. 원래 이 공연은 2005년에 한국에서 초연을 했는데, 당시 8만 관객을 동원해 세종문화회관 최단 기간 최다 입장객 기록을 세웠다. 이어 2006년 앙코르 공연에서도 다시 한번 최다 관람객 기록을 갈아치웠다. 프랑스에서는 〈레 미제라블〉과 〈노트르담 드 파리〉 둘 다 뮤지컬로 공연되었지만 〈레 미제라블〉은 흥행에 실패한 반면, 〈노트르담 드 파리〉는 대성공을 거둬 대조를 이루었다. 어쨌거나 〈노트르담 드 파리〉는 프랑스어 원어로 공연되므로 브로드웨이나 웨스트엔드 뮤지컬에 익숙한 한국관객들에게 문화적 자극을 줄 수 있는 색다른 기회였다. 영국·캐나다·스위스·이탈리아·러시아·중국 등 총 11개국에서 1,000만 명 이상의 관객을 동원한 이 뮤지컬은 명실공히 프랑스 최고의 국민 뮤지컬이라 할 수 있다.

대본은 전설적인 극작가 뤼크 플라몽동(Luc Plamondon)이 썼다. 플라몽동은 캐나다 퀘벡 출신으로 늦은 나이에 작사를 시작했지만 특별한 재능을 인정받아 프랑스 음악계에서도 입지를 굳힌 인물이다. 특히 프랑스의 전설적인 록 오페라 〈스타마니아(Starmania)〉의 작사자로 유명하다. 만약 〈스타마니아〉를 안다면 프랑스 대중문화에 상당히 조예가 깊다는 말을 들을 만하다. 〈스타마니아〉는 유명 샹송 가수 미셸 베르제(Michel Berger)가 작곡하고 플라몽동이 대본과 가사를 써서 만들었다. 1979년에 처음 제작돼 파리에서 초연된 뮤지컬(그들은 록 오페라라고 표현하고 있다)인데, 지금까지도 인기를 누리며 사랑받고 있다.

〈스타마니아〉는 스타를 꿈꾸는 지기(Ziggy), 그를 짝사랑하는 웨이트리스 마리(Marie), 한물간 은막의 스타 스텔라(Stellar), 돈과 권력의 화신 장비에(Janvier) 등 미래도시 모노폴리스(Monopolis)에 사는 일곱 명의 사랑과 인생, 꿈과 권력 등을 그리고 있다. 주옥같은 명곡과 짜임새 있는 스토리로 팬들을 매료시키기에 모자람이 없다.

음반 판매 기록을 세운 것은 물론이고 이 뮤지컬의 명곡들은 셀린 디옹(Céline Dion), 신디 로퍼(Cynthia Lauper), 톰 존스(Thomas Jones) 등 인기가수의 음반에도 수록되어 화제가 됐다. 바로 그 플라몽동이 뮤지컬 〈노트르담 드 파리〉의 대본과 가사를 썼다.

85. 물랭 루주(Moulin Rouge)

'물랭 루주(Moulin rouge)'는 '붉은'을 뜻하는 루주가 들어간, 가장 친숙한 말 중 하나다. 물랭은 '풍차'를 의미하니 물랭 루주는 '빨간 풍차'란 뜻이다. '물랭 루주'라고 하면 화려한 무대와 무희들이 추는 프렌치 캉캉 춤을 연상하게 된다. 니콜 키드먼이 열연했던 할리우드 영화 〈물랑 루즈(2001)〉는 파리의 물랭 루주를 배경으

물랭 루주
파리 몽마르트르 언덕 아래 물랭 루주 카바레의 야경.

출처: atm2003 / Shutterstock.com

로 한 대중영화였다.

　우리나라에도 옛날 서울의 무교동에 무랑루즈라는 이름의 극장식당이 있었는데, 밤무대로 유명했다. 그 원조는 파리의 몽마르트르(Montmartre) 언덕 아래에 있는 역사적인 카바레 '물랭 루주'다. 몽마르트르 언덕과 언덕 아래의 피갈(Pigalle) 지역은 공연을 보면서 술도 마시고 음식도 먹는 낭만적인 카바레(Cabaret)가 많고 주로 가난한 예술가들이 활동하던 곳으로, 낭만과 예술의 상징이었다. 하지만 지금은 예전의 이미지는 많아 사라졌고 소매치기와 관광객, 스트립쇼 등으로 항상 시끄럽고 북적거리는 환락가처럼 인식되고 있다. 한국인 관광객 중 피갈 거리에서 애꿎게 낭

출처: Petr Kovalenkov / Shutterstock.com

오 라팽 아질
2층 벽에 큰 냄비에서 뛰쳐나오는 붉은 스카프를 맨 토끼 그림이 있다.

패를 당한 사람도 적지 않을 것이다.

역사적으로 파리의 카바레는 몽마르트르 언덕을 중심으로 생겨나고 발전했다. 몽마르트르 언덕 아래에는 '물랭 루주'나 '르 샤누아르(Le Chat noir: 검은 고양이)'가 위치해 있고, 언덕 위쪽으로는 '오 라팽 아질(Au Lapin Agile)'이라는 유명한 카바레가 자리 잡고 있다. '오 라팽 아질'은 1860년 말경에 생겨났는데 삽화작가 앙드레 질(André Gill)이 운영을 맡으면서 유명해졌다.

앙드레 질은 붉은 스카프를 맨 토끼가 큰 냄비에서 뛰쳐나오는 재미있는 그림을 벽에 그렸는데, 이 그림 때문에 카바레의 별명이 '르 라팽 아질(Le Lapin Agile: 민첩한 토끼)'이 되었다가 훗날

'오 라팽 아질(Au Lapin Agile)'로 바뀌었다. 1913년 샹송가수이자 작사작곡가였던 아리스티드 브뤼앙(Aristide Bruant)이 이 카바레를 인수하면서 이곳은 보헤미안 예술가나 화가가 즐겨 찾는 문화공간으로 변모했다. 시인 막스 자코브와 파블로 피카소가 단골이었다고 한다.

한편 물랭 루주 이야기가 나오면 빠지지 않는 사람이 있다. 바로 앙리 드 툴루즈-로트레크(Henri de Toulouse-Lautrec)다. 툴루즈-로트레크는 남프랑스 지역 알비(Albi)라는 곳의 귀족 집안에서 태어났지만 두 차례의 사고로 어린 시절 두 다리의 성장이 멈춰버려 어른이 된 후에도 키는 152센티미터에 불과했다.

인상파의 영향을 강하게 받은 화가 툴루즈-로트레크는 풍경화에는 별로 관심이 없었다. 대도시의 화려한 카바레나 공연, 창녀촌 등을 화폭에 담았던 독특한 작가다. 그를 유명하게 만든 것은 그가 그린 물랭 루주의 선전 포스터와 간판 그림이었다. 화려한 카바레 물랭 루주의 장식과 공연은 로트레크에게는 예술적 영감의 원천이되었다. 지금도 프랑스인은 물랭 루주 하면 툴루즈-로트레크를 이야기한다. 물랭 루주의 역사 속에는 불운한 예술가의 열정과 눈물이 숨어 있다.

우리나라에서는 카바레라고 하면 보통 제비족이나 춤바람을 연상시키는 퇴폐적인 공간으로 생각하지만, 원래 프랑스의 카바레는 사교의 장이자 문화공간이었다. 식사를 하고 술을 마시면서 예능인의 쇼를 구경할 수 있는 극장식 식당을 말하는데, 1800년대 후반 파리에서 생겨나기 시작했다. 처음에는 연극공연을 많이 했는데 이후 독일·미국 등으로 확산되면서 전위예술을 선보이는 문화공간 또는 화려한 뮤지컬·댄스 쇼 등을 공연하는 대중예술 공간으로 자리 잡는 경우도 있었다. 스트립쇼나 스펙타클을 제공하는 프랑스의 쇼로는 샹젤리제 거리의 리도(Lido), 크레이지 호스(Crazy Horse) 그리고 물랭 루주가 있는데 각각 나름대로 자부심과 특색이 있다.

이 세 곳의 무희들은 전 세계에서 온 가장 실력 있는 미인들만 몰려오기 때문에 이곳의 전속 무희가 되는 것은 그야말로 바늘구멍에 들어가는 것만큼이나 어렵다. 따라서 그들은 대단한 자부심을 갖고 있다고 한다. 우리나라 관광객들은 교통 편의나 시설 면에서 뛰어난 샹젤리제 거리의 리도 쇼를 가장 많이 관람한다는데, 그래도 역사적으로 보면 낭만의 원조는 물랭 루주다.

마담·카바레·살롱 등 우리에겐 마치 타락의 조합처럼 보이는 것들이 사실은 프랑스 문화사에서 여성의 사회적 활동 공간을 넓히고 낭만적인 대중문화의 저변을 확산하는 데 막중한 역할을 해왔다. 마담(Madame)은 귀족부인이나 여인을 높여 부르는 말이고, 카바레(Cabaret)나 살롱(Salon)은 여성의 사회적 활동이 제한적이던 시대에 여성이 지식인·문화예술인과 교제하면서 사회에 참여하는 장으로서의 기능을 하던 사교 공간이었다.

86. 르노(Renault)

거리를 지나가다 보면 가끔 '르노삼성자동차'라고 적혀 있는 간판이 눈에 들어온다. 르노(Renault)는 삼성자동차를 인수해 우리의 자존심에 상당히 상처를 주었던 프랑스 자동차 회사다. 1996년 대우 그룹이 프랑스의 톰슨 그룹을 인수하려고 했다가 프랑스 국민의 반발과 노동자의 저항으로 실패한 적이 있었다. 그 이듬해 우리나라는 IMF 금융위기를 맞았다. 그리고 2000년 4월, 르노-닛산 얼라이언스는 6,200억 원에 삼성자동차를 인수했고, 2000년 9월에 르노삼성자동차 주식회사가 출범했다.

르노는 푸조(Peugeot), 시트로앵(Citroën)과 함께 프랑스 3대 자동차 브랜드 중 하나다. 르노는 프랑스 자동차 회사 중 최대 규모이며 프랑스 대기업 중에서도 수위를 다투는 글로벌 기업이다. 이 회사는 1898년 파리 교외의 불로뉴-비앙쿠르(Boulogne-Billancourt)에서 루이·마르셀·페르낭 르노 3형제에 의해 설립되었다. 회사 이름은 창업자인 르노 형제의 성에서 땄다.

제2차 세계대전 때 나치에 협력한 죄로 1945년에는 국가에 의해 자산이 몰수되면서 국유화됐다. 1947년에 개발된 르노 4CV 차를 비롯해 1958년형의 르노-도핀 등 소형 승용차를 대량 생산하는 데 잇달아 성공하면서 르노는 프랑스 최대의 자동차 기업이 되었다. 1955년에는 자회사를 설립해 트럭·버스 생산에도 진출했고, 1966년에는 경쟁력 강화를 위하여 푸조와 업무 제휴를 맺

르노

프랑스 최대 자동차회사 르노. 오랫동안 국영기업으로 운영되어왔으나,
1990년대 말, 민영기업으로 전환되었다. '르노삼성자동차'의 모기업이다.

었다. 본사와 공장은 불로뉴-비앙쿠르에 있으며, 프랑스 국내에
있는 6개의 공장 외에도 벨기에·스페인·브라질 등 10여 개국의
공장에서도 르노 차 조립이 이루어지고 있다.

1990년에는 스웨덴의 국민차 볼보(Volvo) 자동차와 제휴를 맺
었고 1999년 3월에는 일본의 닛산 자동차를 인수했다. 2017년에
는 미쓰비시 자동차까지 인수해, 현재는 르노-닛산-미쓰비시 얼
라이언스를 이루고 있다.

오랫동안 국영기업으로 운영돼오던 르노 자동차는 1990년대
말, 반세기 만에 민영화의 길로 들어선다. 하지만 지분구조를 보

면 여전히 공기업의 성격이 남아 있다. 2017년 현재 국가 지분
은 여전히 15퍼센트나 되고, 닛산이 15퍼센트, 도이체스 방크가
4.41퍼센트, 달미에가 3.1퍼센트, 종업원이 2.5퍼센트를 보유하고
있다. 르노 자동차 브랜드로는 르노 클리오(Renault Clio), 르노 라
구나(Renault Laguna)가 유명하다. 2017년 연 매출액은 587억 유로
규모이고 종업원 수는 2017년 현재 18만 명에 이른다.

르노는 프랑스인에게 또 다른 각별한 의미가 있다. 프랑스 자
본주의의 한가운데 있었고 노동운동이 싹튼 곳이기도 하기 때문
이다. 역사적으로 르노 공장은 치열했던 노동운동의 현장이었다.
프랑스는 노동운동, 특히 생디칼리슴(Syndicalisme)적인 노동운동
이 강했던 나라다. 일찍이 카를 마르크스는 자본주의 모순이 가
장 격화된 곳에서 혁명이 일어날 거라고 예견했다. 물론 그의 예
측이 맞지는 않았다. 어쨌거나 프랑스에서 노동운동이 가장 치열
했던 곳은 프랑스 최대 기업 르노 자동차에서였다. 프랑스로 건
너와 노동운동을 배웠고 직접 공산당 활동을 했던 베트남 건국의
아버지 호치민도 젊은 시절에는 르노 자동차 공장에서 노동자로
일했다.

에밀 졸라의 원작을 토대로 1993년 프랑스의 국민감독 클로드
베리가 만든 〈제르미날(Germinal)〉이란 영화가 있다. 이 영화는
할리우드 영화 〈쥬라기 공원〉에 맞서기 위해 프랑스 정부가 막대
한 예산을 지원했던 초대형 영화다. 실제로 프랑스에서는 〈쥬라
기 공원〉에 필적하는 관객을 동원해 프랑스인의 자존심을 세워주

기도 했다. 우리나라에서도 1994년에 개봉되었다. 19세기 노동운동을 배경으로 하고 있는데, 프랑스인이 가장 사랑하는 인기 배우들이 대거 등장한다. 가수 르노는 제라르 드파르디외, 미우미우와 함께 이 영화의 주인공으로 나온다.

1952년생인 르노는 프랑스의 전설적인 가수 조르주 브라상스(Georges Brassens)의 열렬한 애호가였고, 1970년대 중반부터 특유의 악상(accent: 억양), 현실주의적이고 사회비판적인 내용의 가사, 붉은 스카프에 찢어진 청바지의 반항적인 옷차림 등으로 단연 청소년의 우상으로 떠올랐던 저항 가수다. 「Amoureux de Paname(파리와 사랑에 빠져)」에서 그는 공해문제를 노래했고, 「Le retour de Gérard Lambert(제라르 랑베르의 귀환)」에서는 도시의 소외문제를 노래했다. 그의 노랫말은 대부분 속어나 비어, 도시빈민의 언어로 이루어져 있다. 마그레방(Maghrebin: 북아프리카 출신의 이민자) 2세의 자기 정체성 상실 문제를 노래한 「Deuxième Génération(두 번째 세대)」는 「Hexagone(6각형: 프랑스를 상징)」과 함께 사회학자들에게는 학문적인 연구 대상이 되기도 했다.

또 다른 대표곡 「Dans mon HLM(나의 아쉬엘엠에서)」에서는 탁월한 언어 감각으로 'HLM(서민임대주택)'과 'hasch(마약), elle aime(그녀는 하쉬쉬를 좋아해)'을 병치시키면서 교외의 마약 문제를 부각시키고 있다. 영화주제가이기도 한 「Viens chez moi(나의 집으로 와)」와 「J'habite chez une copine(나는 여자친구 집에 살아)」는 리듬도 흥겹지만 가사의 해학성에 놀라지 않을 수 없다. 찬찬히 듣고 음미해보면 프랑스 샹송의 진수를 느낄 수 있다. 르노의 노래는 그야말로 샹송의 걸작이다. 자동차 르노는 프랑스 자본주의를 떠받쳐온 기업이지만, 가수 르노는 프랑스의 저항문화를 상징하고 있다.

87. 플래카드(Placard)

요즘 거리에 나가보면 온갖 현수막이 난무한다. 구호나 주장, 표어, 광고 등의 내용을 담고 있다. 현수막을 외래어로는 플래카드라고 한다. 플래카드는 게시문이나 격문을 뜻한다. 플랑카드, 플랜카드 등으로 잘못 사용하는 경우가 많은데, 바른 표기법은 플래카드(Placard)다. 그러나 사실은 프랑스어이므로 발음에 따른 표기는 '플라카르'가 맞다. 『국어사전』에 플래카드를 찾아보면 '현수막의 형태와 관계없이 긴 천에 표어 따위를 적어 양쪽을 장대에 매어 높이 들거나 길 위에 달아놓은 표지물'이라고 정의돼 있다. 국립국어원은 외래어 플래카드는 현수막으로 순화해 사용할 것을 권고하고 있다.

역사적으로 중세 시대 프랑스에서는 '벽보 사건'이라는 것이 있었다. 가톨릭와 프로테스탄트 간의 종교 갈등이 심하던 시절, 1534년 10월 18일 파리 등지의 많은 집 문에 미사를 반대하는 격문이 붙었고 국왕은 이를 빌미로 박해를 강화했다. 1534년 10월

18일 대대적으로 격문이 붙었던 사건을 프랑스 역사책에는 대문자로 '벽보 사건(Affaire des Placards)'이라고 기술하고 있다.

88. 드레퓌스 사건(Affaire Dreyfus)

19세기 말 프랑스에서는 세계사를 뒤흔든 역사적인 사건이 일어난다. 바로 '드레퓌스 사건(Affaire Dreyfus)'이다. 사실 이 사건은 유대인에 대한 미묘한 차별 감정이 빚어낸 일종의 스파이 음모 사건이었는데, 수년에 걸쳐 온 나라를 발칵 뒤집어놓았다. 당시 프랑스 지식인 사회는 이 사건을 둘러싸고 드레퓌스파(또는 재심파)와 반드레퓌스파(반재심파)로 양분돼 대립했다. 드레퓌스파는 진리·정의·인권을 옹호하면서 사회 문제에 참여하고 책임지는 새로운 지식인상(像)을 세우게 된다. 드레퓌스 사건의 개요를 살펴보면 대략 다음과 같다.

1894년 프랑스군 참모 본부 소속의 유대인 포병 대위 알프레드 드레퓌스(Alfred Dreyfus)는 독일에 군사기밀을 팔아넘겼다는 혐의로 체포됐고, 군사법정에서 '계급박탈과 유형'을 선고받는다. 하지만 문제는 그의 혐의를 입증할 만한 명백한 물증이 없었다는 점이다. 파리 주재 독일대사관에서 유출된 「매도기밀명세서」의 필적이 드레퓌스의 것과 유사하다는 것이 유일한 증거였다. 필적이 비슷하다는 것 말고는 결정적 물증이 하나도 없었는데 드레퓌스가 범인으로 내몰렸던 것은 그가 유대인이었기 때문이다. 당시만 하더라도 프랑스 사회에서는 반유대주의 편견이 매우 심했다.

자칫 군대 내부의 일로 묻힐 수 있었던 사건이었지만 반유대주의 신문 하나가 반유대주의 운동의 일환으로 기사화하면서 세상에 알려지게 된다. 알프레드 드레퓌스의 형 마튀 드레퓌스는 동생의 무죄를 확신하며 언론인들에게 도움을 호소한다. 때마침 군에서는 진짜 범인이었던 헝가리 태생의 에스테라지 소령이 붙잡힌다. 하지만 군부는 군부 권위가 실추되는 것을 두려워해 이를 철저히 비밀에 부쳤고, 고소된 에스테라지를 오히려 무죄로 석방하고 만다. 이때, 드레퓌스의 무죄를 주장하고 나선 지식인들이 바로 '드레퓌스파'인데, 이들은 주로 공화파 지식인이었다. 이들은 인권동맹을 조직해 진실을 밝히기 위한 대대적인 항거에 나선다. 반면 반드레퓌스파는 주로 반유대주의자·애국주의적 우익·군국주의자 등으로 구성되었다.

결국 유죄의 유일한 근거였던 문서는 위조된 것으로 밝혀졌고, 위조자인 앙리 대령은 이를 자백한 후에 자살한다. 그러자 여론은 더욱 들끓기 시작했다. '군의 권위와 국가 질서'만을 앞세운 군부의 상층부는 드레퓌스의 무죄를 주장하는 운동을 막기 위해 1899년에 개최된 재심군법회의에서도 드레퓌스에게 유죄를 선고했다.

이렇게 되자 결국 프랑스 대통령 에밀 루베(Émile Loubet)가 개입하지 않을 수 없었고, 대통령의 특별사면 단행으로 겨우 격앙

된 여론을 가라앉힌다. 하지만 드레퓌스에 대한 완전한 복권은 한참 뒤인 1906년 7월에 이르러서야 이루어진다. 프랑스 대법원은 드레퓌스에 대해 최종적으로 무죄판결을 내렸다.

드레퓌스 사건의 의의는 이 사건을 계기로 지식인이 사회문제에 대해 고민하고 참여하는 분위기가 만들어졌고, 이 과정에서 사회문제에 적극 나서는 '참여 지식인상'이 확립되었다는 점이다. 드레퓌스 사건 당시 지식인 참여를 촉발시켰던 것은 「에밀 졸라의 공개서한」이었다. 소설가 에밀 졸라는 정치적으로는 이상주의적인 사회주의 성향을 갖고 있었다. 대표작으로는 『목로주점(*L'Assomoir*, 1877)』, 『제르미날(1885)』 등이 있고 자연주의 문학사조의 대가로 손꼽힌다. 1898년 1월 13일 「로로르(L'Aurore: 여명)」 신문에 발표된 졸라의 글 「나는 고발한다(J'accuse)」는 후일, 권력과 불의에 항거하는 참여 지식인상을 세운 기념비적인 명문으로 기록된다.

"반복건대, 진실은 땅속에 묻더라도 온축(蘊蓄)되고 그 속에서 무서운 폭발력을 간직한다. 이것이 폭발하는 날 진실은 주위의 모든 것을 휩쓸어버릴 것이다. (……) 내가 취하는 행동은 진실과 정의의 폭발을 재촉하는 혁명적 수단이다. 나에게는 진리에 대한 열정만이 있을 뿐이다. 누가 감히 나를 법정으로 끌고 갈 것인가."(에밀 졸라, 『나는 고발한다』)

에밀 졸라는 필화사건으로 징역 1년형을 선고받았다. 하지만 대통령에게 보낸「에밀 졸라의 공개서한」으로 폭발한 지식인들의 항거는 끝내 보수적인 군부와 권력을 굴복시켰고, 드레퓌스 사건은 진실의 승리로 끝난다.

89. 르네상스(Renaissance)

역사적으로 중세에서 근대로 넘어가는 과정에서 일어났던 거대한 변화를 우리는 '르네상스'라고 부른다. 세계사 책을 읽다보면 등장하는 르네상스는 14~16세기 이탈리아·프랑스 등 서유럽 문명사에 등장하는 거대한 문화운동을 일컫는 말이다. 이탈리아에서 시작되었다는 것이 통설인데, 이탈리아어로는 Rina Scenza(리나 센차)지만 프랑스어 '르네상스(Renaissance)'가 더 일반적으로 통용된다. 프랑스어 '네상스(Naissance)'는 탄생을 뜻하고, '르네상스'는 '재탄생, 재생, 부활'이란 의미다.

그렇다면 뭐가 재탄생했다는 걸까. 인문정신, 인문주의의 재탄생을 가리키는 것이다. 인간의 존재를 중요시하고 인간의 능력과 성품 그리고 인간의 현재적 소망과 행복을 무엇보다도 귀중하게 생각하는 정신이 인문주의다. 인문주의는 휴머니즘(Humanism)인데, 이 용어는 라틴어 후마니스타 'Humanista'에서 나왔다. 인문주의는 유럽 전역에서 일어난 르네상스(Renaissance)의 가장 기본

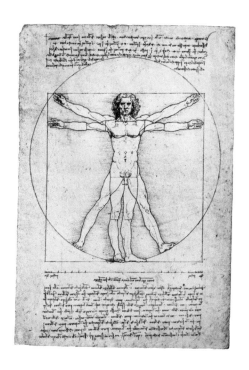

레오나르도 다 빈치, 「비트루비우스」
레오나르도 다 빈치(Leonardo da Vinci)가 그린 「비트루비우스」를 통해 인간을 만물의 척도로
바라보는 르네상스의 인간중심주의를 알 수 있다.

적인 특징이다. 서구인이 자신들도 그리스인이나 로마인처럼 문명과 사회에 이바지할 수 있음을 깨닫고 중세시대를 지배하던 신중심의 세계관에서 탈피해 인간 중심으로 세계를 바라보기 시작한 사조를 말한다. 르네상스 시기에 이르러서야 인간은 인간 고유의 가치를 지닌 창조적 표현을 존중함으로써 예술·철학·과학·

윤리학 등이 획기적으로 발전할 수 있었던 것이다.

　가령 자연현상을 인식하고 원리를 깨닫는 과학이나 과학 원리를 바탕으로 새로운 것을 만들어내는 기술 발전은, 인간이 인간 자신의 능력과 잠재력에 대한 신뢰를 가짐으로써 가능해졌다. 중세시대에는 자연현상이 신의 섭리라고만 생각하였으나 르네상스와 과학혁명을 거치면서 인간의 과학적 인식으로 자연현상의 법칙을 알아낼 수 있게 된 것이다. 결국 르네상스는 신 중심의 세계관에서 인간 중심의 세계관으로의 근본적인 변화를 의미한다.

90. 쿠데타(Coup d'État)

5·16은 혁명인가, 아니면 쿠데타(Coup d'État)인가. 5·16이나 12·12는 매우 유사한데도 한때 5·16은 군사혁명, 12·12는 군사쿠데타라 불러 논란이 된 적이 있다. 쿠데타와 혁명은 본질적으로 다르지만 권력을 장악하기 위한 비합법적인 투쟁이란 점에서는 공통점을 갖는다.

　한 전직 대통령의 측근은 청문회에서 "성공한 쿠데타는 혁명"이라고 말해, 이 말이 인구에 회자된 적이 있다. 어찌 보면 맞는 말이다. 역사는 누구의 관점에서 바라보느냐에 따라 해석이 달라질 수 있다. 원래 인간사는 자연사와는 달라 객관적 진리가 없다. 팩트, 즉 역사적 사실은 같으나 해석은 다를 수 있다. 한때 인기를 누렸던 TV 프로그램 〈브레인 서바이벌〉의 시작 멘트에는 '일등과 꼴찌 차이는 백지 한 장 차이'라는 말이 나온다. 쿠데타와 혁명의 차이도 백지 한 장 차이에 지나지 않는다.

인류 역사상 권력을 둘러싼 암투나 쿠데타 비슷한 정변들은 무수히 많다. 최초의 근대적인(?) 쿠데타를 일으켰던 사람은 나폴레옹 보나파르트였다. 우리 역사에서는 1884년에 김옥균을 비롯한 개화파들이 일본을 등에 업고 수구파를 상대로 쿠데타를 감행했다가 '3일 천하'로 끝난 사건이 있다. 이른바 갑신정변이다. 근대사에서 쿠데타는 프랑스에서 먼저 일어났기 때문에 지금은 '쿠데타'라는 프랑스어가 전 세계적으로 통용되는 상용어가 됐다. 프랑스어에서 '쿠(Coup)'는 '한 방'을 뜻하고 '에타(État)'는 국가(State)를 의미한다. 그러니까 쿠데타는 '국가에 한 방을 먹이는 것'을 말한다. 그 '한 방'이 무력이고 정치적인 거사를 의미하기에, 군이 우리말로 하자면 '무력정변' '군사정변'쯤으로 번역될 수 있겠다.

1799년 나폴레옹은 '디렉투아르(Directoire, 統領政治)'를 폐지하기 위해 의회에 대한 쿠데타를 일으켰다. 그 후 나폴레옹 1세의 조카였던 루이 나폴레옹 보나파르트, 즉 나폴레옹 3세도 1851년 12월 2일 의회를 해산하고 대통령 임기를 10년으로 연장한 후 이듬해에 스스로 황제에 등극했다. 두 나폴레옹은 모두 쿠데타로 권력을 장악했다. 권력투쟁을 거치면서 무력시위를 하거나 불법적인 방법으로 정권을 탈취하는 정치활동은 모두가 쿠데타다. 1961년 5·16 때는 박정희가 이끌던 군부세력이 국가에 일격을 가하고 권력을 장악했고, 1979년 12월 12일에는 전두환·노태우가 이끌던 신군부세력이 군사정변을 통해 권력을 장악했다. 이 두 사건은 국가질서를 교란시키고 비합법적 방식으로 권력을 장악한 전형적인 쿠데타였다.

보통 쿠데타는 군부 내에서 일어나는 하극상, 반대파에 대한 유혈숙청·체포·탄압·불법납치·감금 때로는 암살 등 불법적 수단으로 이루어진다. 1980년 신군부의 언론통폐합 때도 보았지만 쿠데타에는 언론에 대한 검열과 탄압이 동반되는 경우가 많다. 같은 쿠데타라도 실패하면 반란이 되고 성공하면 '난세를 치세로 바꾼 혁명'으로 미화되기도 한다. 정사는 지배세력의 관점에서 서술되기 때문이다.

하지만 장기적인 역사의 관점에서 보면 성패를 막론하고 쿠데타는 쿠데타일 뿐이다. 혁명 역시 '비합법적 권력 장악'이라는 면에서는 쿠데타와 공통점이 있지만 아래로부터 올라온 요구에 기반하고 있는 점, 사회 모순이 격화돼 피지배계급이 체제를 전복함으로써 급격한 정치변동이 일어난다는 점에서 쿠데타와는 다르다.

쿠데타는 역사의 산물이었고 쿠데타라는 용어는 세계 공통어가 되었다. 그것은 어느 나라에서나 권력투쟁이 존재해왔고 어느 사회에서나 왜곡되고 굴절된 권력변동을 겪어왔기 때문이다.

그런데 정작 쿠데타의 본산지인 프랑스에서는 쿠데타라는 말은 역사책에나 등장하는 용어이고 일상에서는 거의 사용하지 않고 있다. 대신 프랑스에서는 군부세력에 의한 불법적인 권력장악을 말할 때, '푸치(Putsch)'라는 독일어를 더 많이 쓴다. 쿠데타를 프랑스만의 역사적 산물로 남기고 싶어서가 아닐까.

91. 고몽(Gaumont)

세계 영화 산업을 주도하는 것은 미국 할리우드 영화다. 요즘 블록버스터 영화는 한 편 제작비가 수천억 원이 훌쩍 넘기 때문에 웬만한 규모의 제작업자들이 뛰어들기가 쉽지 않다. 그래서 대부분의 영화는 거대 자본을 가진 메이저급 영화 제작사들이 만든다. 미국의 주요 영화제작사 이름은 우리에게 익숙하다. 1924년에 설립된 컬럼비아 픽처스, 1935년에 창립된 20세기 폭스 등이 오래된 영화사다. 컬럼비아사는 1989년에 일본 소니에 인수됐고, 20세기 폭스는 호주 미디어 재벌 루퍼트 머독에 인수됨으로써 이제는 외국자본이 지배하고 있다. 이보다 더 오래된 제작사로는 1912년에 창립된 파라마운트와 유니버설, 1923년에 워너 4형제가 설립한 워너 브라더스가 있다.

하지만 세계에서 가장 오래된 영화제작사는 미국 영화사가 아니라 프랑스 영화사다. 바로 고몽(Gaumont)이다. 프랑스는 유럽의 영화대국이다. 역사적으로 프랑스는 영화의 나라라고 할 수

출처: Anastasia Pelikh / Shutterstock.com

고몽

샹젤리에에 자리한 세계에서 가장 오래된 영화제작사 고몽. 무려 120년이 넘는 역사를 자랑하며, 지금은 제작뿐 아니라 배급사도 겸하고 있다.

출처: EQRoy / Shutterstock.com

파테

세계에서 두 번째로 창립된 영화제작사 파테의 로고. 파테의 로고 옆에는 프랑스를 상징하는 수탉 실루엣이 있다.

있다. 처음으로 영화를 만든 사람이 프랑스인인 뤼미에르 형제(Auguste et Louis Lumière)였고, 최초의 영화 역시 프랑스에서 만들었기 때문이다. 그래서 프랑스인은 영화에 관해서는 유난히 강한 자부심을 갖고 있고, 영화에 대해 할 말도 많은 사람들이다.

인류 역사상 처음으로 영화가 만들어진 것은 1895년이다. 뤼미에르 형제가 만든 무성영화 〈뤼미에르 공장을 나서는 노동자들(La Sortie des ouvriers de l'usine Lumière, 1895)〉인데, 1895년 12월 28일 파리에서 유료로 상영되었다. 바로 그해에 프랑스 최초이자 세계 최초의 영화사 고몽이 설립됐다. 설립자는 레옹 고몽(Léon Gaumont)이다. 고몽사는 1896년부터 영화제작을 시작했다.

한편 축음기 판매업자이던 샤를 파테와 에밀 파테 형제도 1896년 9월에 파테(Pathé)라는 이름의 두 번째 영화제작사를 만든다. 파테사의 로고에는 수탉 실루엣이 있는데, 수탉은 프랑스를 상징하는 동물이다. 고몽과 파테는 할리우드 영화가 나타나기 전까지 세계 영화를 이끈 양대 주역이었다. 지금까지도 대형 영화제작사로서 건재함을 과시하고 있다. 프랑스 영화는 대부분 고몽 아니면 파테가 제작사다. 이 두 회사는 제작뿐 아니라 배급사 역할도 하고 있다.

고몽이 라 빌레트(La Villette)에 세운 스튜디오는 할리우드에 대형 스튜디오들이 설립되기 전까지는 세계 최대 규모였다. 고몽은 영화의 역사에서 거대한 미국 영화산업에 맞서 프랑스 영화와 유럽 문화의 자존심을 지켜온 선봉장이었다.

1938년에는 프랑스의 광고미디어 그룹 아바스(Havas)가 고몽을 인수했고, 1975년에는 프랑스의 기업인 니콜라스 세두(Nicholas Seydoux)가 경영권을 인수했다. 1992년에는 미국의 월트 디즈니와 계약을 맺고 디즈니 영화를 프랑스에 배급하기 시작했다. 1994년의 〈레옹〉, 1997년 미국 컬럼비아사와 제휴해 제작한 〈제5원소〉 등 뤼크 베송 감독의 영화는 고몽사가 흥행에 성공했던 작품들이다.

고몽사의 로고 밑에 보면 '영화가 만들어진 때로부터(Depuis que le cinéma existe)'라는 문구가 붙어 있다. 세계 최초의 영화제작사 '고몽'은 오늘날 영화를 사랑하는 프랑스인의 자존심이자 자부심이다.

92. 시네마(Cinéma)

영화의 역사에서 프랑스가 차지하는 비중은 매우 크다. 오늘날 세계 영화시장을 장악하고 있는 것은 미국 할리우드 영화지만, 영화가 탄생한 나라는 바로 프랑스이기 때문이다. 영화용어 중에는 필름 누아르(Film noir), 몽타주(Montage), 누벨 바그(Nouvelle vague), 미장센(Mise-en-scène) 등 프랑스어가 많다. 대중적인 문화상품으로 사랑받고 있는 영화는 오늘날 고부가가치를 창출하는 문화산업이 되었다. 가령 할리우드 영화 〈쥬라기 공원〉 한 편으로 벌어들인 수입은 한국의 연간 자동차 수출액과 맞먹을 정도다.

영화는 1895년 프랑스의 뤼미에르 형제에 의해 처음 만들어졌다. 내가 유학생이던 시절, 1995년 프랑스에서는 '영화 탄생 100주년'이라고 온 나라가 시끌벅적했었다. 뤼미에르 형제는 프랑스의 브장송(Besançon)이란 조그만 시골 마을에서 태어났다. 형은 오귀스트 뤼미에르, 동생은 루이 뤼미에르인데, 이들의 성(姓)인 뤼미에르(Lumière)는 프랑스어로 '빛'이란 뜻이다.

원래 뤼미에르 형제의 집은 사진 건판 공장을 경영하고 있었는데, 늘 사진 건판을 보며 자란지라 촬영영사기를 발명할 수 있었다. 모든 발명이 그러하듯, 아무리 창의적인 발명품이라 하더라도 하늘에서 뚝 떨어지듯이 만들어지지는 않는다. 발명은 무에서 유를 만드는 창조라기보다는 창조적 모방으로 이루어지는 경우가 많다. 대부분의 발명품은 이전에 만들어진 무언가를 혁신적으로 개선한 것이고, 어쨌거나 이전에 만든 뭔가에서 출발하는 경우가 많다.

촬영영사기의 기초 원리는 미국의 토머스 에디슨이 1891년에 발명한 '키네토스코프(Kinetoscope)'다. 이 장치는 틈이 난 구멍으로 들여다보면 순간적인 영상이 나타나는 장치다. 하지만 에디슨의 '키네토스코프'는 기술적으로 불충분한데다가 한 번에 한 사람밖에 볼 수 없는 장치라 효용성이 없었다.

이 '키네토스코프'의 원리를 기초로 해서 뤼미에르 형제는 현재의 영화와 같이 필름을 스크린에 영사할 수 있는 장치를 발명했던 것이다. 이들은 1895년 2월 촬영기 겸 영사기를 발명하고 이름을 '시네마토그라프(Cinématograph)'라고 붙였으며, 특허까지 받았다. 시네마토그라프는 역사상 최초의 촬영기이자 영사기였고, 시네마토그라프 덕분에 인류는 움직이는 영상을 볼 수 있게 된 것이다. 또한 뤼미에르의 발명품인 영화는 에디슨의 발명품과는 달리 많은 관객이 동시에 영상을 볼 수 있었기에 당시로서는 그야말로 획기적이었다.

앞서 언급했듯이, 1895년 12월 28일 파리에서는 인류 역사상 처음으로 일반인을 대상으로 한 유료영화가 상영되어 대성공을 거두었다. 이것이 세계 최초의 영화 상영이다. 물론 무성영화였다. 제목은 〈뤼미에르 공장을 나서는 노동자들〉이다. 줄거리도 없고 그냥 동영상이었다. 초창기 영화들은 모두 무성영화였다.

그로부터 118년이 지난 2012년, 흑백 무성영화 〈아티스트〉가 개봉됐다. 미국·프랑스의 합작으로 만들어진 이 영화는 자막만 나오는데도 관객의 감성을 충분히 자극하는 예술영화다. 어쨌거나 세계 최초의 영화는 빛이라는 성을 가진 뤼미에르 형제들에 의해 세상의 빛을 보았고 흥행에도 성공했다.

오늘날 영화를 가리키는 '시네마(Cinéma)'라는 용어는 뤼미에르 형제가 만든 특허품 '시네마토그라프'를 줄인 말이다. 영어로는 모션 픽처(Motion picture), 무비(Movie), 필름(Film) 등으로 부른다. 이 가운데 필름은 사진 필름의 재질을 의미할 뿐만 아니라 영화를 문화적인 측면에서 이야기하거나 영화 중의 장르를 가리

시네마토그라프
에디슨이 발명했던 키네토스코프의 원리를 기초로 해서 뤼미에르 형제가 만들어낸 시네마토그라프.
인류는 시네마토그라프를 발명한 덕분에 영화를 볼 수 있게 됐다.

출처: Everett Historical / Shutterstock.com

킬 때 쓰는 말이다. 그래서 영화제는 필름 페스티벌(프랑스어로는 festival du film, 페스티발 뒤 필므)이라고 부른다. 프랑스어에서는 한 편의 영화는 필름(필므)이라고 하지만 장르로서의 영화를 이야기 할 때는 보통 시네마라고 한다.

　영화, 시네마를 이탈리아어로 치네마토그라피아(Cinematografia) 또는 치네마(Cinema)라 한다. 그리고 독일어로는 키네마토그라피(Kinematographie) 또는 줄여서 키노(Kino)라고 한다. 1995년 5월에 창간됐다가 2003년 7월호를 끝으로 폐간된 영화전문 월간지 「키노」는 영화를 가리키는 독일어에서 온 말이다. 잡지 「키노」는 한국의 「카이에 뒤 시네마(Cahiers du Cinéma: 영화 노트)」를 꿈꾸었지만 그 꿈을 이루지는 못했다.

「카이에 뒤 시네마」는 프랑스의 영화평론가이자 이론가였던 앙드레 바쟁(André Bazin)이 1947년에 창간한 영화전문지로 '영화 역사상 가장 영향력 있는 잡지'라는 평가를 받고 있다. 이 잡지에는 프랑스 누벨 바그 운동을 주도했던 장 뤼크 고다르, 프랑수아 트뤼포 등 전설적인 영화감독들이 필자로 참여했다. 이들은 '영화는 예술 작품의 창조와 마찬가지'라는 작가주의 영화이론을 주창했다. 스페인어로 영화는 시네(Cine), 러시아어로는 키노이며, 북유럽 여러 나라에서는 주로 비오그라프(Biograf)가 쓰이고, 중국에서는 전영(電影)이라고 한다. 국제적으로 가장 많이 쓰이는 용어는 영화의 나라 프랑스에서 만들어진 '시네마(Cinéma)'다.

오늘날 영화는 잘되면 대박이 터지는 엘도라도지만 갈수록 투자규모가 커지고 있는 분야라 잘못되면 쪽박을 차기도 한다. 작가주의 영화인들은 영화를 종합예술이라 보고 있지만, 영화가 예술이냐 산업이냐 하는 데는 논란이 있다. 어떤 이는 영화를 예술로 보고, 어떤 이는 대중문화산업으로 본다. 또한 영화를 오락으로 보는 사람도 있고 이데올로기의 전파자로 보는 사람도 있다. 그만큼 영화는 복잡하고 복합적인 사회적 산물이자 가치의 원천이다.

영화가 본격적으로 발전하던 1910년대에 유럽은 제1차 세계대전을 맞는다. 유럽 전역이 폐허가 되었고 이 때문에 영화는 일대 위기에 직면한다. 반면 전쟁 피해를 전혀 입지 않은 신대륙 미국은 전쟁 중에 유럽 영화인이 대거 유입되면서 오히려 눈부신 발전을 이루게 된다. 제1차 세계대전을 거치면서 영화의 중심은 차츰 유럽에서 미국으로 옮겨진다. 하지만 문화의 전통이 강한 유럽은 나라별로 문화부흥을 위해 적극적인 노력을 기울였고 나름대로 영화의 사조(思潮)를 만들어간다.

독일은 영화를 통해 문화발전을 꾀했던 국가다. 미국 영화의 주도권에 대항하면서 표현주의(Expressionism)라는 예술사조를 영화에 도입한다. 독일의 표현주의라는 장르는 공포·사랑·불안감 등 인간의 감정을 과장된 리얼리티로 형상화하는 경향을 말한다. 카메라 움직임에 심리상태를 담고 명암이나 조명을 통해 감정을 표현하고, 기하학적이고 과장된 무대장치를 사용하며 연극같이 과장된 연기를 한다. 아돌프 히틀러가 집권하면서 독일 영화인들은 대거 미국으로 건너가 할리우드 영화 발전에 이바지한다. 1930~40년대에 유행했던 필름 누아르나 〈프랑켄슈타인(1931)〉 〈드라큘라(1931)〉 등 '유니버설 스튜디오'의 공포영화 시리즈 그리고 알프레드 히치코크의 영화 등은 모두 독일 표현주의의 영향을 강하게 받았다.

한편 이탈리아에서는 파시즘 체제에 대한 대응으로서 '네오레알리스모(신현실주의)'라는 영화장르가 만들어진다. 일제 강점기에 직접 저항하기가 힘들어지자 박목월·조지훈·박두진 같은 청록파 시인이 자연을 소재로 인간 심성을 다룬 작품들을 다룬 바

있다. 그처럼 이탈리아 영화인들은 무솔리니 체제에서 파시즘에
대한 저항이 어려워지자 서민·소외계층의 암담한 생활을 영화
스크린에 담담하게 그려내는 경향의 영화를 만들었던 것이다.

93. 파피용(Papillon)

죽기 전에 꼭 봐야 할 고전영화 중 하나로 꼽히는 프랭클린 셰프
너 감독의 〈빠삐용(파피용)〉은 1973년에 개봉된 미국·프랑스 합
작영화다. '공통점이라고는 살려고 하는 의지와 죽을 장소밖에
없는 두 남자'라는 부제가 붙어 있는데, 종신수 앙리 샤리엘의 실
화 자서전을 각색한 영화다. 살인죄 누명을 쓰고 남미 프랑스령
의 악명 높은 기아나 감옥에서 탈출을 꾀하는 죄수의 이야기인
데, 가슴에 나비 문신이 있어 별명이 파피용이다. 프랑스어 '파피
용(Papillon)'은 '나비'란 뜻이다. 파피용은 감옥에서 또 다른 죄수
드가를 만나고 두 사람은 함께 탈출을 시도한다. 참혹한 감옥에
서 인간 이하의 취급을 받으면서도 이들은 인간으로서 고귀한 생
명을 포기하지 않고 계속 탈옥을 시도한다. 여러 번의 실패 끝에
결국 탈옥에 성공해 자유인으로 여생을 보낸다는 이야기다.

소설 『개미』로 유명한 프랑스 작가 베르나르 베르베르(Bernard
Werber)가 낸 소설 중에도 『파피용(2013)』이란 작품이 있다. 과학
소설가 베르나르 베르베르는 사실 프랑스보다 한국에서 더 유명

한 작가인데 원래 「르 누벨 옵세르바퇴르(Le Nouvel Observateur)」라는 시사주간지의 과학기자로 일했던 사람이다. 『개미』를 발표하면서 그는 단숨에 세계적인 작가로 주목받았다. 베르베르의 소설 『파피용』의 원제는 『별들의 나비(Le Papillon des Étoiles)』다. 베르나르 베르베르의 탁월한 상상력과 실험 정신의 진수를 보여주는 작품이다. 태양 에너지로 움직이는 우주범선 파피용을 타고 1,000년간의 우주여행에 나선 14만 4,000명의 마지막 지구인이 인간에 의해 황폐해진 지구를 떠나 새로운 희망의 별을 찾아나서는 모험담을 그리고 있다.

한편 16세기경 프랑스 왕실에 반입돼 사랑을 받았던 스패니얼계의 애완견종 파피용도 있다. 백색 바탕에 흑색 또는 적색 얼룩무늬를 갖고 있으며, 우아하고 아름다운 외모와 나비의 날개를 연상시키는 귀, 작은 몸, 가는 비단실 같은 털을 가진 애완견이다.

94. 누벨 바그(Nouvelle Vague)

영화의 나라 프랑스의 영화사에 보면 1950년대 후반에 시작되어 1962년 절정에 이른 '누벨 바그(Nouvelle Vague)'라는 영화운동이 있었다. '누벨'은 영어의 '뉴(New)'에 해당하고, '바그'는 '파도'란 뜻이다. 영어로 하면 뉴 웨이브(New Wave)다. 문학계에서도 1950년대에 기존의 소설 형식이나 관습을 부정한 새로운 기법의 소설들이 등장하는데, 이를 '누보 로망(Nouveau roman)'이라고 부른다. 누보 역시 '새로운'이라는 뜻이고 누벨의 남성형이다.

누벨 바그는 쇠퇴하는 프랑스 영화 산업에 대한 반동으로부터 시작됐고, 주제와 기술상의 혁신을 추구했던 영화운동이었다. 개성 있는 프랑스의 젊은 영화감독들이 주도했던 영화계의 '새로운 물결'이라고 할 수 있다. 새로운 실험과 작가정신을 내세우며 누벨 바그를 이끌었던 대표적 인물로는 알랭 르네, 프렌치 히치코크라 불리는 클로드 샤브롤 그리고 장-뤼크 고다르 감독 등을 들수 있다.

가장 대표적인 인물은 역시 고다르다. 고다르 감독의 대표작은 1959년의 작품으로 장-폴 벨몽도와 진 세버그 주연의 〈아 부드 수플(A bout de Souffle: 숨이 차서 기진맥진한)〉이다. 영어로는 'Breathless', 우리말로는 '네 멋대로 해라'로 번역됐다.

〈데미지〉의 감독 루이 말도 누벨 바그 주역 중 한 명이다. 〈데미지〉의 원제는 〈파탈(Fatale)〉이다. 여기서 파탈은 '팜 파탈(Femme fatale)'을 가리킨다. 팜 파탈이란 말은 우리나라에서도 왕왕 사용되는데, 치명적인 매력을 가진 여성을 가리키는 프랑스어다. 팜은 '여인'이고, 옴(Homme)은 '남자'를 뜻한다. '팜 파탈'은 남성을 유혹해 죽음이나 고통 등 극한상황으로 몰아가는 숙명적 여인을 뜻하는 사회심리학 용어인데, 보통 악녀나 요부를 가리킨다. 1992년 프랑스와 영국의 합작영화 〈데미지(Damage)〉에서 여주인공 쥘리에트 비노쉬는 약혼한 연인의 아버지와 불륜 관계를 갖는 그야말로 막장 영화의 팜 파탈로 나온다.

프랑스 영화 〈라빠르망(L'appartement, 1996)〉에서는 모니카 벨루치가 뇌쇄적인 매력의 팜 파탈 역을 열연했다. 이 영화의 제목 〈라빠르망〉은 원래 '아파트'를 뜻하는 프랑스어 '라(La) 아파르트망(Appartement)'이다.

누벨 바그 감독들은 1950년대 프랑스를 풍미했던 '작가주의(Auteurisme)' 이론을 구체화했던 주역이다. 이들은 '영화를 좌지우지하는 것은 감독이기 때문에 영화감독은 작가나 다름없다'고 주장한다. 프랑스어 '오퇴르(Auteur)'는 '작가'를 뜻하지만, 여기서는 개인적 통찰력과 예술적 창의력을 바탕으로 영화를 만드는 감독을 가리킨다. 원래 이 용어는 1948년 아스트뤽의 「카메라 만년필」이라는 글에서 처음 사용되었고, 1950년대 프랑스 영화잡지 〈카이에 뒤 시네마〉에서 본격적으로 사용된다. 고다르·샤브롤·트뤼포 등 신세대 영화인은 이 잡지에서 비평가로 맹활약했다.

이들은 당시 세계영화계를 주도하던 할리우드 영화가 유명 스타를 주인공으로 하는 영화를 국화빵 찍어내듯 만들고 있다며 신랄하게 비판했고 영화는 감독의 것이 돼야 한다고 주장했다. 또한 이전까지의 영화감독을 '장인'이라 혹평했다. 자신의 고유한 세계관을 갖고 고유한 영화적 표현양식을 지향하는 감독은 '작가'이고, 기교만 부리는 감독은 '장인'일 뿐이라고 주장했던 것이다.

1997년 5월, 50주년을 맞은 칸 영화제에서 자신의 작품이 초청돼 참석한 고다르 감독을 한국 영화잡지 「시네21」이 인터뷰한

적이 있다. 그 인터뷰 내용을 보면 고다르의 작가주의를 잘 이해할 수 있다. "영화란 무엇인가"라는 질문에 대해 고다르는 대뜸 "영화는 감독의 것이다. 감독이 선택하고 편집하여 작품을 빚어낸다"고 답했다. 또한 "어떻게 영화를 시작했고 언제까지 현역으로 있을 것인가"라는 질문에는 이렇게 답변했다.

"당신은 내가 영화를 선택했다고 보는가. 아니다. 우리가 영화를 선택하는 것이 아니라 영화가 우리를 선택하는 것이다. 그렇다고 예언이나 종교, 계시, 뭐 그런 건 아니지만, 피카소가 한 얘기와 비슷하다. 그는 '언제까지 그림을 그리겠느냐'는 질문에 '그림이 나를 거절할 때까지 그리겠다'고 답했는데 그와 같은 맥락이다."

거만한 그의 대답에는 거장다운 영화관이 담겨 있다. 프랑스에서도 그는 완전 괴짜로 통하는데 프랑스인 특유의 기질과 예술가적 독창성으로 똘똘 뭉쳐진 사람이다.

95. 마지노선(Ligne Maginot)

"이건 도저히 양보할 수 없는 마지노선이야!" "어디까지가 마지노선인가요?" 등 마지노선은 '더 이상 허용할 수 없는 마지막 한계선'이라는 의미로 우리가 일상적으로 많이 사용하는 말이다. 자주 사용하면서도 이 말이 프랑스어인지 모르는 사람이 의외로 많다. 주변부를 뜻하는 마지날(Marginal)과 관련되었겠거니 정도로 유추하는 사람도 있을 것이다.

착각하기 쉽지만 사실은 '마지 노선(路線)'이 아니라 '마지노 선(線)'이다. 여기서 마지노는 사람 이름이다. 마지노는 프랑스의 전쟁 장관이었던 앙드레 마지노(André Maginot, 1877~1932)를 가리킨다.

1914년 6월 발칸반도의 사라예보에서 총성이 울려 퍼졌다. 슬라브족 독립을 주장하는 민족주의 무장조직 소속 19세 세르비아 청년 가브릴로 프린치프는 오스트리아-헝가리 제국의 왕위 후계

출처: Everett Historical / Shutterstock.com

앙드레 마지노
프랑스의 군인이자 정치가로, 제1차 세계대전 당시 독일군에 대항해 요새를 구축했다.
오늘날 마지노선은 '최후방어선'이란 의미로 쓰인다.

자인 프란츠 페르디난트 대공 부부를 저격했고, 대공 부부는 그 자리에서 즉사했다. 이 사건은 세르비아와 오스트리아-헝가리 제국 간의 민족 갈등으로 촉발되었지만, 결국 식민지 경쟁에 뛰어든 제국주의 간의 전쟁으로 확대되었다. 이 전쟁이 인류역사상 가장 많은 희생자를 낸 전쟁 중 하나인 제1차 세계대전(1914~18)이다.

전쟁이 끝난 후, 프랑스는 독일군의 전차 공격을 효율적으로 방어하기 위해 북서부 벨기에 국경에서 남동부 스위스 국경에 이르는 총 연장 약 750킬로미터의 요새선을 구축하는 대공사를 시작한다. 1927년에 착수해 1936년에야 완성했다. 엄청난 예산이 투입된 공사라 국민투표를 치르기도 했는데, 투표 당시의 전쟁 장관이 바로 앙드레 마지노다. 요새선 구축을 처음 제안한 사람도 마지노 장관이었기에 요새선의 이름을 '마지노선(Ligne Maginot)'이라고 붙였던 것이다.

마지노선 구축은 제1차 세계대전 당시의 총탄이 난무하던 참호 같은 개념이 아니라 주요 지점에 요새를 축성해 장기 항전을 할 수 있도록 한다는 것이었다. 이 요새는 자급자족이 가능한 작은 도시처럼 만들어져 외부와 단절된 채로도 장기간 대규모 병력이 상주하며 생활할 수 있도록 만들어졌다. 전력·급수·배수·공조·통신 시설 등에 당시로서는 최첨단 기술이 총동원되었다.

하지만 10년간의 공사로 건설된 이 견고한 요새선은 제대로 사용되지도 못하고 무용지물이 되고 말았다. 1940년 5월 독일의 기갑사단은 마지노선의 북쪽 벨기에 쪽으로 우회해 프랑스로 진격했기 때문이다. 프랑스와 독일의 전쟁 역사에서 탄생한 마지노선은 오늘날 '최후방어선' '넘어서는 안 될 한계선'의 의미로 사용되고 있다. 실제로는 대독전쟁에서 제대로 사용해보지도 못하고 맥없이 무너져 무용지물이 되었던 마지노선이, 오늘날 '무너질 수 없는 방어선'이라는 의미로 쓰이고 있는 것은 아이러니다.

96. 몽타주(Montage)

몽타주라고 하면 우리는 범죄자를 떠올리게 된다. 그도 그럴 것이 몽타주(Montage)는 범죄용의자의 합성사진을 의미하고, 주로 경찰서나 파출소 앞 게시판에 붙은 수배자 전단에서 볼 수 있기 때문이다. 하지만 원래 몽타주란 말은 영화예술 분야에서 사용되던 전문용어다. '몽타주'는 프랑스어로는 '조립'이란 뜻으로, '모으다, 조합하다, 조립하다'라는 뜻의 동사 '몽테(Monter)'의 명사형이다. 어린이들의 과학 모형물을 조립하는 것도 몽타주고, 부품을 갖고 직접 만드는 것은 모두 몽타주라 부른다.

영화에서는 '편집'이란 뜻으로 사용됐는데, 20세기 초반 프랑스의 영화이론가 레옹 무시나크(Léon Moussinac)가 처음으로 이 용어를 사용했다고 한다. 영화에서 말하는 몽타주는 토막토막 촬영된 신(Scene)의 필름 단편들을 의도된 목적에 따라 잘라 붙여 작품을 만드는 편집기술을 말한다. A라는 장면과 B라는 장면을 합치면 C라는 다른 해석이 가능한 장면이 만들어진다는 것이다.

1917년 러시아에서는 역사적 사건이 발생한다. 사회주의 혁명이 성공하면서 인류역사상 최초의 노동자국가가 탄생한 것이다. 사회주의 소련은 영화라는 새로운 테크놀로지를 혁명 이데올로기의 선전선동 수단으로 활용한다. 대중적인 파급력이 큰 대중매체를 이른바 사회주의 리얼리즘과 결합시켰던 것이다. 이 과정에서 소련에서 발달된 영화기술이 '몽타주'다. 특히 프세볼로트 푸돕킨(Vsevolod Pudovkin), 세르게이 에이젠슈타인(Sergei Eisenstein) 등 소련의 영화감독들은 몽타주 기술과 이론을 체계적으로 발전시켰다.

97. 발레 파킹(Valet Parking)

한국처럼 모든 게 편리한 나라는 없을 것이다. 전화 한 통이면 심야에도 야식 배달이 오고, 심지어 이른 아침부터 웬만한 패스트푸드 배달도 가능하다. 가히 배달의 민족이라 할 만하다.

주차도 그러하다. 호텔은 물론이고 웬만한 레스토랑이나 카페에서도 키만 맡기면 대신 주차를 해준다. 이른바 '발레 파킹'이다. 식당 예약할 때 사람들은 으레 "발레 돼요?"라고 물어본다.

그런데 여기서 발레가 뭘까? 발레 하면 먼저 떠올리는 것은

발레 파킹

발레 파킹(발레 서비스)는 음식점·호텔 등의 주차장에서 주차 요원이 대신 주차해주는 서비스를
말한다. 발레는 프랑스어이지만, 파킹은 영어다.

'백조의 호수'나 '호두까기 인형' 같은 무용 '발레'다. 발레(Ballet)
는 대사를 사용하지 않고 무용만으로 주제를 표현하는 예술의
한 장르다. 댄스와 마임으로만 표현하는 발레는 음악·무용·미술
이 융합된 이른바 종합예술이다. 발레는 원래 이탈리아 르네상
스 시기에 탄생한 무용예술인데, 카트린 드 메디시스(Catherine de
Medicis)가 프랑스 왕실로 시집올 때 함께 프랑스로 건너와 프랑
스 궁정에서 꽃을 피웠다고 한다. 태양왕 루이 14세는 열렬한 무
용애호가였고, 1661년에는 전문적인 무용수를 양성하기 위해 왕
립무용학교까지 설립했다.

여기에서 우리는 카트린 드 메디시스라는 여인에 주목할 필요

가 있다. 메디시스는 이탈리아에서 온 성(姓)인데, 이탈리아어로는 메디치(Medici)다. 카트린 드 메디시스는 이탈리아의 명문 메디치 가문 출신이다.

메디치 가문은 15세기 피렌체에서 창조와 혁신의 온상지였고, 르네상스의 문을 활짝 여는 주체였다. 메디치 가문의 최전성기는 로렌초 데 메디치(1449~92) 시기였는데, 당시 어린 미켈란젤로를 받아들여 숙식을 같이 하며 그의 천재성을 꽃피워주었다고 한다. 메디치 가문의 후원 아래 서로 다른 분야의 재능과 지식을 갖춘 과학자·예술가·시인·철학자 간에 활발히 교류했다. 이 과정에서 이들로부터 창조적인 결과물들을 내놓았는데, 이것이 근대 르네상스의 원동력이 되었던 것이다.

이렇게 서로 다른 분야 사람들의 만남과 협력을 통해 창조적 결과물들이 생성되는 것을 일컬어 컨설턴트 프란스 요한슨은 '메디치 효과(The Medici Effect)'라고 명명했다. 오늘날 융합과 창의성을 이야기할 때 사람들은 '메디치 효과'를 많이 언급한다. 메디치 가문의 카트린은 프랑스 왕실로 시집와 앙리 2세의 부인 카트린 드 메디시스가 되었고, 마리 드 메디시스는 앙리 4세의 부인이다. 카트린 드 메디시스는 샤를 9세의 어머니고, 마리 드 메디시스는 루이 13세의 어머니로, 둘 다 섭정을 했던 메디치가의 여인들이다. 이들 메디치가의 여인들은 이탈리아의 세련된 문화를 프랑스로 가져와 발전시켰던 장본인이다. 프랑스 궁정에서 꽃을 피운 요리가 그러하고, 발레 또한 그러하다.

역사적으로 유럽 대륙에는 대를 이어 권력과 영향력을 유지해 온 전통적인 명문 가문이 몇 개 있는데 이탈리아의 메디치 가문도 그중 하나다. 메디치 가문은 피렌체 공국에서 영향력이 컸던 명문 가문으로, 원래는 평범한 중산층이었으나 은행업·상업으로 부를 축적하면서 명가로 부상했다. 이후 나라의 실질적 통치자로 군림했고 학문과 예술을 후원하면서 르네상스를 주도했으며, 프랑스 왕실과의 혼인을 통해 가문의 전성기를 구가했다. 특히 교황 레오 10세, 클레멘스 7세 등이 메디치 가문 출신이다.

　한편 프랑스 최대의 명문 가문은 부르봉(Bourbon) 왕가다. 부르봉 왕가는 16세기 후반부터 19세기까지 프랑스 왕조를 이어왔던 명문가로, 앙리 4세·루이 14세·샤를 10세 등의 국왕을 배출하며 유럽을 지배했다. 부르봉 왕가에 필적할 명문가로는 오스트리아-헝가리 제국의 합스부르크 왕가(Habsburg Haus)를 들 수 있다. 알브레히트 1세·막시밀리안 1세·카를 5세 등을 배출하며 신성로마 제국을 이끌어왔으며, 오랫동안 오스트리아-헝가리 제국을 지배해온 왕가다. 현대사회로 오면서는 역사의 뒤안길로 사라졌지만 유럽 문화 발전에서 이들 명문가들이 미친 영향력은 그야말로 막대했다.

　한편 레스토랑에서 해주는 발레 파킹의 발레는 무용 발레와는 철자부터가 다르다. 이때의 발레는 'Valet'인데 '시중을 드는 종이나 하인'을 가리킨다. 영어로는 '밸리트 또는 밸레이'라고 발음하지만, 우리나라에서는 프랑스어식으로 '발레'라고 발음하고 있다. 간혹 '발렛'이라고 하는 사람도 있지만 이는 잘못이다. 그런데 발레라고만 하면 시중을 드는 사람을 가리키므로, 대리 주차라는 의미로 사용할 때는 '발레 파킹(Valet Parking)'이라고 말해야 한다. 발레가 대신 해주는 파킹이라는 의미다. 『국어사전』에도 등재돼 있는데 '백화점·음식점·호텔 따위의 주차장에서 주차 요원이 손님의 차를 대신 주차하여 줌 또는 그러한 일'이라고 돼 있다.

그런데 사실 발레는 프랑스어고 파킹은 영어니까 발레 파킹은 그야말로 다국적 외래어인 셈이다. 정작 프랑스에서는 발레 파킹이라는 말을 사용하지 않는다. 발레 파킹 또는 발레 서비스는 미국식 영어 표현이다.

98. 기요틴(Guillotine)

프랑스 혁명이 낳은 것은 자유·평등·박애의 이념뿐만이 아니다. 사형도구 기요틴도 프랑스 혁명의 산물이다. 기요틴이라 불리는 단두대의 이미지는 극한적 공포다. 기요틴의 사형 도구화를 주장했던 사람은 기요탱(Guillotin)이라는 의사다. 그는 "이 기계장치가 천둥처럼 떨어지면 목이 날아가고 피가 튀면서 더 이상 살아 있지 않게 된다"고 말했다. 프랑스 혁명 시기, 인민의 적으로 규정된 사람들은 단두대에서 처형됐다. 이후 프랑스의 모든 사형은 기요틴으로 집행됐다.

기요틴
기요탱이란 의사는 단두대를 만들면서 "이 기계장치가 천둥처럼 떨어지면
목이 날아가고 피가 튀면서 더 이상 살아 있지 않게 된다"고 말했다.

프랑스에서 사형제가 폐지된 것은 1981년 미테랑 대통령이 집권하면서다. 당시 국민의 60퍼센트 이상이 사형제 유지 의견이었지만 미테랑의 공약이었던 사형제 폐지안은 결국 국회에서 통과됐다. 루이 16세, 왕비 마리 앙투아네트의 목을 벤 단두대가 20세기 말까지 계속 사용된 걸 보면서 문명국가의 야만이라 생각할 수도 있다.

하지만 원래 단두대는 프랑스 혁명 시기 계몽주의 정치인이자

기요틴

프랑스 혁명 시기, 인민의 적으로 규정된 사람들은 기요틴이라 불리는 단두대에서 처형당했다.
사형수들이 기요틴에서 사형을 기다리고 있다.

진보 성향의 의사인 조제프 이냐스 기요탱이 인도적 처형법으로
고안한 것이다. 기요틴 처형을 주창했던 기요탱의 이름을 따 기
요틴이라는 이름이 붙었는데, 기요틴은 죽음의 고통을 최소화하
고 사형을 민주화하기 위해 만들어진 도구다. 이전까지의 사형은
마차로 사지 찢기, 칼로 참수하기, 화형, 교수형 등 비인간적이고
잔인하기 이를 데 없었다. 이런 배경 지식과 기요탱의 의도를 모
르면 단두대는 단지 목을 베는 끔찍한 장치로만 보일 수 있다.

가령 무기로 사용되는 폭탄도 마찬가지다. 다이너마이트가 처

음부터 살상 목적으로 발명된 것은 아니다. 알프레드 노벨이 다이너마이트를 발명했던 것은 탄광이나 수로 발파, 굴착공사 등에 사용해 인명피해를 막기 위해서였다. 노벨은 평화주의자였고 자신이 발명한 다이너마이트가 인류 발전에 기여하길 원했다. 그는 폭탄이 죽음의 무기로 사용되리라고는 꿈에도 생각하지 못했다. 오늘날 폭탄을 보면서 인도주의자였던 노벨의 발명 의도를 떠올리는 사람은 없다. 눈에 보이는 것과 그 이미지로만 주관적으로 판단하기 때문이다. 하지만 보이지 않는 배경과 의도를 알면 좀 다르게 보인다.

우리가 사는 세상도 눈에 비치는 것은 겉모습과 이미지다. 하지만 보이는 것만으로 판단해서는 안 된다. 현상을 뒤집어보려는 문제의식과 한 꺼풀 벗기고 이면을 파악하려는 노력이 없다면 세상은 왜곡된 모습으로만 보일 수 있다. 언론 기사도 맥락 없이 단편적 팩트만 읽으면 실체를 이해하기 어렵다. 지식은 세상을 이해하고 움직이는 힘이다. 모르는 것은 약이 아니라 그냥 무지일 뿐이다. 사형도구 기요틴도 알고 보면 인도적인 목적에서 도입된 것이다.

99. 노블레스 오블리주(Noblesse Oblige)

언제부터인가 우리 사회에서는 언론과 지식인이 심심찮게 '노블리스 오블리제(Noblesse oblige)'를 이야기하기 시작했다. 1997년 12월 IMF 외환위기가 터진 이후, 지식인들이 사회지도층과 지식인 스스로에 대한 심각한 반성을 촉구하면서 이 말이 대중화되기 시작했던 것 같다. 어쨌거나 좋은 말이다.

그런데 이렇게 좋은 말을 사용하면서 일단 발음이나 표기부터 잘못 사용하고 있다는 것은 매우 안타까운 일이다. 아마 프랑스어를 모르는 식자가 영어식으로 읽어 '노블리스 오블리제'라고 표기한 것 같은데, 이의 프랑스어 발음은 '노블레스 오블리주'다. '우리말 바로쓰기' 및 '외래어 표기' 등을 주관하는 국립국어원도 '노블레스 오블리주'로 표기할 것을 추천하고 있다. 이렇게 프랑스어를 영어식으로 읽거나 표기하는 경우를 종종 볼 수 있다.

가령 현대차 중에 중대형 세단(Sedan) 그랜저라는 차가 있다. 세단은 문이 4개이고 지붕이 있는 일반적인 승용차를 말하는데, 프랑스의 도시 스당(Sedan)이라는 지명에서 유래됐다. 현대차 그랜저는 1986년부터 생산해온 차로 지금도 거리에서 쉽게 볼 수 있는 자동차 브랜드다. 영어의 '그랜저(Grandeur)'를 쓰고 있지만 원래 프랑스어다. 철자가 영어식도 아닌데 왜 그랜저로 발음할까라는 의문은 원래 프랑스어임을 알게 되면 금방 풀린다. 같은 철자를 쓰지만 프랑스어로는 '그랑되르'라고 발음하고 '크기, 넓이, 중대성, 권위' 등을 의미한다.

한국 GM의 차 '쉐보레'도 국적 불명이다. 'Chevrolet'라고 쓰고 '쉐보레'라 읽는 것은 아무리 생각해도 이해 불가다. 이 브랜드는 제너럴 모터스의 자동차 브랜드 중 가장 대중적인 브랜드로 1911년에 출시됐다. 미국에서는 '셰비(Chevy)'라는 애칭으로 불린다. 우리나라에서는 2002년 설립된 GM 코리아에서 출시했는데 오랫동안 일본식 발음인 '시보레'를 사용했다. 그러다가 2011년 대우 브랜드가 폐지되고 회사명도 한국 GM으로 바꾸면서 '쉐보레'라는 새로운 표기로 변경했다. 이 브랜드는 스위스 태생의 미국 자동차 레이서이자 제조업자의 이름 '루이 셰브럴레이(Louis Chevrolet)'에서 왔다. 그는 1911년 자신의 이름을 딴 자동차 제조사를 공동 설립했다가 미국시민권을 딴 후 지분을 제너럴 모터스에게 넘겼다. 프랑스어로 읽으면 '루이 슈브롤레'가 된다. 그런데 영어의 '셰브럴레이', 프랑스어의 '슈브롤레', 일본어의 '시보레'도 아닌 국적불명의 '쉐보레'로 정해 사용하는 것은 알다가도 모를 일이다.

프랑스 영화 중 1992년에 개봉된 장 자크 아노 감독의 〈베어(Bear)〉라는 명작도 한국에서는 영어 제목으로 개봉됐다. 1988년에 만들어진 원작은 '루르스(L'Ours)'다. Ours는 영어의 '아우어스'가 아니라 프랑스어로는 '우르스'로 발음되고 '곰'이란 뜻이다. 한국어 '곰'도 아니고 프랑스어 '루르스'도 아니라 굳이 영어 '베어'로 제목을 달아야 하는 이유가 궁금하다. 어쨌거나 이렇게 프랑스어는 한국에서 수난 아닌 수난을 당하고 있다.

다시 노블레스 오블리주로 돌아가자. '노블레스(Noblesse)'는 원래 '귀족'이란 뜻으로 사회적 상층을 가리키고, '오블리주

⟨Oblige⟩'는 동사원형 오블리제(Obliger)의 3인칭 단수 형태로 '책임이 있다, 책임져야 한다'는 뜻이다. 따라서 '노블레스 오블리주'란 '지도층이 사회적 책무를 다해야 한다'는 의미다. 고위공직자를 비롯해 사회지도층은 사회를 이끌어가는 집단이니만큼 자신들이 누리는 지위나 특권에 따르는 사회적 의무에 대해 솔선수범해야 한다는 것이다.

일본의 여류작가 시오노 나나미는 자신의 베스트셀러 『로마인 이야기』에서 로마 제국 천년을 지탱해준 철학은 '노블레스 오블리주'라고 역설했다. 로마의 노블레스(귀족)는 전쟁이 일어나면 자신의 재산을 사회에 환원하고 칼을 들고 전쟁터로 달려가 피를 흘렸다고 한다. 로마 귀족은 노예와 귀족의 차별성을 사회적 책임 이행 능력에서 찾았다는 것이다. 지성에서는 그리스인보다 못하고, 체력으로는 켈트인이나 게르만인보다 못하며, 기술력에서는 에트루리아인보다 못하고, 경제력은 카르타고인에게 뒤떨어졌던 로마인이, 거대한 문명권을 형성하고 오랫동안 제국을 유지할 수 있었던 원동력은, 사회지도층의 이러한 헌신적 역할이라고 보았던 것이다.

'고귀하게 태어난 사람은 고귀하게 행동해야 한다'는 것은 로마 제국 귀족의 불문율이었다. 초기 로마 공화정의 귀족들은 카르타고의 명장 한니발과 벌인 포에니 전쟁에 앞장서서 참여했다. 16년간의 제2차 포에니 전쟁에서는 집정관이 무려 13명이나 전사했다. 집정관은 법률 제안권, 행정과 군사의 최고 권한과 함께 원로원, 민회를 소집하고 주재하는 의장의 권한을 가진 최고지도자를 말한다. 권력 독점을 막기 위해 임기는 1년으로 제한하고 두 명씩 선출했다. 로마 제국에서는 자신의 재산으로 공공시설을 신축·개보수하거나 법을 제안해 만들면 그 귀족의 이름을 붙이고 그의 업적을 기렸다. 가령 아피아 가도(Via Appia)는 기원전 312년 재무관 아피우스가 입안하고 총감독을 맡아 건설한 길 이름이다. 이렇게 건축물이나 법령 이름에 제안자의 이름을 붙이는 것은 로마 제국의 전통인데, 이 전통은 오늘날 유럽이나 미국에서 계승되고 있다.

노블레스 오블리주는 고위공직자나 정치인, 오피니언 리더의 도덕적 해이가 심각한 우리 사회에 경종을 울려주곤 한다. 다 그런 건 아니겠지만 일부 지도층의 도덕적 해이는 자식의 병역기피, 위장전입, 원정출산 등에서 단적으로 드러난다. 이들은 사회적 의무에 대해 솔선수범하기는 커녕 의도적으로 기피하거나 극단적으로 이기적인 태도를 보여주기도 한다. 이제는 자식 교육을 위한 위장전입 정도는 장관 인사 청문회 때 결격 사유가 되지 않을 정도다. 고위층 자제일수록 병역기피가 많은 것은 이런 세태를 반영하고 있다.

고위공직자, 정치권 인사의 비자금 조성, 뇌물 수수, 인사 청탁 등의 기사는 끊임없이 보도되고 있다. 게다가 정경유착에 국정농단 사건까지 속속 드러나 국민적 공분을 샀다. 드러난 사건만 해도 부지기수인데 감춰진 사실까지 더한다면 얼마나 많을까. 윗물이 맑아야 아랫물도 맑은 법인데, 윗물부터 혼탁하면 사회 전체가 도덕적 불감증과 책임의식 실종에 시달릴 수밖에 없다.

'근주자적 근묵자흑(近朱者赤 近墨者黑)'이라는 말이 있다. 붉은 인주를 가까이하면 붉게 되고, 먹을 가까이하면 검게 물든다는 뜻이다. 흙탕물을 깨끗하게 하려면 하염없이 깨끗한 물을 많이 부어도 쉽지 않지만 아무리 깨끗한 물이라도 흙탕물 한 바가지면 금방 물을 흐릴 수 있다. 좋은 사람은 '착한 바이러스'로 주변사람에게 긍정적 영향을 미칠 수 있지만, 나쁜 사람의 영향력이나 파급력은 이보다 훨씬 더 커서 전염병 수준이 될 수 있다. 그래서 작은 조직이거나 큰 조직이거나 늘 윗사람이 모범을 보여야 하고 지도층일수록 더 깨끗해야만 하는 것이다.

우리와 대조적으로 선진국에서는 사회의 상층들이 도덕적 모범을 보여주는 '노블레스 오블리주'를 실천한 훈훈한 미담이 많다. 영국 최고 명문 사립중등학교 이튼 칼리지 내의 교회 건물에는 제1차 세계대전에 참전해 목숨을 잃은 이 학교 졸업생 1,000여 명의 이름과, 제2차 세계대전에서 사망한 졸업생 명단이 새겨져 있다. 제1·2차 세계대전을 통틀어 이 학교 졸업생의 2,000명 이상이 목숨을 잃었다고 한다. 1440년 헨리 6세에 의해 설립된 전통 사립명문 이튼 칼리지는 조지 오웰·데이비드 캐머런 총리 등 걸출한 인물을 배출했고 이 학교 출신 역대 총리만 해도 19명이나 된다. 이 학교 졸업생들은 전쟁이 나면 대거 참전해 사회지도층으로서 모범을 보였다.

1982년 포클랜드 전쟁 때 영국 엘리자베스 여왕의 둘째 아들 앤드류 왕자가 헬기 조종사로 참전했던 것도 노블레스 오블리주를 몸소 실천한 일화다.

제1차 세계대전 당시 독일 귀족 리히트호펜 남작 일화도 유명하다. 그는 전투기 조종사로 참전했는데 자신이 탑승한 지휘관기가 적군의 눈에 가장 잘 띄도록 새빨갛게 칠해 전투기 편대의 최선봉에서 싸우다가 26세의 젊은 나이에 산화했다. 후일 사람들은 그를 붉은 남작이라 부르며 오랫동안 기억했다.

총 인구 845만 명(2018년 기준), 1억 8,000만 아랍 인구에 둘러싸여 있으면서도 군사력 우위를 점하고 있는 이스라엘의 경우도 사회지도층은 위기 때마다 솔선수범해서 총을 들었다. 역대 이스라엘 총리의 대부분은 전쟁 영웅이거나 장교 출신이다.

한국전쟁 당시 많은 외국 군인이 연고도 없는 땅에서 전사했는데, 외국인 전사자 명단에는 미8군 사령관으로 유엔 연합군을 이끌었던 제임스 밴 플리트 장군의 외아들도 포함돼 있다. 중국 마오쩌둥 주석의 장남 마오안잉(毛岸英)도 결혼한 지 1년밖에 안 된 신혼에 한국전쟁에 참전했다가 미군의 포격으로 전사했다. 아들의 사망소식을 들은 마오쩌둥은 담담하게 "전쟁에는 희생이 따르는 법"이라고 말했다고 한다. 며느리가 시신이라도 가져올 수 있게 해달라고 간청했지만 마오쩌둥은 이렇게 말했다. "수많은 전사자가 조선 땅에 묻혔는데 어찌 내 아들 유골만 가져오느냐." 그러면서 일반 병사와 마찬가지로 북한에 있는 중공군 묘지에 매장하도록 했다.

한국전쟁 때 정작 우리의 부자들이 도망가기 위해 제일 먼저 부산 앞바다에 배를 띄웠던 것과는 대조적이다. 이런 사회지도층의 도덕적 불감증은 오늘날에도 계속되고 있다. 지역감정만큼이나 고질적이고 심각하다. 오죽하면 '무전유죄 유전무죄'라는 말까지 나왔겠는가.

사실 우리나라에도 노블레스 오블리주를 실천한 사람들은 많다. 300년 이상을 이어온 경주 최부잣집이 대표적인데, 최부잣집이 대대로 지켜온 6훈(六訓)에는 검소하고 도덕적인 노블레스 오블리주 정신이 오롯이 담겨 있다. 첫째, 과거를 보되 진사 이상 벼슬을 하지 말라. 둘째, 재산을 만 석 이상 모으지 말라. 셋째, 과객을 후하게 대접하라. 넷째, 흉년에는 땅을 늘리지 마라, 다섯째, 사방 백 리에 굶어 죽는 사람이 없게 하라. 여섯째, 시집 온 며느리는 3년간 무명옷을 입어라 등이 있다.

지금 우리 사회에서는 최부자의 육훈 같은 훈훈한 모습은 찾아보기 힘들고, 사회지도층의 도덕적 해이가 심각하다. 이들에게는 그들이 누리는 명예나 권력, 부만큼 사회적 의무를 다하고 솔선수범하는, 이른바 '노블레스 오블리주 혁명'이 필요하다.

100. 실루엣(Silhouette)

'실루엣(Silhouette)'은 '윤곽의 안을 검게 칠한 사람의 얼굴 그림'을 뜻하는 미술용어다. 영화에서는 그림자 그림만으로 표현하는 영화 장면을 뜻하고, 의상에서는 옷에 의한 신체의 전체적인 윤곽을 말한다. 보통은 사람의 그림자나 불빛에 비친 물건의 그림자라는 의미로 사용된다.

그런데 실루엣의 역사적인 어원을 살펴보면 여기에는 슬픈 에피소드가 숨어 있다. 실루엣이라는 말은 프랑스의 재상 이름

실루엣
절약을 부르짖었던 재무상 실루엣은 초상화를 그릴 때 검은색 하나면 충분하다고 주장했다.
이때부터 실루엣은 '검은 그림자'를 뜻하게 됐다.

에서 유래됐다. 루이 15세 때 프랑스는 경제적으로 어려웠는데, 경제난국을 극복하기 위해 국왕은 에티엔 드 실루엣(Étienne de Silhouette)이라는 사람을 재무상으로 기용했다. 실루엣은 취임하자마자 절약을 강조했다. 또한 특권계급으로부터 세금을 거두려 했지만 고등법원으로부터 완강한 저항을 받게 된다. 그러자 세금이 될 수 있는 모든 것에 과세를 하도록 지시했다. 심지어 숨 쉬는 것까지 세금을 물릴 계획도 세웠다고 한다.

극단적인 절약을 부르짖었던 재무상 실루엣은 초상화를 그릴 때도 검은색 하나면 충분하다고 주장했는데, 이때부터 실루엣이 검은 그림자를 의미하게 되었다고 한다. 결국 그는 백성들의 반발로 인해 재무상 자리에서 물러나고 만다.

101. 코뮈니케(Communiqué)

"주요 20개국(G20) 정상회의가 열리고 있는 아르헨티나 부에노스아이레스에서 참가국들이 1일(현지시간) 발표될 정상들의 「코뮈니케(공동선언문)」 내용에 대한 접점을 찾고 있다. CNBC에 따르면 이날 유럽 관리들은 이번 회의에서 G20이 발표하는 코뮈니케는 강대국들의 공동의 이해를 반영해 윤곽이 잡혔다고 전했다. 코뮈니케에는 세계무역기구(WTO) 개혁과 기후변화에 대한 현재 노력, 디지털 경제에 맞는 진전된 세제 등의 내용이 담길 예정인 것으로 전해졌다."

    2018년 12월 2일자 통신사 〈뉴시스〉 기사의 일부다. 신문기사를 읽다보면 국제뉴스에 '코뮈니케'라는 말이 가끔 등장한다. 이는 정부 간 회담이나 회의의 경과를 요약하여 신문이나 방송에 알리기 위한 목적으로 발표되는 「공식성명」이나 「선언문」을 말한다. 공식적이긴 하지만 비공식이면서도 구속력을 갖는 「각서」와 달리 「코뮈니케」는 법적인 구속력이 없다. 보통 정상회담이나 국제회의에서 「코뮈니케」가 발표되곤 하는데, 언론을 통해 발표되는 경우에는 '프레스 코뮈니케'라고 한다.

    역사적으로 유명한 「코뮈니케」로는 1972년 미국 대통령으로서는 역사상 처음으로 중국을 방문한 닉슨 대통령이 마오쩌둥, 저우언라이와 회담하고 아시아태평양 지역의 평화, 타이완 문제 등에 대해 발표한 「상하이 코뮈니케」가 있다. 또한 1983년 니카라과 수도 마나과에서 라틴아메리카 여러 나라 국민들은 외부 압력에서 벗어나 스스로 정치·경제·사회제도를 선택할 권리가 있음을 재확인한 「마나과 코뮈니케」 등이 있다.

102. 방카슈랑스(Bancassurance)

언제부터인가 '방카슈랑스(Bancassurance)'라는 용어가 심심찮게

들리기 시작했다. 방카슈랑스는 은행과 보험사가 협력해 종합금융 서비스를 제공하고 보험성격이 강한 상품을 개발해 판매하는 것을 말한다. 유럽에서는 상용화된 지 이미 오래되었지만 우리나라에서는 2000년대 들어서야 방카슈랑스 제도가 도입됐다.

방카슈랑스라는 말은 프랑스어 방크(Banque: 은행)와 아슈랑스(Assurance: 보험)의 합성어다. 쉽게 설명하자면 '은행에서 보험 상품을 판매하는 것'을 말한다. 프랑스에서는 보통 은행 이름에 방크(은행) 아니면 크레디(Crédit: 신용)라는 말이 붙는다.

프랑스의 대표적인 대형 은행으로는 리옹(Lyon)에 본부를 두고 있는 '크레디 리요네(Crédit Lyonnais: 리옹은행)' 'BNP(베엔페: Banque Nationale Parisienne: 파리국민은행)' '크레디 아그리콜(Crédit Agricole: 농민은행)' 등이 있다.

보험은 영어에서는 Insurance를 쓰지만 프랑스어는 '아슈랑스(Assuance)'다. 원래 아슈랑스의 사전적 의미는 '확신, 보증'인데 '보험'이라는 의미도 갖고 있다. 미리 준비를 해서 불확실한 미래를 보증하고 확신을 해두는 것이 보험이다. 방카슈랑스는 말 그대로 은행과 보험의 결합이다. 은행이 보험회사와 연계해 보험성격이 짙은 상품을 판매하는 것이다. 은행과 보험사의 협력으로 종합금융 서비스를 제공하는 것이라고 보면 된다.

방카슈랑스가 처음 시작된 곳은 프랑스다. 1986년 프랑스의 농민은행, 즉 크레디 아그리콜(Crédit Agricole)이 프레디카 생명보험사를 자회사로 설립하고 은행창구에서 보험 상품을 판매한 것이 방카슈랑스의 시작이라고 한다. 그 후 영국·네덜란드를 비롯해 유럽 전역으로 퍼지기 시작했고, 전 세계 금융시장으로 확산되었다.

　은행이나 보험은 모두 현대 금융자본의 상징이다. 은행이 보험사를 자회사로 설립한다든지, 은행과 보험사가 합병하는 경우도 프랑스나 유럽에서는 흔하다. 거대 은행 BNP는 보험사와 합병해 BNP Paribas라는 국제금융회사가 되었는데, 현재 유럽 최대 금융그룹이다. BNP Parisbas 홈페이지에 가보면 이 거대 금융그룹은 '변화하는 세계의 은행(La banque d'un monde qui change)'이라는 모

방카슈랑스
은행에서 집과 차, 생명 등과 관련한 보험 상품을 판매하는 것을 '방카슈랑스'라고 한다.
즉 은행과 보험사의 협력으로 종합 금융 서비스를 제공하는 것이다.

크레디 리요네

프랑스의 대형 은행 가운데 하나인 크레디 리요네는 리옹에 본부를 두고 있어
리옹은행이라고도 불린다. 2006년에 바뀐 리옹은행의 새 로고.

토를 내걸고 있다.

현대자본주의는 금융자본주의 성격이 강하다. 자본주의 발전
의 역사를 살펴보면, 자본주의는 초기의 상업자본주의에서 시작
해 산업자본주의, 독점자본주의로 발전해왔다. 독점자본주의 단
계에서는 산업자본과 은행자본이 결합하기 시작한다. 이 단계에
이르면 R.힐퍼딩이 말했던 금융자본이 지배적인 역할을 하기 때
문에 이를 '금융자본주의'라 부른다. 러시아의 혁명가 레닌은 금
융자본주의를 제국주의의 특징이라고 설명했다.

헤지 펀드(Hedge Fund: 국제증권 및 외환 시장에 투자해 단기이익
을 올리는 민간 투자기금)나 국제금융 같은 금융자본은 대기업을

출처: Novikov Aleksey / Shutterstock.com

BNP Paribas
프랑스 정부가 국가 재건을 위해 구조조정하는 과정에서 BNP가 탄생했다.
개인·기업금융, 투자솔루션을 하고 있다. BNP 파리바 이탈리아지점.

도산시키고 외환시장을 공격할 정도로 가공할 위력을 갖고 있고, 현대자본주의를 좌지우지하기도 한다. 앨빈 토플러 같은 미래학자들도 지적했듯이, 앞으로 금융의 힘은 공장의 힘보다 더 강력해질 것이다. 방카슈랑스는 금융자본의 지배를 예고하는 징후일 것이다. 방카슈랑스는 유럽에서 시작된 제도를 인위적으로 도입한 것이라기보다는 자본주의가 고도로 발전함에 따라 자연스럽게 그 단계에 이른 것이라고 보는 게 맞을 것이다. 아무리 좋은 제도라도 환경이나 인프라가 조성되지 않으면 도입하고 싶어도 할 수 없다. 반면 우리가 원하지 않더라도 자연스럽게 나타날 수밖에 없는 제도도 있다. 방카슈랑스 같은 종합금융상품이 그러하다.

103. 톨레랑스(Tolérance)

언제부터인가 '톨레랑스(Tolérance)'라는 프랑스어가 매스 미디어를 통해 널리 퍼지기 시작했고, 이제는 일상생활에서도 자주 사용하고 있다. '타인의 사상, 행동에 대한 용인, 인정' 등을 뜻하는 톨레랑스는 프랑스인이 가장 중요하게 생각하는 사회적 가치 중 하나다.

우리말로 '자비(慈悲)'나 '관용(寬容)'으로 번역하기도 하지만, 톨레랑스의 본래적 의미나 역사적 연원 등을 살펴보면 자비나 관용과는 근본적으로 다르다. 자비는 '남을 가엽게 여기는 것'을 의미하고, 관용은 '남의 잘못을 너그럽게 받아들이거나 용서함'을 뜻한다.

역사적으로 로마 제국에서도 반대파에 대한 관용이 있었다. 『로마인 이야기 6 —팍스로마나』의 저자 시오노 나나미는 이런 관용의 사상을 '클레멘티아(Clementia)'라고 지적했다. 하지만 프랑스의 톨레랑스는 자비나 관용과는 다른 개념이다. 우리 사회에 '톨레랑스'라는 프랑스적 가치를 처음 소개하고 사회적 반향을 불러일으킨 사람은 파리의 택시운전사로 유명한 정치망명객 홍세화였다. 오랜 망명생활을 청산하고 귀국해 한때 한겨레신문사에서 일했고 「르몽드 디플로마티크」 한국판 편집인을 지내기도 했던 그는, 1995년 『나는 빠리의 택시 운전사』라는 책을 통해 톨레랑스를 소개했다. 이 책에서 홍세화가 그린 프랑스 사회는 다양성과 타인에 대한 배려가 사회 저변에 뿌리내리고 있는 톨레랑스의 사회였다.

정치망명객으로서 보낸 기구한 인생 역정에 운치 있는 글솜씨, 교훈적이고 참신한 내용 등이 잘 어우러져 이 책은 기념비적인 베스트셀러가 될 수 있었다. 특히 이 책의 키워드 톨레랑스가 우리 사회에서 중요한 담론이 될 수 있었던 것은 군사독재와 흑백논리, 획일주의, 왕따 문화를 겪어오면서 '톨레랑스'라는 개념이 사막의 오아시스처럼 시의적절하면서 절실한 가치로 보였기 때문일 것이다.

홍세화에 대한 평가는 입장에 따라 다를 수 있겠지만 그가 사상과 표현의 자유가 제한적인 우리 사회에 '톨레랑스'라는 가치를 소개한 것만으로도 충분히 평가받을 만하다. 『나는 빠리의 택시 운전사』가 출간된 지 몇 년 후에 그는 두 번째 에세이집 『쎄느강은 좌우를 나누고 한강은 남북을 가른다』를 선보였다. 두 번째 책에서도 홍세화는 프랑스적인 창의력과 독창성의 바탕에는 '개성 존중'이라는 가치가 흐르고 있음을 강조했다. 또한 개성 존중이란 다른 사람이 나와는 다르게 생각할 수 있음을 인정하는 톨레랑스의 미덕이라고 역설했다. 그는 프랑스적인 톨레랑스의 예로 드골 대통령과 사르트르에 관한 다음과 같은 일화를 소개했다.

알제리 독립운동이 한창일 때 사르트르는 스스로 알제리 독립자금 전달책으로 나섰다. 당시 프랑스의 대표적 지성이 프랑스에 살고 있는 알제리인이 갹출한 독립지원금이 들어 있는 돈 가방의 전달책임자를 자원했던 것이다. 프랑스 경찰의 감시를 피해 그의 책임 아래 국외로 빼돌린 자금은 알제리인의 무기 구입에 필요한 돈이기도 했다. 그러므로 그의 행위는 문자 그대로 반역행위였다. 당연히 사르트르를 법적으로 제재해야 한다는 소리가 드골 측근들의 입에서도 나왔다.

이에 대해 드골은 이렇게 간단히 대꾸했다.

> "그냥 놔두게. 그도 프랑스야."(홍세화, 『쎄느강은 좌우를 나누고 한강은 남북을 가른다』, 44쪽)

샤를 드골 대통령이 특별히 비범해서도 아니고 사르트르가 건드리면 정말 큰일 나는 지식인이었기 때문도 아니다. 드골의 이런 생각은 보통 프랑스인의 사고에서 크게 벗어나지 않는다. 어릴 때부터 개성을 중요하게 생각하고, 서로 다른 가치관의 공존과 차이의 중요성을 교육받으면서 자란 프랑스인이라면 누구나 갖고 있을 법한 톨레랑스의 일상적인 면모다. 톨레랑스의 이런 힘이 프랑스를 개성과 독창성이 지배하는 문화강대국으로 만들어놓은 원동력이 아닐까 싶다.

그렇다면 톨레랑스의 정확한 의미는 무엇일까. 톨레랑스는 동양적 의미의 너그러움을 의미하는 것이 아니다. 톨레랑스는 '다른 사람이 생각하고 행동하는 방식의 자유 및 다른 사람의 정치적·종교적 의견의 자유에 대한 존중'을 뜻하며, 감정이 아니라 이

성에 기초하고 있다. 자신의 이념과 신념이 귀중하면 남의 것도 똑같이 귀중하며, 자신이 존중받기 바란다면 남을 존중하라는 것이 바로 톨레랑스다. 톨레랑스가 강조되는 사회에서는 강요나 강제가 아니라 토론과 설득의 문화가 자리 잡는다. 톨레랑스는 내가 동의하지 않는 생각을 용인하는 것이고, 더 정확히 말하자면 내가 동의하지 않는 상대방의 의견이나 생각을 바꿀 수도 있지만 그대로 용인하는 것, 즉 의도적인 용인을 말한다(필리프 사시에 지음, 홍세화 옮김, 『왜 톨레랑스인가』). 요컨대 톨레랑스는 약자에 대한 자비와 같은 인간적 가치가 아니라, 공동체의 관계와 질서를 뒷받침해주는 사회적 가치다.

한편 톨레랑스는 방어적 개념이 아니라 적극적 개념이다. 이견이나 차이에 대한 의도적 용인에서 끝나지 않고, 이견과 차이의 존중을 위해 적극적으로 투쟁하는 의무까지 포함하는 개념이다. 그래서 계몽사상가 볼테르는 다음과 같은 유명한 경구를 남겼던 것이다.

"나는 당신이 말한 것에 동의하지 않는다. 하지만 당신이 당신 의견 때문에 박해를 받는다면 나는 당신의 권리를 위해 함께 죽도록 싸울 것이다."

104. 르몽드(Le Monde)

르몽드(Le Monde)와 마몽드(Ma Monde). 한번쯤은 들어봤을 것이다. 이 둘은 어떤 관계일까. 사실 아무 관계도 아니다!「르몽드」는 프랑스의 대표적인 일간지이고, 마몽드는 한국 모 화장품 회사의 화장품 브랜드다. 둘 다 '몽드'라는 단어를 공통적으로 갖고 있다. '몽드'는 영어의 'World'에 해당하는 단어다. 즉 '세계'라는 뜻이다. 르(Le), 마(Ma), 몽드(Monde)는 각각 별개 단어이므로 '르 몽드' '마 몽드'라고 띄어 쓰는 것이 맞지만, 우리나라에서는 통상 붙여 쓰고 있으므로 편의상 붙여 쓰기로 하겠다.「르몽드」의 '르'는 정관사(The)이므로 'The World 신문'이 된다.

나는 프랑스 유학 시절,「르몽드」신문의 열렬한 팬이었다.「르몽드」신문은 프랑스에서 지식인들이 가장 많이 보는 일간지이고, 독립 언론의 상징이다. 하루 발행부수는 기껏 40만 부 정도지만 그래도 열독률이나 영향력 면에서는 가히 세계적이다. 발행부수만 놓고 보면 우리나라의 조선·중앙·동아일보의 절반에도 못 미치겠지만 국제적인 명성이나 신뢰도는 세계 최고 수준이다.

유럽에는 오랜 역사를 자랑하는 유서 깊은 신문이 많다. 가령 영국의「타임스(The Times)」가 대표적이다. 1785년에 창간됐으니 230년이 넘는 신문이다. 지금은 호주의 미디어 재벌 루퍼트 머독(Rupert Murdoch)이 소유하고 있다. 여담이지만 이 신문을 더 유명하게 만든 것은 바로 타임스 뉴 로만(Times New Roman) 폰트다.

영어 문서에서 많이 쓰는 타임스 뉴 로만 폰트는 1932년 스탠리 모리슨이라는 사람이 「타임스」를 위해 특별히 만든 서체라고 한다. 어쨌거나 「타임스」 같은 신문과 비교해본다면 「르몽드」는 거의 신생언론에 가깝다고 할 수 있다. 기껏 75년 정도의 역사를 갖고 있을 뿐이지만 「르몽드」가 다른 어떤 언론보다 훨씬 막대한 영향력과 명성을 갖게 된 비결은 도대체 뭘까?

1944년 8월 파리가 나치 독일로부터 해방되면서 우후죽순처럼 신문들이 창간되었는데, 「르몽드」도 그해 겨울 12월 18일에 탄생했다. 「르몽드」 창간에는 법학자이자 언론인인 위베르 뵈브-메리(Hubert Beuve-Méry, 1902~89)를 비롯해 레지스탕스 출신 지

출처: Hadrian / Shutterstock.com

「르몽드」
프랑스의 대표적인 일간지 「르몽드」. 75년의 역사를 자랑한다.

식인이 대거 참여했다.

당시 샤를 드골 장군은 외국인에게도 신뢰받을 수 있는, 프랑스의 대표적인 정론지를 갈망했다. 하지만 종이도 귀했고 자금도 부족했던 때라 드골 임시정부는 신문 창간을 위해 당시 돈으로 100만 프랑이라는 거액을 지원했다. 이를테면 「르몽드」 신문은 태생적으로 정부 재정 지원을 받아 창간된 '관제언론(?)'이었던 셈이다.

비록 관제언론으로 시작했지만 「르몽드」는 권력과 자본으로부터 독립을 선언하며 과감히 홀로 서기를 시도한다. 이듬해 4월부터 원금을 갚기 시작했고 1년이 채 되지 않아 드골 정부로부터 받았던 지원금을 완전히 갚았다. 그리고 「르몽드」의 언론인들은 창간 초기부터 신문사 지분을 외부인에게는 절대 양도하지 않겠다고 서약한다. 특정 이데올로기와 권력으로부터 독립하려면 무엇보다도 재정적으로 독립하지 않으면 안 된다고 굳게 믿었기 때문이다.

신문의 역사는 언론독립을 위한 투쟁의 역사로 점철되어왔다. 초기에는 교권(종교권력)의 언론검열에 맞서 싸웠고, 다음은 정치권력의 압력에 맞섰다. 다음으로 자본주의의 발전과 함께 언론에 가장 큰 영향력을 행사한 것은 금권(경제권력)이었다. 대기업으로부터 오는 광고수입에 절대적으로 의존하는 한, 자본주의의 언론은 독립성을 견지하기가 힘들다. 「르몽드」는 이런 언론의 속성을 창간 초기부터 분명히 인식했던 것이다.

외부권력으로부터 철저한 독립과 재정 자립은 「르몽드」가 지켜온 오랜 전통이다. 재정적으로 대기업 광고보다는 신문 판매 수입에 더 의존하고 있는 것은 이 때문이다. 「르몽드」의 재정구조를 보면 신문판매 수입이 약 70퍼센트, 광고 수입이 30퍼센트 정도다. 광고수입이 70퍼센트를 훌쩍 넘는 보통의 신문들과는 정반대의 수입 구조를 갖고 있는 것이다. 온라인 기사도 당일치만 무료로 볼 수 있고 그 외에는 모두 유료로 서비스하고 있다. 이것이 경제권력의 압력으로부터 독립적일 수 있는 「르몽드」의 비결이다.

한편 「르몽드」는 신문의 이름에서 알 수 있듯이 특히 국제문제에 큰 비중을 두고 있다. 이것은 「르몽드」의 창간 배경과 관계가 있다. 「르몽드」가 창간 초기부터 국제 기사에 비중을 둔 이유는 제2차 세계대전 당시 조국이 독일에 패했던 까닭이 이웃나라 독일에서 일어나고 있는 일조차 제대로 몰랐던 '프랑스의 게으름' 탓이라고 판단했기 때문이다. 「르몽드」 창간을 주도한 뵈브-메리는 창간 때부터 줄곧 나라 밖으로 눈을 돌려야 한다고 강조했다. 그래서 「르몽드」는 안으로는 권력으로부터의 독립을 목표로 내세우면서, 밖으로는 세계를 정확하고도 폭넓게 인식하는 데 주력했다.

「르몽드」는 창간 초기부터 사진을 사용하지 않고 엄격한 문체를 고수해온 신문으로도 유명하다. 사진이라고는 거의 찾아볼 수 없는 '딱딱한 신문'이지만, 분석 기사와 가치 있는 정보가 넘쳐 '속이 꽉 찬 신문'이다. 어떻게 보면, 읽는 신문에서 보는 신문으로 바뀌고 있는 현대 언론의 변화 트렌드에 맞지 않는 신문이라고 할 수 있다. 「르몽드」가 사진을 쓰지 않는 이유는 '이미지나 스펙터클'이 자칫 사건의 본질을 왜곡할 수 있다고 생각하기 때문이다. 「르몽드」는 사진 대신 희화적인 삽화를 주로 사용한다. 대부분 대중신문들이 기사를 압도하는 사진을 싣거나 신문 제1면에 대형사진을 사용하는 편집방식과는 완전히 다르다.

현재 「르몽드」는 120여 개국에 걸쳐 배포되고 있고 프랑스에서는 40만 부 정도가 발간된다. 하지만 신문을 읽는 열독인구는 하루 200만 명을 넘고 국제적인 영향력으로 치자면 그 이상이다. 중요한 사건이 일어날 때마다 「르몽드」의 논설은 총칼보다 강한 펜의 힘을 유감없이 발휘해왔다. 무엇보다 중요한 것은 「르몽드」가 자기 색깔과 논조를 가진 신문이며, 권력에 부화뇌동하지 않고 독립성을 견지해온 언론이라는 점이다. 「르몽드」는 창간 때부터 '언론의 진실은 언론의 독립성에 의해서만 보장된다'고 믿었던 창간자 뵈브-메리의 다음과 같은 신문관을 충실히 따라왔다.

"진실을, 모든 진실을, 오직 진실만을 말하라. 바보 같은 진실은 바보같이 말하고, 마음에 들지 않는 진실은 마음에 들지 않게 말하고, 슬픈 진실은 슬프게 말하라."

「르몽드」는 독특한 편집 방식과 경영 실험으로 세계 언론계의 이목을 집중시켜왔고 지난 세월 동안 언론의 교과서 같은 역할을 해왔다. 하지만 계속되는 경영난과 누적 적자를 이기지 못해

2010년에는 결국 경영권을 매각하고 말았다. 「르몽드」 경영권을 인수한 콘소시엄에는 피에르 베르제가 포함돼 있다. 베르제는 디자이너 이브 생로랑의 동성 연인이었던 것으로 유명하며, 알베르 카뮈·장 폴 사르트르·장 콕토 등 현대 프랑스를 대표하는 지성인·예술가와 교류하며 예술과 문학을 재정적으로 지원해온 인물이다. 「르몽드」 경영권을 인수한 새 주주 그룹은 「르몽드」 정신의 마지막 보루인 기자조합의 거부권과 편집권에 대해 완전한 독립을 보장하겠다고 약속했다.

한편, 「르몽드」 경영권 매각에도 불구하고 「르몽드」가 자매지로 발간하고 있는 월간신문 「르몽드 디플로마티크(Le Monde Diplomatique)」는 여전히 독립성을 유지하며 계속 발간되고 있다. 「르몽드 디플로마티크」는 국제문제에 관한 심층 분석기사로 정평이 나 있는데 1954년에 창간됐다. 독일·영국·이탈리아·이집트·브라질·러시아 등에서 20여 개 언어로, 37개 국제판이 발간되고 있으며 세계 최고 지성지로 손꼽힌다. 한국어판도 발간되고 있다. 「르몽드 디플로마티크」에는 미국의 노암 촘스키·브루스 커밍스·하워드 진·프랑스의 자크 데리다·피에르 부르디외·베르나르 카셍·마크 페로·영국의 에릭 홉스봄·슬로베니아의 슬라보예 지젝 등 이름만 들어도 알 만한 세계적인 석학들이 역대 필진으로 참여해왔다. 또한 그동안 세계 각지에서 벌어지는 현상에 대한 전문적인 분석과 새로운 관점을 제시해왔다. 촘스키는 「르몽드 디플로마티크」를 '세계의 창'이라고 불렀다.

나는 개인적으로 2000년에 「르몽드 디플로마티크」 한국어판 편집기획위원으로 참여했었는데, 「르몽드 디플로마티크」의 제1면 사설을 번역해 한국어판에 싣곤 했다. 당시 번역을 하면서 늘 새로운 시각과 깊이 있는 분석이 부러웠던 기억이 난다. 2000년에 시작됐던 한국어판은 내부 사정으로 중단되었다가 2008년에 재창간되어 발간되고 있다.

다음은 화장품 마몽드 이야기를 하고자 한다. 화장품 브랜드에 대해 왈가왈부할 수는 없지만, 마몽드라는 이름은 문법적으로는 잘못이다. 프랑스어에서는 모든 명사가 남성 또는 여성의 '성(性, gender)'을 갖는데, 성에 따라 소유격이나 형용사도 달라진다. 명사의 성에 일치시켜야 하기 때문이다. 1인칭 소유격 남성형은 mon(몽)이고 여성은 ma(마)다. 가령 나의 친애하는 아저씨는 '몽셰르 통통(Mon cher tonton)'이라 해야 하고, 내 친구는 '모나미(Mon ami, 몽 아미인데 모나미로 연독한다)'다. 그런데 문제는 몽드가 남성이라는 것이다. 그렇다면 '나의 세계'는 마몽드가 아니라 '몽몽드'가 된다. 몽몽드가 아니라 마몽드라고 이름을 붙인 것은 아마도 어감 때문인 듯하다.

105. 데님(Denim)

질긴 면 재질 중에 데님(Denim)이란 것이 있다. 두꺼운 무명실로 짠 능직의 면직물을 말하는데, 질기고 잘 해지지 않아서 가구 커버나 작업복 등에 쓰인다. 특히 청바지 원단으로 많이 사용된다. 그래서 청바지(Blue jean)를 블루데님이라 부르기도 한다. 데님셔츠, 데님팬츠 등 데님으로 만든 옷은 편하고 활동적이다.

그런데 우리가 사용하는 데님이라는 말은 사실 국적 불명의 낱말이다. 어원을 따져보면 그래도 '드 님(De Nîmes)'에서 온 말이라는 설이 가장 유력하다. 프랑스어 전치사 드(De)는 '~의(of)'를 뜻하고 님(Nîmes)은 프랑스 남쪽의 도시 이름이다. 마르세유(Marseille)와 몽펠리에(Montpellier)의 중간쯤 랑그도크 지방에 있

데님
질긴 면 재질 가운데 하나로, 두꺼운 무명실로 짜 잘 해어지지 않는다.
주로 가구 커버나 작업복 등에 쓰이며, 청바지 원단으로 많이 쓰인다.

는 도시다. 님이라는 도시에서 나는 질긴 옷감이 바로 데님이다. 그러니까 데님은 '님 지방의 옷감'이라는 뜻이다. 정확하게는 데님이 아니라 '드 님'이라고 하는 게 맞을 것 같다.

로마 제국은 오랫동안 남프랑스 지역을 지배해왔다. 그래서 이 지역에는 아직도 로마 제국의 유적들이 많이 남아 있다. 로마 교황은 로마 내 바티칸 교황청에서 살고 있지만 역사적으로 한때는 바티칸 이외 지역에 산 적이 있다. 그곳이 바로 프랑스 남부 지역의 아비뇽(Avignon)이다. 프랑스 국왕이 강력한 힘을 가지고 있던 1309년부터 1377년까지 교황청은 로마가 아니라 아비뇽에 있었다. 프랑스 국왕 필리프 4세는 교황 보니파키우스 8세와 대립하다가 삼부회를 소집해 지지를 받았고 교황에게 도전해 승리를 거둔다. 교황은 패배 직후 사망했다.

그 후 교황은 프랑스인이 계승했고 프랑스 국왕은 교황청을 아비뇽에 두었다. 1305년에 선출된 프랑스인 교황 클레멘스(클레망) 5세는 로마로 들어가지 못하고 아비뇽에 머물면서 프랑스 국왕의 간섭을 받았다. 그레고리오 11세 때 로마로 복귀하기까지 이 기간의 역대 교황은 모두 프랑스인이었다. 교황들이 아비뇽에 거주했던 약 70년간을 역사책에는 교황의 '아비뇽 유수(幽囚)'라고 기록하고 있다. 유수란 '잡아 가둔다'는 뜻으로 교황이 프랑스 국왕의 포로로 갇혀 있었음을 의미한다. 교회 역사에서 아비뇽 유수는 엄청난 사건이었다.

이로 인해 교황권은 크게 약화되었고, 아비뇽의 교황들은 프랑

아우구스투스 황제 동상
아비뇽 인근에 위치한 도시 님(Nîmes)은 아우구스투스(옥타비아누스)가 건설한 도시다.
이러한 이유로 지금도 이곳에는 그의 동상이 많이 남아 있다.

스 국왕의 눈치를 보며 프랑스에 의존하는 처지로 전락했던 것이
다. 남프랑스 지방은 이런 역사가 일어났던 현장이다. 드 님 옷감
이 생산되는 님은 바로 아비뇽 인근에 위치해 있다. 님은 로마 황
제 아우구스투스(옥타비아누스)가 건설한 도시이기 때문에 도시
곳곳에 아직도 아우구스투스 황제 동상이 남아 있다.

106. 데탕트(Détente)

20세기 국제정치사에는 '데탕트'란 말이 왕왕 나온다. 사회 수업 시간 아니면 신문기사에서 한번쯤은 들어봤을 법한 단어다. 냉전 시대에 많이 사용됐던 용어라 지금은 거의 쓸 일이 없는 고어가 돼버렸다. 하기야 냉전도 이제는 옛날 일로 기억되고 있다. '데탕트(Détente)'라는 용어는 국제정치에서 긴장완화를 가리키는 공식 용어인데 중·고등학교 교과서에도 사용되었다.

제2차 세계대전 후 세계는 두 개의 진영으로 갈라졌다. 하나는 미국을 중심으로 한 자유민주주의 진영이고, 다른 하나는 소련을 정점으로 한 공산주의/사회주의 진영이다. 이 두 진영은 이데올로기적으로, 정치군사적으로 극한적인 대립을 했는데, 이것이 바로 냉전체제다. 1945년 미국·영국·소련의 세 거두가 크림반도의 얄타에서 종전 후 국제질서를 논의하고 결정했다고 하여 이를 '얄타체제'라고도 부른다. 미국과 소련이 각 진영의 우두머리로서 서로 극단적으로 대립하며 세계질서를 이끌어간 이른바 양극체제였다.

하지만 1970년대 들어 실용주의적인 흐름이 나타나면서 냉전체제는 조금씩 이완되었고, 양 진영이 화해와 공존을 시도했던 것을 가리키는 말이 바로 데탕트다. 프랑스어 '데탕트'는 원래 '긴장완화 또는 휴식'을 뜻하지만, 국제정치용어가 된 이후에는 '일상적인 휴식'을 가리키는 말로는 거의 사용되지 않는다.

1970년대의 '데탕트'는 극한 대립과 긴장 속에서 싹텄다. 우선 냉전(The cold war)이라는 용어부터 살펴보자. 이 용어는 1947년 미국의 평론가 월터 리프먼이 논문에서 처음 사용한 것으로 알려져 있다. 이 용어가 프랑스로 건너와 '라 게르 프루아드(La guerre froide)'로 번역된다. '라(La)'는 정관사, '게르(Guerre)'는 '전쟁,' 여성형 형용사 '프루아드(Froide)'는 '차가운'이란 뜻이다. 차가운 전쟁, 즉 냉전을 말하는데, 엄밀히 말하자면 냉전도 일종의 전쟁이다. 전쟁은 전쟁인데, 전투나 교전이 이루어지지 않는 전쟁을 말한다. 요즘 식으로 말하면 '썰렁한 전쟁'이다. 총칼·대포 등 무기를 사용하는 전쟁은 '열전(Hot war)'이라 한다. 반면 냉전은 정치·경제·군사·이데올로기 등 모든 면에서 총체적인 긴장과 대립을 동반하는, 보이지 않는 전쟁을 말한다. 불만 붙이면 터지는 화약고 같은 상황이 지속되는 것을 가리킨다.

　　1950년 한국전쟁 당시 절정이었던 자유 진영과 사회주의 진영의 대결양상은 60년대를 거치면서 새 국면을 맞게 된다. 서구 진영에서는 서독과 일본이 급성장해 경제대국으로 부상했고, 영국·프랑스·중국은 새로운 핵보유국이 되었다. 프랑스는 같은 자유 진영에 속하면서도 종주국인 미국과 사사건건 대립하며 이른바 반미자주외교 노선을 주창하게 된다.

　　한편 사회주의 진영에서도 비슷한 균열이 일어난다. 중국과 소련은 같은 사회주의 형제국가였지만 이데올로기 분쟁, 국경 분쟁을 포함해 그야말로 치열한 중소분쟁을 치렀다. 이후 세계는 양극체제를 벗어나 점점 다극화되었고, 각각의 국민국가들은 이데올로기보다는 실리를 추구하기 시작한다. 국익을 위해서는 이데올로기성 적대국이라도 서슴없이 '적과의 동침'을 추구하는 시대가 된 것이다. 이런 실리주의 정치를 국제정치에서는 독일어를 사용해 '레알폴리티크(Realpolitik)'라고 부른다. 요즘 많이 쓰는 '레알'이라는 단어가 70년대에 이미 국제정치용어로 많이 사용되었던 것이다. 이런 분위기에 따라 1972년 미국의 닉슨 대통령은 전격적으로 모스크바와 베이징을 방문했고, 미국은 소련·중국 등 공산주의 국가들과 화해와 공존을 시도했다. 데탕트는 바로 이러한 변화를 가리키는 말이다.

데탕트로 인해 냉전구도는 새 국면을 맞게 된다. 하지만 데탕트가 곧 냉전의 종식을 의미했던 것은 아니다. 데탕트는 일시적 현상이었을 뿐이며 1980년대 초반 또다시 신냉전시대를 맞는다.

결국 냉전 종식은 20세기 말에 이르러서야 이루어진다. 미국의 부시 대통령과 소련의 고르바초프 대통령은 제2차 세계대전 이후 지속되어온 냉전구조를 타개하기 위해 1989년 12월 지중해 몰타섬에서 수뇌회담을 갖고 공식적으로 '냉전 종식'을 선언했다. 이로써 반세기 동안이나 지속되어온 냉전체제는 한순간에 무너져버렸다. 그 후 소비에트연방이 해체되면서 국제사회에서 사회주의 진영은 순식간에 무너졌고, 이로써 더 이상 냉전체제는 가능하지 않게 되었다.

국제정치라는 큰 틀에서 보면, 냉전은 구시대의 유산이다. 하지만 시야를 좁혀 우리가 살고 있는 한반도를 보면, 우리 사회는 아직도 자신 있게 냉전 종식을 이야기할 수는 없는 상황이다. 문재인 정부가 들어서면서 남북 간 화해 무드가 조성되고 어느 정도 평화에 대한 희망을 갖게 되었다. 하지만 지난 정부 때만 해도 북한 핵실험, 개성공단 철수, 사드 배치 결정 등으로 남북갈등은 격화일로로 치달았었다. 아직도 한반도는 전쟁의 일시적 중단을 의미하는 휴전상태이며, 평화협정이 체결되지 못하고 있다.

프랑스의 저명한 석학 레몽 아롱(Raymond Aron, 1905~83)은 당시의 냉전을 가리켜 색다른 정의를 내렸다. 그는 냉전을 '전쟁은 일어날 것 같지 않지만 평화는 불가능한 상태(Guerre improbable, paix impossible)'라고 정의했다. 본질을 꿰뚫어본 명쾌한 정의였다.

107. 메세나(Mécénat)

당연한 이야기지만 자본주의 문화는 자본주의적이다. 우리는 자본주의 사회에 살고 있기 때문에 별 생각 없이 자본주의라는 용어를 일상적으로 사용하고 있지만 가만히 곱씹어보면 참 매정한 용어다. 글자 그대로 풀어보면 자본주의(資本主義)는 '자본이 근본'이라는 것이다. 다시 말하면 돈이 근본인 사회가 바로 자본주의다. 동양사회의 오랜 전통적 가치인 '인본주의(인간이 근본)'와는 대조적이다. 자본주의는 물질주의적인 서양 철학이 배어 있는 경제체제라 할 수 있다. 자본주의 논리는 자본 중심적이며 따라서 사회문화도 자본주의의 생리에 맞게 짜여 있다. 특히 자본주의 사회에서는 기업의 역할이 절대적이다. 기업은 자본주의 경제를 이끌어가는 주역이기 때문이다.

높은 사회적 신분에 상응하는 책무를 '노블레스 오블리주'라고 하는데, 경제를 주도하는 기업이 비자금 조성이나 정경유착이 아니라 사회적 책무에 앞장선다면 얼마나 보기 좋을까. 경제활동으로 얻은 이익을 사회에 환원하고 문화예술에 대한 적극적인 지원에 나선다면 기업인은 사회 지배층으로서 큰 존경을 받을 수 있을 것이다. 유럽이나 미국에서는 많은 기업이 영리 목적과 무관하게 문화예술이나 창작활동을 지원한다. 기업인들이 엄청난 액수를 사회에 기부하는 기부문화 또한 매우 활성화되어 있다. 우리나라의 대기업들도 최근에는 이런 활동에 점점 관심을 갖고 참여하는 추세다. 이렇게 기업이 문화예술 활동을 적극적으로 후원하거나 지원하는 것을 '메세나(Mécénat)'라고 부른다. 메세나는 프랑스어인데, 사전에서 찾아보면 '문예·학술·예술의 옹호, 후원'이라고 돼 있다.

메세나의 어원은 로마 제국의 초대 황제 아우구스투스(Augustus, 기원전 63~기원후 14) 시절의 마에케나스(Caius Cilnius Maecenas, 기원전 69~기원전 8) 재상으로 거슬러 올라간다. 메세나의 유래를 찾기란 쉽지 않다. 설령 찾았다 하더라도 대부분은 부정확하다. 그나마 제대로 된 기사는 SK 글로벌 부회장이었던 김승정이 「대한 매일신문(현 「서울신문」)의 CEO 칼럼에 '메세나 운동과 좋은 기업'이라는 제목으로 기고한 글이다. 메세나의 기원을 다룬 앞부분을 인용하면 다음과 같다.

"율리우스 카이사르의 양자로 로마 제국 초대 황제로 등극한 아우구스투스는 카이사르가 암살된 이후 안토니우스와의 권력투쟁에서 승리하며 로마 제국 번영의 기초를 다진 인물로 평가받고 있다. 아우구스투스 황제에게는 두 명의 충직한 신하가 있어 그의 부족한 부분을 메워줬다. 그중 아그리파 장군은 황제의 전쟁 수행 능력을 배가시켜 제국의 영토를 넓히고 국경을 튼튼하게 했다. 또 다른 한 신하는 내정을 담당, 이민족 정복을 위한 황제의 잦은 원정에도 흔들림 없는 국가의 기강을 유지한 마에케나스다. 마에케나스는 정치가로서, 또 내정과 외교를 담당한 대신으로서 바쁜 일정을 보냈지만 로마 당대의 시인 호라티우스, 베르길리우스와 돈독한 관계를 유지하며 이들의 창작활동을 지원했다. 마에케나스는 제국의 영토 안에서 벌어지는 각종 문화예술 활동의 후원자로 나서 로마 제국의 품격을 높이는 데 애썼다고 한다. 그의 이름 마에케나스를 불어식으로 발음하면 '메세나'가 된다. 이는 오늘날 문화예술분야에 대한 기업의 후원활동을 총칭하는 고유명사로 자리 잡았다.(후략)"(「대한매일」, 2002년 7월 15일자)

메세나의 어원에 대한 적절한 해설이지만 마지막 부분에 옥의 티가 발견된다. 마에케나스를 프랑스어로 하면 '메세나'가 아니라 '메센(Mécène)'이다. 메센은 마에케나스를 가리키거나 마에케나스처럼 문화예술을 후원하는 후견인·기업을 말하며, '메세나'는 '메센이 하는 활동'을 뜻한다. 메세나는 조그마한 콘서트 후원에서부터 거대한 문화행사 지원에 이르기까지, 규모나 내용이 다양하다. 기업이 음악회나 축제를 후원하는 것도 메세나고 기업이 직접 문화 이벤트나 페스티벌을 주관하는 것도 메세나다.

우리나라에는 '한국메세나협회(www.mecenat.or.kr)'라는 단체가 있다. 이 단체는 문화예술 지원을 통한 사회공헌에 뜻을 같이하는 기업들을 회원사로 둔 비영리 사단법인이다. 경제와 문화예술의 균형발전에 이바지할 목적으로 1994년에 설립됐는데, 우리나라의 대표적인 기업들은 대부분 회원사로 가입되어 있다. 삼성전자·현대중공업·LG전자·한화 등 대기업에서부터, 우리은행·신한은행·종근당·코카콜라·KT·가나아트 갤러리에 이르기까지, 회원사는 2018년 현재 241개에 이르며, 회장은 일신방직의 김영호 회장이다. 한국메세나협회에서는 「메세나」라는 제목의 잡지도 발간하고 있는데, 문화예술 행사에 대한 다양한 정보와 회원사의 메세나 활동에 대한 기사들이 수록되어 있다.

한국메세나협회 홈페이지와 「메세나」 잡지를 보면 메세나란 로마 제국의 재상으로 문화예술 보호에 크게 공헌한 마에케나스의 이름에서 유래됐고 '예술·문화에 대한 두터운 보호와 지원이라는 의미를 지닌 프랑스어'라고 해설을 달아놓았다. 이탈리아 피렌체의 메디치가가 조반니를 시작으로 코시모·비에리·로렌초 가문을 이어가며 350년 동안 지속적으로 문화예술을 후원했고 메디치 가문은 르네상스 시대 미켈란젤로·도나텔로·보티첼리·라파엘로 등 예술가를 후원했다는 이야기를 메세나의 대표적인 사례로 들고 있다.

프랑스의 메세나협회의 공식명칭은 'ADMICAL(Association pour le Développement du Mécénat Industriel et Commercial: 산업 및 상업 메세나 발전협회)'이다. 세계 10위권 규모의 경제대국으로 부상한 우리나라도 이제는 경제규모에 걸맞은 메세나 활동이 필요하다. 한국전쟁 직후 세계에서 가장 가난한 나라로서 원조를 받았던 우리나라는 불과 반세기 만에 원조를 하는 나라로 위상이 바뀌었다. 선진국 정부나 공공기관이 개발도상국이나 국제기관에 하는 공공원조를 ODA(Official Development Assistance: 공적개발원조)라고 하는데, 이는 선진국을 가늠하는 척도 중 하나다. 국제적으로 ODA를 하는 것도 중요하지만 국내적으로는 기업의 메세나가 중요하다.

최근 양극화 현상이 심화되고 정경유착 징후들이 나타나면서 대기업에 대한 이미지가 그리 긍정적이지는 않다. 대기업의 이윤 중 많은 부분은 영세한 하청업체의 출혈과 희생에서 비롯되기 때문에 대기업은 살찌고 영세업체는 점점 힘들어지는 악순환이 반복되고 있다. 대기업의 대형 마트가 통닭을 저가로 팔아 동네 치킨집들을 위협하는가 하면, 대기업들이 줄줄이 외식사업과 베이커리 업계에 진출해 영세한 레스토랑과 동네 빵집들의 불만을 사고 있다. 파리바게트·뚜레주르·아티제 등 대기업 브랜드가 베이커리 시장을 장악해버려, 이제 주변에서 런던제과·독일빵집 같은 옛날의 동네 빵집을 거의 찾아볼 수가 없다.

대기업은 기업형 슈퍼마켓(SSM: Super Supermarket)까지 기습적으로 늘리고 있어 중소상인의 생존권을 위협하고 있다. 대기업과 동네 슈퍼마켓의 경쟁은 시작부터 공정한 게임이 아니다. 그러니 대기업을 바라보는 시선이 고울 리 없다. 게다가 심심찮게 터지는 대기업의 세금 탈루, 비자금 조성, 불법증여, 정경유착 등은 대기업에 대한 이미지나 신뢰를 더욱 실추시키고 있다.

메세나 운동은 기업의 이미지를 전환하기 위해 가장 효과적인 수단이 될 수 있다. 요즘 기업들은 문화 마케팅을 통해 매출상승을 노리기도 하는데, 마케팅 차원을 넘어 메세나에 나서는 것은 훨씬 근본적인 방법이다. 메세나는 단순한 마케팅 수단이 아니라 가치관을 근본적으로 쇄신하는 것이기 때문이다. 정치권만 쇄신이 필요한 것이 아니라 자본주의를 움직이는 거대기업들도 환골탈태해야 한다. 경제적인 기득권 집단이 솔선수범해 문화예술 활동을 지원하고 기업이익을 사회에 환원·기부하는 메세나 운동은, 기업 차원의 '노블레스 오블리주'라 할 수 있다.

삼성문화재단, 금호아시아나문화재단 등 대기업은 문화재단을 설립해 메세나 활동을 하고 있다. 삼성은 호암미술관, 호암갤

러리, 리움 등을 운영하면서 예술을 지원하고 있다. LG는 LG아트센터를 건립해 문화예술 공연을 지원하고 있다. 금호아시아나는 천재적인 예술가를 발굴해 지원하고 음악영재를 육성하는 활동에 중심을 두고 있다. 파가니니 콩쿠르에서 우승한 바이올리니스트 권혁주, 피아니스트 김선욱 등은 금호아시아나가 발굴한 음악영재다. 이건산업은 무료 클래식 음악회인 '이건음악회'를 매년 개최하고 있다. 한국화약의 모태인 한화그룹은 기업의 특성에 맞게 2000년부터 매년 서울세계불꽃축제를 열고 있는데 이제는 서울의 명물이자 국제적인 축제로 자리 잡고 있다.

언론인 아나톨 칼레츠키(Anatole Kaletsky)는 『자본주의 4.0』이라는 책에서 자본주의가 초기의 자유방임(1.0), 정부 주도의 수정자본주의(2.0), 시장 중심의 신자유주의(3.0)를 거쳐 '자본주의 4.0' 형태로 진화하고 있다고 주장했다. 그가 말하는 '자본주의 4.0'이란 기업과 정부의 협업, 중소기업과 대기업의 동반성장, 기업의 사회공헌, 기부 등을 통해 발전하는 '따뜻한 자본주의'다. '메세나'는 자본주의 4.0에 딱 어울리는 사회적 가치라 할 수 있다.

108. 부르주아(Bourgeois)

우리는 자본주의 사회에 살고 있다. 자본주의 경제에서 계급은 자본을 소유한 자본가계급과 그렇지 못한 노동자계급으로 구분

된다. 자본가계급을 다른 말로는 부르주아 계급이라고도 부른다. '부르주아(Bourgeois)'는 프랑스어인데, 절대왕정시대 중상주의 정책으로 부를 축적한 유산계급으로 주로 상인이나 지주계층을 의미했으나 프랑스 혁명을 거치면서 이들은 변혁을 주도하는 계급으로 떠올랐다. 1848년 카를 마르크스와 프리드리히 엥겔스가 『공산당 선언』이라는 문서를 발표한 뒤에는 지배계급이라는 뉘앙스를 갖게 된다. 부르주아는 형용사고 부르주아 계급을 가리킬 때는 '부르주아지(Bourgeoisie)'를 사용한다. 반면 자본을 못 가진 무산계급을 가리킬 때는 독일어에서 온 '프롤레타리아(Proletariat)'라는 낱말을 사용한다.

원래 부르주아는 성에 둘러싸인 중세 도시국가의 '성(Bourg) 안에 사는 주민'을 뜻하는 말이었다. 프랑스 동쪽의 알사스 로렌(Alsace-Lorraine) 지방에 스트라스부르(Strasbourg)라는 도시가 있다. 도시 이름에 bourg가 들어가는 것으로 미루어 성이 있던 중세 도시였음을 짐작할 수 있다. 영어에서는 부르주아를 그대로 사용하기도 하지만 'Burgher'라는 단어를 사용하기도 한다. 사전에 찾아보면 '소도시의 시민'이라고 돼 있다.

프랑스의 조각가 오귀스트 로댕(Auguste Rodin)의 작품 중에 「칼레의 시민」이라는 조각이 있다. 14세기 백년전쟁 당시 잉글랜드 군대에 맞서 프랑스 칼레시를 구하기 위해 목숨을 바쳤던 칼레의 영웅적 시민 여섯 명을 기념하는 작품이다. 노블레스 오블리주의 일화로도 많이 소개되는데, 내용은 다음과 같다.

프랑스 북부 항구도시 칼레(Calais)는 도버해협을 사이에 두고 영국과 마주보고 있는 곳으로 영국이 프랑스를 침략하기 위해 꼭 차지해야 하는 지정학적인 요충지였다. 1347년 잉글랜드 왕 에드워드 3세의 군대는 칼레시를 점령했고 잉글랜드에 저항했던 칼레 시민들은 학살당할 위기에 놓이게 된다. 에드워드 3세는 칼레시의 지도자 여섯 명을 넘긴다면 나머지 시민들은 모두 살려주겠다는 뜻을 전했다. 이에 시민대표 여섯 명은 다른 시민들을 구하기 위해 자진해서 목에 밧줄을 매고 교수형을 자청했는데, 결국은 그들 모두를 살려주었다는 미담이다. 이 이야기를 형상화한

출처: Ritu Manoj Jethani / Shutterstock.com

오귀스트 로댕의 「칼레의 시민」
백년전쟁 당시 잉글랜드 군에 맞서 프랑스 칼레시를 구하기 위해 나섰던 칼레의 영웅적 시민
6인을 기념한 작품. 미국 스탠퍼드 대학교 소장.

로댕의 작품이 「칼레의 시민」이다. 프랑스어로는 '*Les Bourgeois de Calais*'다.

여기서 부르주아는 희생정신을 갖고 노블레스 오블리주를 실천한 시민을 뜻한다.

109. 살롱(Salon)

우리가 일상적으로 사용하는 외래어 중에는 국적불명의 용어이거나 아니면 원어와는 뜻이 전혀 다르게 변해버린 신조어들이 많다. 고깃집을 의미하는 무슨 무슨 '가든(Garden)'이라든지 불륜의 장소 '러브 호텔(Love Hotel)' 등이 대표적이다. 정원을 뜻하는 가든은 언제부터인가 고깃집을 의미하게 되었고, 일본식 영어인 러브 호텔은 어느 순간 새로운 유형의 호텔이 되었다.

언어는 그것을 만들고 사용하는 사람들 간의 사회적 약속이다. 이유가 뭐든 많은 사람들이 가든을 고깃집, 러브 호텔을 불륜의 장소라는 의미로 사용하게 되면 그것은 새로운 의미를 갖게 된다. 그럴 경우 더 이상 문법의 옳고 그름을 따지지 않는다. 우리나라 『국어사전』에도 '러브 호텔'이라는 용어가 등재되어 있다. '숙박을 목적으로 하지 않고 은밀히 성(性)을 즐기려고 하는 남녀가 이용하는 숙박업소를 통틀어 이르는 말'이라고 정의되어 있다. 그러면 『영어사전』에는 어떨까. 『영어사전』에도 '일본에서 주로 사용되는 용어로 연애하는 남녀가 시간 단위로 빌리는 방(Especially in Japan, a hotel where rooms can be hired by the hour by amorous couples)'이라 정의돼 있다.

이번에는 '룸살롱'이라는 말을 한번 생각해보자. 룸살롱의 경우는 희한하게도 '룸'이라는 영어와 비슷한 의미의 프랑스어 '살롱(Salon)'이 결합돼 만들어진 말이다. 『국어사전』에는 '칸막이가 있는 방에서 술을 마실 수 있게 된 술집'이라 돼 있다. 룸살롱은 단란주점보다 더 고급으로, 술값만 100만 원을 훌쩍 넘는 비싼 유흥주점을 일컫는다. 룸살롱이 주는 느낌은 퇴폐적이고 향락적이다. 왜 그런지 모르겠지만 프랑스어의 '카바레, 살롱, 마담' 등의 단어는 모두 향락산업과 관계 있다. 프랑스인이 사랑하는 이 아름다운 단어들이 이역만리 한국에서는 선정적인 뉘앙스를 가진 이상한 용어로 둔갑해 사용되고 있는 것이다. 이를 알면 다혈질인 프랑스인들은 아마 격분할지도 모른다. 하지만 카바레나 살롱, 마담 같은 말은 프랑스에서는 한없이 문화적이고 고급스런 말인데다가 역사적으로 프랑스인의 사랑을 듬뿍 받아온 말들이다.

서양풍의 객실이나 응접실이라는 의미로 사용되는 살롱은 사실 역사의 산물이며 지성과 문화를 상징하는 말이다. 살롱 문화라는 말도 있는데 이는 프랑스가 유럽 대륙의 최강대국으로 부상하며 경제적 풍요를 구가하던 17세기에 나타나 18세기에 활짝 꽃피운 지성적인 문화를 일컫는다.

프랑스 살롱문화의 중심에는 언제나 '마담(Madame)'이 있었다. 특히 그중 이름난 살롱을 주관했던 귀부인들을 '그랑 담 (Grand Dame: 큰 부인)'이라고 불렀다. 보통 지성과 미모를 겸비한 고상한 귀족부인들이 살롱을 주관했는데, 살롱은 자유로운 분위기 속에서 철학·문학·예술을 논하는 토론의 장소였다. 또한 젊은 학자들이 지배계층과 사교를 통해 인맥을 형성하거나 사회적인 계급 이동을 할 수 있는 통로 역할도 했다. 권위 있는 아카데미 프랑세즈(프랑스 한림원) 회원을 대거 배출했던 '랑베르 후작부인(Marquise de Lambert, 1647~1753)의 살롱'이나 계몽운동 시기 자연철학자나 수학자들이 주류를 이루었던 백과전서파 사상가들이 자주 드나들어 '백과전서파의 실험실'이라고 불렸던 '레피나스 부인(Julie de Lespinasse, 1733~76)의 살롱' 등은 역사적으로 유명했던 살롱이다.

프랑스의 살롱은 귀족들이 끼리끼리 모여 사교를 하는 영국식의 상류사회(High Society)나 사교클럽과는 달랐다. 젊은 지성과 기득권층이 만나 토론하면서 새로운 담론을 만들어내기도 하고, 마담을 중심으로 지식인들이 모여 남녀차별이나 신분의 벽을 넘어 토론문화를 만들어냈던 문화 공간이다. 살롱은 지성의 산실, 토론 공간, 사교의 장이자 남녀 간·계층 간에 이해가 이루어진 장이었다.

귤화위지(橘化爲枳)란 고사성어가 있다. 귤이 회남에서 나면 귤이 되지만 회북에서 나면 탱자가 된다는 뜻이다. 프랑스의 살롱문화도 우리나라로 건너와서는 향락퇴폐문화로 변질되고 만 예

와 같다. 살롱과 룸살롱은 글자 한 자 차이지만 그야말로 천양지
차다. 프랑스의 살롱에는 문화와 역사, 이성과 지성이 살아 있지
만, 룸살롱에는 말초신경을 자극하며 흥청거리는 향락이 있을 뿐
이다.

　돌이켜보면 우리 역사 속에도 황진이 같은 기생이 선비들과
학문과 문학을 논하고 함께 시를 읊으며 낭만적인 사랑을 나누던
세련된 기방문화가 있었다. 그런데 어쩌다 천민자본주의적인 룸
살롱문화가 기승을 부리게 된 걸까.

110. 앙가주망(Engagement)

프랑스어 '앙가주망(Engagement)'에는 '약속·병역 지원·계약·개
시' 등의 뜻도 있지만, 보통은 작가나 지식인·예술가들의 '사회적
실천이나 참여'를 가리킨다. 역사적으로 지식인의 사회참여는 프
랑스에서는 뿌리 깊은 전통이라고 할 수 있다. 빅토르 위고·에밀
졸라를 거쳐, 장 폴 사르트르·피에르 부르디외로 이어지는 프랑
스 민중주의의 전통이다.

　프랑스인이 자랑하는 대문호 빅토르 위고는 『레미제라블』『노
트르담의 꼽추』 등 불후의 명작을 남긴 위대한 작가였지만, 그 또
한 행동하는 지성인이자 공화파 정치인이었다. 그는 지금으로
부터 150년 전에 이미 '유럽합중국'을 예견했던 정치인이었고,

1851년 12월 루이 나폴레옹 보나파르트가 제국(Empire) 건설을 위한 쿠데타를 일으키자 '헌법을 뒤엎고 시민의 의사를 짓밟는 정변은 용서할 수 없는 범죄'라며 나폴레옹에 맞서 저항한 용기 있는 지식인이었다.

앞서 살펴보았듯, 19세기 말, 프랑스에서는 세계사를 뒤흔든 역사적인 사건이 발생했는데. 이른바 '드레퓌스 사건'이다. 이 사건은 유대인에 대한 미묘한 차별감정이 빚어낸 스파이 음모 사건이었고 수년에 걸쳐 온 나라를 발칵 뒤집어놓았다. 이 사건을 둘러싸고 프랑스 지식인 사회는 드레퓌스파(또는 재심파)와 반드레퓌스파(반재심파)로 나뉘어 대립했다. 이때 드레퓌스파는 진리·정의·인권을 옹호하면서 사회문제에 참여하는 지식인상(像)을 세우게 된다.

한편, 제2차 세계대전 후의 대표적인 참여지식인으로는 실존철학자 사르트르를 들 수 있다. 그는 프랑스령 알제리의 무장 독립투쟁을 지원했고, 프랑스의 민중주의적 거리투쟁을 주도했던 지식인이었다.

제2차 세계대전 시기 독일군 포로가 되었다가 석방된 뒤, 그는 파리에서 레지스탕스 운동을 조직하다 해방을 맞았다. 전후에는 철학자 메를로-퐁티와 함께 잡지「레 탕 모데른(Les Temps Modernes: 근대 또는 현대)」을 창간해 휴머니즘을 옹호하면서 혼란기의 젊은이들에게 큰 영향을 미쳤다. 이후 장문의 논문「공산주의자와 평화(1952~54)」를 발표한 뒤부터는 공산주의 옹호자가 되

빅토르 위고
러시아 『역사』 교과서에 실린 빅토르 위고의 삽화

출처 Neveshkin Nikolay / Shutterstock.com

었고 반전·평화운동에도 참가하였다. 그러다가 1956년 소련의 부다페스트, 프라하 무력 침공 사건이 터지자 스탈린주의를 비판하면서 공산당과 결별을 선언했다.

특히 사르트르는 조국의 이익에 반해 알제리 독립운동을 지원함으로써 세계의 주목을 받았다. 저명한 철학자였던 사르트르가 식민지 독립투쟁을 지지한 것은 알제리민족해방전선(FLN)에게 큰 힘이 되었고 당시 지식인들이 제3세계의 중요성을 인식하는 데도 큰 역할을 했다. 1968년 사회운동 이후부터 사르트르는 부동의 명성을 바탕으로 대학 강단이 아니라 주로 거리에서 민중을 계몽하고 선도하는 실천적인 삶을 살았다.

사회학자 레몽 아롱·철학자 메를로-퐁티 등이 명문 파리고등
사범학교(에콜 노르말 쉬페리에르)의 동기였는데, 사르트르는 특
히 아롱과는 정반대의 삶을 살았다. 사회학의 대가 아롱이 우파
지식인·강단학자로서 보수적인 삶을 살았다면, 사르트르는 좌파
지식인·거리의 철학자·행동하는 지성의 길을 택했다. 사르트르
의 생애는 그야말로 '앙가주망'으로 점철된 삶이었다. 1964년 사
르트르는 소설 『구토(La Nausée)』로 노벨 문학상 지명을 받았지만
수상을 거부한 것으로 유명하다. 문인으로서 최고의 영예인 노벨문
학상을 거부하면서 사르트르는 이렇게 말했다고 한다.

"문학에 서열이나 등급을 매기는 것을 나는 부정한다. 누가 감
히 칸트나 데카르트, 괴테에게 상을 줄 권리를 갖고 있느냐!"

위고·졸라·사르트르로 이어지는 전통은 프랑스 지성계를 관
류하는 맥이요, 지식인의 사회참여를 고무하는 '배양액'이다. 지
식인의 사회참여는 진보적 지식인에게서 더욱더 두드러지지만
반드시 그런 것은 아니다.

드레퓌스 사건 당시 에밀 졸라와 함께 앞장섰던 사회학자 '에
밀 뒤르켐(Emile Durkheim)'은 공화파 자유주의자였고, 『인간의
조건』으로 유명한, 행동하는 지성 '앙드레 말로' 역시 우파였지만
프랑코 독재에 맞서 총을 들었던 지식인이다. 프랑스의 지식인은
보편적 인간의 가치를 추구하며 다른 나라 일에 대해서도 적극
적인 태도를 보였고, 불의의 전쟁에는 펜 대신 총을 드는 '전투적
앙가주망'의 전통을 갖고 있다.

미테랑 대통령의 정치 자문 역을 지냈던 레지스 드브레(Régis Debray) 역시 그러하다. 드브레는 1965년 당시 철학 교수였다가 쿠바의 아바나(La Habana) 대학에 교환교수로 부임했다. 그런데 볼리비아에서 혁명이 일어나자 볼리비아로 건너가 반(反)정부 혁명군의 정치고문으로서 활동했다. 1967년 4월 20일 드브레는 볼리비아 정부에 의해 체포돼 사형을 선고받았다. 본국에서 구명운동이 일어나 군법회의에서 사형을 면제받고 30년형으로 감형되었다가, 국제적인 석방운동으로 결국 1970년 4월 석방된다. 교수 신분으로서 다른 나라 혁명에 참여하고 총을 들었던 드브레 역시 프랑스 지식인의 앙가주망 역사에 일획을 그었던 인물이다. 최고의 석학이자 문화사회학의 태두로 일컬어지는 피에르 부르디외 역시 참여하는 지식인으로서 평생 앙가주망을 실천했다.

프랑스에서 지식인은 뭔가 특별한 존재다. 교육제도에서부터 엘리트주의를 표방하고 있는데다 현실 사회에서 지식인의 역할과 책임, 영향력이 막중하기 때문이다. 프랑스 지식인은 언제나 사회역사 흐름 속에서 중심부를 지켜왔다. 요컨대, 다른 나라의 지식인에게 사회참여가 '선택'이었다면, 프랑스 지식인에게 참여(앙가주망)는 '선택'이 아닌 '필수'였다.

111. 코아비타시옹(Cohabitation)

1981년 사회낭 후보로 출마해 대통령 선거에서 승리한 프랑수 아 미테랑은 대통령에 취임한 뒤 14년 동안 공화국 대통령으로서 프랑스 정치를 이끌었다. 제2차 세계대전 이후 최초의 좌파 대통령이었기에 우여곡절도 많았다. 가장 대표적인 것은 우파 총리와의 동거내각이었다. 대통령과 내각의 정파가 다른 정부, 여당과 야당이 공존하는 좌우동거 정부를 프랑스어로는 '코아비타시옹(Cohabitation)'이라고 한다. 프랑스 현대사에서 코아비타시옹은 딱 세 번 있었다.

1986년 3월 프랑스 총선에서 유권자들은 당시 집권여당이던 사회당을 심판했고 우파의 지도자였던 파리 시장 자크 시라크가 이끌던 공화국연합(RPR)이 다수당이 된다. 좌파인 미테랑 대통령은 고민에 빠졌다. 1958년 드골 대통령 때부터 시작된 프랑스의 제5 공화국은 대통령 중심제이기는 했지만 의회주의 전통에서는 다수당에서 총리를 지명해야 하기 때문이다. 온건 보수 성향의 지스카르 데스탱 전 대통령과 2년 후 대통령 선거에서 자신과 맞서게 될 야권의 강력한 대권주자인 드골주의자 자크 시라크 중 미테랑은 정치권의 예측을 깨고 시라크 총리 카드를 선택한다. 좌파 미테랑 대통령과 우파 시라크 총리 내각의 동거가 시작된 것이다.

미테랑은 시라크에게 책임총리 역할을 부여하고 내치를 완전히 일임했다. 그러자 시라크는 이전에 미테랑 대통령이 취했던 국유화 정책·이민 정책 등을 뒤엎고 자신의 소신대로 민영화·이민규제 등 우파적인 정책을 과감히 단행했다. 이것이 프랑스 현대정치사에서 첫 번째 일어난 코아비타시옹이다. 2년 후 대통령 선거에서 미테랑은 시라크를 꺾고 대통령 연임에 성공한다.

1986년에 이어 1993년에도 총선거에서 우파연합이 승리한다. 미테랑 대통령은 이번에는 에두아르 발라뒤르를 총리로 임명했다. 이로써 두 번째 동거내각이 탄생한다.

세 번째 코아비타시옹은 이전의 두 번과는 정반대였다. 우파인 자크 시라크가 대통령이던 1997년, 이번에 총선거에서 승리한 쪽은 사회당-녹색당 연합 좌파였다. 시라크 대통령은 사회당의 리오넬 조스팽을 총리로 지명했고, 프랑스에서는 세 번째 좌우동거 내각이 시작됐다.

이 세 번의 코아비타시옹은 대체로 성공적이었던 것으로 평가된다. 외교·국방은 대통령이 맡고, 내치는 총리가 책임지면서 나름대로 조화와 균형을 이루었고, 대외적으로도 연속성을 띠었기 때문이다. 이런 코아비타시옹이 가능했던 것은 정치적 입장 차이를 존중하고 평화적 공존을 추구하려는 프랑스 정치의 성숙함 때문일 것이다. 우리나라 정치권에서 가끔 이야기되고 있는 거국내각, 이원집정제 등은 모두 프랑스 정치 모델에서 나온 것이다.

프랑스어 '아비타시옹(Habitation)'은 '거주, 주거'란 뜻이고, 여기에 '함께'를 의미하는 접두어 '코(Co)'가 붙은 '코아비타시옹

(Cohabitation)'은 '동거·공동생활'을 의미한다. 부부의 동거도 코아비타시옹이고, 정부 내에서 좌우가 동거하는 것도 코아비타시옹이다.

프랑스어와 다른 나라 언어 비교표

번호	프랑스어	영어	한국어	기타 언어	뜻
1	**플라주** (Plages)	비치 (Beach)	해변, 강변		해변, 강변
2	**뮈지크** (Music)	뮤직 (Music)	음악		음악
5	**르 페르 노엘** (Le Pèe Noël)	산타클로스 (Santa Claus)	산타클로스	로마: 성(聖) 니콜라우스 (Saint Nicholas)	산타클로스, 성탄절의 아빠
5	**노엘** (Noël) (Le Pèe Noël)	크리스마스 (Christmas)	성탄절		예수 탄신일
6	**오트** (Haute)	하이 (High)	고급의, 높은		고급의, 높은
6	**구르메** (Gourmet)	고메이 (Gourmet)		일어: 고메, 구르메(グールメ)	미식가, 식도락가
7	**디아망** (diamant)	다이아몬드 (diamond)	다이아몬드		다이아몬드, 금강석
8	**코크** (Coq)	코크 (Cock)	수탉		수탉
9	**샹파뉴** (Champagne)	샴페인 (Champagne)			샹파뉴 지방에서 생산되는 포도주
9	**부르고뉴** (Bourgogne)	버건디 (Burgundy)			부르고뉴 지방 포도주
9	**뱅 무쇠** (Vin Mousseux)	스파클링 와인 (Sparkling wine)			샹파뉴 지방 이외에서 생산되는 발포성 포도주. 우리나라 에서는 베이커리 등에서 판매되며 생일 파티에 쓰인다.
10	**시드르** (Cidre)	사이다 (Cidre)			사과즙을 원료로 만든 노르망디 지방의 발효주
13	**레스토랑** (Restaurant)	레스터런트 (Restaurant)	식당, 레스토랑		영양이 풍부한 음식과 휴식을 통해 체력과 건강을 회복하는 곳. 식당

번호	프랑스어	영어	한국어	기타 언어	뜻
14	불랑제리 (Boulangerie)	베이커리 (Bakery)	제빵, 빵집, 불랑제리		제빵, 빵집
14	가토 (Gâteau)	케이크 (Cake)	케이크, 과자		케이크, 과자
16	쇼콜라 (Chocolat)	초콜릿 (chocolate)	초콜릿		초콜릿
17	미슐랭 (Michelin)	미쉐린 (Michelin)	미슐랭 미식 가이드북		미슐랭 미식 가이드북
24	살롱 드 테 (Salon de Thé)	티하우스 (The House)	찻집		찻집
26	콩시에르주 (Concierge)	콘시어즈 (Concierge), 도어 키퍼 (Door Keeper)	관리인, 호텔 안내원		수위, 관리인, 호텔 안내원
27	누아르 (Noir)	블랙(Black), 다크(Dark)	검은, 어두운		검은, 어두운
28	피앙세 (Fiancé, Fiancée)	피안세이 (Fiancé)	약혼자		약혼자
29	부통 (Bouton)	버튼 (Button)	단추		단추
31	레 노스 블랑쉬 (Les noces blanches)	웨딩 세리머니 (Wedding Ceremony)	결혼식		결혼식
31	블랑슈 (Blannche)	화이트 (White)	순백의		순백의
31	루주 (Rouge)	레드 (Red)	붉은		붉은
32	루주 아 레브르 (Rouge à Lèveres)	립스틱 (Lip Stick)	연지, 립스틱, 루주		입술연지, 립스틱, 루주. 입술에 바르는 화장품
32	아르메 루주 (Armée rouge)	레드 아미 (Red Army)	적군		적군(赤軍), 붉은 군대
32	뱅 루주 (Vin rouge)	레드 와인 (Red Wine)	적포도주		적(赤)포도주, 붉은 포도주
32	블뢰 (Bleu)	블루 (Blue)	파란		파란
32	존 (Jaune)	옐로 (Yellow)	노란		노란
33	블랑 (Blanc)	화이트 (White)	하얀		하얀

번호	프랑스어	영어	한국어	기타 언어	뜻
33	봉 (Bon)	굿 (Good)	좋은		좋은
33	메이에르 (Meilleur)	베터 (Better)	더 좋은		더 좋은
33	르 메이에르 (Le Meilleur)	더 베스트 (The best)	최고, 최상, 최정상		최고, 최상, 최정상
33	르 메이에르 데 몽드 (Le Meilleur des Mondes)	브레이브 뉴 월드 (Brave New World)	멋진 신세계		여러 세상들 중 최고. 최고의 새로운 세계. 헉슬리의 소설 제목. 허구적 유토피아
34	마르셰 (Marchr)	마켓 (Market)	시장		시장
35	몽블랑 (Mont-Blanc)	화이트 마운틴 (White Mountain)	흰 산	이탈리아어: 몬테 비안코(Monte Bianco)	①프랑스와 이탈리아의 경계에 있는 알프스산맥의 최고봉. 높이 4,807미터 ②독일의 명품 브랜드명. 만년필을 비롯한 필기구. 가죽제품 등을 제작·판매
36	바캉스 (Vacances)	버케이션 (Vacation)	방학, 휴가		여름휴가. 공석. 프랑스에서는 단순한 휴가 이상의 의미. 재충전 기간
37	베테랑 (Vétéran)	베테랑(Veteran), 아웃라이어 (Outlier)	베테랑, 전문가, 달인		전문가, 달인, 백전노장
38	세봉 (C'est bon.)	이츠 굿 (It's good.)	좋다		좋다
38	세시봉 (C'est si bon.)	이츠 베리 굿. (It's very good.)	정말 좋다		정말 좋다
38	봉주르 (Bonjour)	굿모닝 (Good Morning)	안녕		'안녕'의 아침인사
38	봉 보야주 (Bon Voyage.)	해브 어 나이스 트립 (Have a nice trip.)	여행 잘 다녀와		여행 잘 다녀와

번호	프랑스어	영어	한국어	기타 언어	뜻
	보나페티 (Bon Appétit.)	인조이 유어 밀 (Enjoy your meal.)	맛있게 드세요		맛있게 드세요
41	사봉 (Savon)	소웁 (Soap)	비누	한자어: 비루(肥飛)	비누
42	상트르빌 (Centre ville)	다운타운 (Downtown)	도시중심부	독어: 젠트롬(Zentrum)	시내중심가
43	샤무아 (Chamois)	섀미 (Chamois)	섀미	일어: 세무, 섀무(シャミー)	셈 가죽, 샤무아 사죽
44	세라비 (C'est la vie.)	왓윌비, 윌비 (What will be, will be.)	뭐 인생이 그런 거 아니겠어.	스페인어: 케세라세라(Que sera sera 스와힐리어: 하쿠나 마타타(Hakuna matata) 고사성어: 새옹지마 (塞翁之馬)	"뭐 인생이 그런 거 아니겠어." "될 대로 대라." "어떻게든 될 거야." "걱정하지 마라."
46	실부플레 (S'il Vous Plaît)	플리즈 (Please)	제발, 부디		제발, 부디
48	에티켓 (étiquette)	사인 (Sign)	표지판		궁정에서 하지 말아야 할 규칙. 어떤 상황에서 해야 하거나 하지 말아야 하는 규칙, 예의범절
49	오트 쿠튀르 (Haute Couture)	하이 패션 (High Fashion)	고급 패션, 고급 맞춤복		고급 패션, 맞춤복 등 최첨단으로 유행되는 물건이나 세련된 의상
49	오트 소시에테 (Haute Sociéé)	하이 소사이어티 (High Society)	상류 사회		상류 사회
56	그랑 슐렘 (Grand Chelem)	그랜드 슬램 (Grand Slam)	그랜드 슬램		프랑스 오픈, 호주 오픈, 영국 오픈(윔블던), US 오픈 4개의 대회를 모두 석권

번호	프랑스어	영어	한국어	기타 언어	뜻
57	**마요 존** (Maillot)	옐로 저지 (Yellow Jersey)	노란 셔츠		투르 드 프랑스)에서, 종합 성적 1위인 선수가 입는 노란색 재킷
58	**앵제니외르** (Ingénieur)	엔지니어 (engineer)	기술자		기술자
59	**위니베르시테** (Université)	유니버시티 (University)	대학교		종합대학교
70	**샤를마뉴** (Charlemagne)	찰스 대제 (Charles the Great)	샤를마뉴	라틴어: 카롤루스 마그누스 (Carolus Magnus) 독어: 카를 대제(Karl Magnus)	샤를 대제. 서로마 제국에서는 '카를로스 (Carolus) 대제'라 부름
70	**장** (Jean)	존 (John)		독어: 요한(Johann) 라틴어: 요하네스 (Johannes)	
70	**기욤** (Guillaume)	윌리엄 (William)	기욤, 윌리엄, 빌헬름	독어:빌헬름 (Wilhelm)	사람 이름
72	**박생** (Vaccin)	백신 (Vaccine)	백신, 종두		백신, 종두
75	**아카데미** (Académie)	어케더미 (Academy)	아카데미	그리스어: 아카데메이아 (Acadēmeia)	한림원(翰林院). 고등교육기관
76	**르 코르동 블뢰** (Le Cordon Bleu)		꼬르동 블루, 코르동 블루	일어: 코돈 블루 (コドンブルー)	레콜 드 퀴진 뒤 코르동 블뢰(L'École de cuisine du Cordon Bleu): 코르동 블루 요리학교
76	**르세트** (Recette)	레시피 (Recipe)	조리법		조리(요리)법
79	**팡테옹** (Pantheon)	판테온 (Pantheon)	판테온 (그리스 · 로마) 파리 팡테옹(프랑스)		①만신전(萬神殿). 로마에 있는 로마 시대 신전(神殿) ②프랑스 위인들의 묘가 있는 사원

번호	프랑스어	영어	한국어	기타 언어	뜻
80	뇌프(neuf)	나인(Nine); 뉴(New)	아홉; 새		9, 아홉, 아홉 번째; 새, 새로운
80	퐁 (Pont)	브리지 (Bridge)	다리		다리
84	노트르 (Notre)	아워 (Our)	우리		우리, 우리의
84	담 (Dame)	매덤(Madame), 레이디(Lady)	여인		여인, 부인
84	노트르담 (Notre Dame)	아워 레이디 (Our Lady)	성모 마리아	독어: 운저레 리베 프라우(Unsere Liebe Frau)	우리의 성모 마리아
87	플라카르 (Placard)	플래카드 (Placard)	플래카드, 현수막		현수막, 광고
89	르네상스 (Remaissance)	더 르네상스 (the Renaissance)	르네상스	이탈리아어: 리나 센차(Rina Scenza)	재생, 부흥
90	쿠데타 (Coup d'Éat)	쿠 (Coup)	쿠데타	독어: 푸치(putsch)	무력정변, 군사정변
92	페스티발 드 필므 (Festival du film)	필름 페스티벌 (Film Festival)	영화제		영화제
92	시네마 (Cinéa)	모션 픽처(motion picture), 무비(movie), 필름(film)	영화	독어: 키네마토 그라피 (Kinematographie); 키노(Kino) 이탈리아어: 치네마토 그라피아 (cinematografia); 치네마(cinema) 스페인어: 시네마토 그라프 (Cinémato- graph); 시네(cine) 러시아어: 키노(Kino) 북유럽 여러 나라: 비오그라프 (Biograf) 중국: 전영(電影)	영화

번호	프랑스어	영어	한국어	기타 언어	뜻
92	**뤼미에르** (Lumière)	라이트 (Light)	빛		빛
94	**누벨 바그** (Nouvelle Vague)	뉴 웨이브 (New Wave)	뉴 웨이브		새로운 파도, 새로운 움직임
97	**발레** (Valet)	밸리트/밸레이 (Valet/Valet)	발레		시중을 드는 사람. 주차 요원
99	**그랑되르** (Grandeur)	그랜저 (Grandeur)	그랜저		크기, 넓이, 중대성, 권위
99	**루르스** (L'Ours)	베어 (Bear)	곰		곰
102	**방크** (Bank)	뱅크 (Bank)	은행		은행
102	**아슈랑스** (Assuance)	인슈어런스 (Insurance)	보험		보험, 확신, 보증
102	**크레디** (Crédit)	크레디 (Credit)	신용		신용
104	**몽드** (Monde)	월드 (World)	세계		세계
106	**라 게르 프루아드** (La Gurre Froide)	더 콜드 워 (The Cold War)	냉전		냉전. 직접적으로 무력을 사용하지 않고, 경제·외교· 정보 따위를 수단으로 하는 국제적인 대립 상황
108	**누보** (Nouveau)	뉴 (New)	새, 신(新)		새로운
110	**콩투아르** (Comptoir)	카운터 (Counter)	카운터		계산대
110	**모데른** (Modernes)	모던 (Modern)	근대, 현대		근대의, 현대의

찾아보기

- [ ] 속의 숫자는 해당 항목의 챕터 번호를 뜻한다.

샴페인에서 바게트,
빅토르 위고에서 사르트르…
어원으로 풀어본 프랑스 문화

펴낸날	초판 1쇄 2020년 1월 20일
지은이	**최연구**
펴낸이	**심만수**
펴낸곳	**㈜살림출판사**
출판등록	1989년 11월 1일 제9–210호
주소	경기도 파주시 광인사길 30
전화	031–955–1350 팩스 031–624–1356
홈페이지	http://www.sallimbooks.com
이메일	booksallimbooks.com
ISBN	978–89–522–4161–0 03300

※ 값은 뒤표지에 있습니다.
※ 잘못 만들어진 책은 구입하신 서점에서 바꾸어 드립니다.

이 도서의 국립중앙도서관 출판시도서목록(CIP)은 서지정보유통지원시스템 홈페이지
(Http://seoji.nl.go.kr)와 국가자료공동목록시스템(Http://www.nl.go.kr/kolisnet)에서
이용하실 수 있습니다.(CIP제어번호: CIP2019052414)

책임편집·교정교열 **김민지 서상미**